JN050902

入門 日本国債

INTRODUCTION TO
JAPANESE
GOVERNMENT BONDS

服部孝洋【著】
Takahiro Hattori

一般社団法人 金融財政事情研究会

はじめに

この本を執筆した背景

　筆者は、2020年頃から財務省の「ファイナンス」を媒体に、円金利の基礎知識について執筆してきました。毎月のように執筆した結果、円金利についてかなり多くの内容をカバーすることができました。最近では、筆者の寄稿を政策担当者や市場参加者に読んでいただける機会が増えてきた印象を受けています。これは大変ありがたく、うれしいことです。日本国債を中心とした円金利市場の理解の向上のために執筆してきましたが、実際には、自分の言葉で基礎的な概念を説明することでその知識がより確かなものとなり、結果的に学術研究につながることもあります。

　もっとも、「ファイナンス」で執筆してきた内容は、その時に筆者が関心があるテーマであることから、日本国債や円債市場全体についてバランスよく記載できているわけではありません。例えば、国債発行計画や金融政策などは、国債市場で必須な知識でありながら、これまで取り扱っていませんでした。また、国債市場において証券会社がその重要な役割を果たしていますが、その役割についての記述も断片的なものにとどまっていました。そこで本書では、国債市場の市場参加者や政策担当者、さらに、国債市場を知りたい社会人や学生等を主な想定読者とし、これまで「ファイナンス」で執筆してきた文章に立脚しながら、日本国債の概要について説明しようと思います。

　金融市場の中でも、日本国債や金利デリバティブはマニアな世界とされており、実務家の文章は専門用語（ジャーゴン）にあふれています（実務家からすれば学術研究の世界も同様、わかりにくい用語ばかりだとは思いますが）。筆者自身が円債市場に初めて足を踏み入れて以降、様々なジャーゴンに出会い、その定義が書籍等に記載されていないということを多々経験してきました。

　筆者はその都度、実務家や同僚などに質問しながらメモをとってきたわけですが、このような文脈でいえば、本書は筆者のこれまでの経験をベースに、国債に係る様々な概念についてできるだけわかりやすく説明する試みで

す。筆者の強みは、金融機関における実務経験に加え、日本政府での経験、さらに学者という多様なバックグラウンドがある点だと思っています。ありがたいことに筆者の文章はわかりやすいといっていただけることがありますが、これは前述の様々なバックグラウンドを有するがゆえ、読者にとってわかりにくい点が想像しやすいからだと考えています。

金融市場において国債の知識は必須

　国債市場に関する業務は専門性が高いとされていますが、金融実務において国債の知識は必須です。本書で述べるとおり、銀行や生命保険会社がその主要な投資家ですが、国債はその投資家が非常に幅広い点が特徴です。例えば、預金取扱機関については大手銀行や地域銀行だけでなく、信用金庫、信用組合から農協まで幅広い主体が国債の運用に携わっています。また、年金積立金管理運用独立行政法人（Government Pension Investment Fund, GPIF）のような公的年金や私的年金に加え、財団や大学のような主体も国債の運用をしています。機関投資家と呼ばれるプロの投資家にとって国債はまず把握すべき基本的な資産といえます。

　また、国債は、地方債や財投機関債、社債、さらには株式など、様々な金融商品のベースにもなっており、資金調達をする主体にとっても国債の理解が求められています。近年では大学も大学債を出すことが増えてきましたが、その金利負担がどうなるかや、どのような年限の債券を発行すべきかを考えるうえでも、国債の知識は必要となります。

　国債の運用を行わない投資家にとっても、国債の知識は重要です。特に、近年は金融政策を理解するうえでも国債を理解することの重要性が高まっています。本書で説明するとおり、日本銀行（日銀）が2013年以降実施している大規模な金融緩和策は、日銀が国債を積極的に購入する政策とみることもできます。日銀の金融政策は金利だけでなく、為替や株式などにも影響を与えることから、債券市場の投資家だけでなく、幅広い投資家にとって、日本国債は理解しなければならないものといえます。

大学での講義と金融教育

　本書は、筆者が長年実施してきた金融の講義にも立脚しています。筆者は現在、東京大学で金融論の講義を行っていますが、債券理論や国債の制度についても時間を割いて説明しています。また本書は、各省庁の政策担当者や市場参加者などに対して行ってきた日本国債の講義経験や資料にも基づいています。

　近年、リカレント教育などの形で教育の重要性が指摘されていますが、金融教育において実務と学術のバランスが重要だと考えています。金融が実際の問題を取り扱っていることを考えると、教育を受ける側としては実務経験がある人から学びたい側面も強いでしょう。その一方で、実務家が必ずしも金融の理論や知識を伝えることに長けているとは限りません。学術的な知見を概観すればその中には必ずしも金融機関にとって都合がよいとはいえないものも含まれていますが、そういった知見も含めた教育が行われることが金融教育にとって重要といえるでしょう。

　筆者は本書を書くにあたり、その実務経験や経済学者としてのバックグラウンドを生かしており、実務と理論におけるバランスに配慮しています。この点はこれまでの教科書にない強みだと考えています。本書は大学での講義やその補助的なテキストとして活用されることも想定しています。

政策への貢献

　金融市場の基礎的な概念を正確かつ平易に説明することは、よりよい政策立案に貢献できるともいえます。特に、我が国の公的セクターでは、定期的に異動があることから、情報をキャッチアップしなければいけない政策担当者が構造的に発生します。この現状は、専門性が進み、異動自体が減少傾向である金融業界（特に証券会社）と全く異なる状況といえます。もちろん、実務家からの情報提供は有益ですが、金融機関の実務家は、いうまでもなく、自らの利益を最大化するよう動いているため、政策担当者には実務家からの情報を取捨選択しつつ、日本全体にとって望ましい政策を策定することが求められています。そのような中で、すぐに現在の制度について正しく理解できれば、日々の業務だけでなく政策を策定する際にも役立つはずです。

本書では、このような政策担当者が情報をキャッチアップできるよう、国債の実務的な側面について、政策担当者の視点も踏まえながら記載をしています。少し野心的ではありますが、本書を通じて、日本国債を中心とした円債市場におけるインノフを作ることを目指しています。

　本書では国債市場の制度面・実務面に焦点を当てて、できるだけスタンダードなファイナンスや経済学の理論に則った議論を展開します。また、必要に応じて学術研究の文献の紹介も行います。筆者はこれまで日本国債に係る多くの論文を執筆していますので、ぜひそちらもご参照ください。読者の中に論文を書く方がいましたら、筆者の論文を引用していただければ大変うれしく思います。

　残念ながら紙幅の関係で、本書で取り上げられない概念も少なくありません。特に、短期金融市場は国債市場の中でも独特であることから、本書での記載は最低限になっています。日銀が長い間、短期金利を低く据え置いていることから短期金融市場の話題が相対的に少ないこともその背景にあります。もっとも、今後、短期金融市場の話題が増えていくと予測しているので、別の機会で短期金融市場についてはカバーしようと考えています。なお、日本国債市場の話題については筆者のウェブサイトなどで随時記載しているため、そちらも参照していただければ幸いです。

本書の構成
　本書の構成は下記のとおりです。
第 1 章　国債市場の全体像
第 2 章　日本国債の商品性（日本国債のリターンとリスク）
第 3 章　国債取引の実際と証券会社の役割
第 4 章　国債が有する金利リスク
第 5 章　国債市場と先物市場
第 6 章　銀行と生命保険会社
第 7 章　国債発行計画と債務管理政策
第 8 章　入札（オークション）
第 9 章　国債の保有者としてみた日銀

第10章　イールドカーブの決定要因

第11章　金利スワップと日本国債市場

第12章　ドル調達コストと為替スワップ・通貨スワップ

　第1章から第12章の順番は、その重要性に加え、その後の展開に必要となる知識を早めに説明するという流れになっていますが、できるだけ各章だけで独立して読めるよう記載したため、特定のトピックに関心がある人は該当する章から読み進めていただければ幸いです。また、各章ではより詳細な内容を知りたい読者のため、適時論文や文献を紹介するという形でガイドラインを付しました。

　各章でどのような内容を説明するかを簡潔に記載します。第1章では、まず国債市場のイメージを掴んでほしいため、国債市場の概要を説明します。第2章では、日本国債の商品性を説明するとともに、債券や金利に係る基礎的な概念を整理します。金利と価格が逆の動きをすることや、金利と年限の関係（イールドカーブ）、金利リスクの概要についても第2章で紹介します。

　第3章では、国債市場における証券会社の役割を説明します。国債市場においては証券会社が国債を在庫として保有することで、国債を売買する市場を形成しています。第3章では、証券会社におけるセールスやトレーダーの役割、実際に投資家が取引する際の商慣行などについて丁寧に説明します。

　第4章では、国債が有する金利リスクについて説明します。本書では国債市場の投資家や国債の発行等について説明しますが、それらを説明するうえで、金利リスクの基礎知識が必要になります。そのため、第4章では、デュレーションやDV01（ベーシス・ポイント・バリュー、デルタ）など、債券の実務において必要となる金利リスクの概念について説明を行います。

　本書の特徴は、第5章の段階で国債先物の説明をする点です。国債先物市場では1日で数兆円分もの売買がなされており、国債市場において最も重要な価格の1つといっても過言ではありません。もっとも、先物は初学者にとって特にむずかしいとされるため、第5章では国債先物についてできるだけ丁寧に説明します。また、先物そのものは日本が生み出した金融における最大のイノベーションであることも強調します。

　第6章から第9章では国債の供給（発行）と需要（投資）について説明し

ます。まず、第6章で、国債市場で重要な投資家である銀行と生命保険会社を取り上げます。具体的には、銀行や生命保険会社のリスク管理の観点から、国債にどのような需要が生まれるかを議論します。また、第6章では年金基金やアセット・マネジメントなど、銀行と生命保険会社以外の運用主体についても取り上げます。

第7章と第8章では国債の発行サイドである日本政府（財務省）がどのように国債を発行するかを説明します。国債の発行額は一般会計における歳出と歳入だけでなく、60年償還ルールや財政投融資計画にも依存するため、これらの制度についての理解が必須となります。第7章では国債の制度を整理するとともに、財務省がどのように発行年限を定めているかを説明します。また第8章では、財務省が国債を発行するうえで実施する入札（オークション）について説明をします。

第9章では、日本国債の保有という観点から、日銀の役割について説明します。日銀は公開市場操作（オペレーション）を通じ国債を購入します。特に、量的・質的金融緩和以降、日銀は大幅に国債の保有を増やしており、現在、国債市場において最もプレゼンスがあるのは日銀だといっても過言ではありません。第9章では量的・質的金融緩和における政策の流れを説明したうえで、日銀がどのように国債を購入しているかについて、できるだけ具体的に説明します。なお、日銀は入札を通じて国債の購入を実施していることから、入札について説明する第8章の後で、日銀による国債の購入を取り上げます。

第10章では国債の年限と金利の関係、すなわち、イールドカーブ（金利の期間構造）がどのように決まるかを説明します。我が国における従来の債券のテキストでは、この内容は数ページというのが典型です。もっとも、筆者はイールドカーブがどのように決まるかを理論的に把握しておくことが国債市場の理解において必須だと考えており、本書では1章分のページ数を割いて説明しています。この章では、長期金利には、将来の短期金利の予測に加え、ターム・プレミアムが付されていること、また、投資家や中央銀行の需給に左右されることを議論します。筆者の経験では、実務家もこのフレームワークに基づき長期金利の動きの解釈をしています。

第11章と第12章では、国債市場と密接なデリバティブについて説明します。まず、第11章で金利スワップについて説明をした後、金利スワップと国債の連動性をもたらすアセット・スワップ（国債と金利スワップのパッケージ商品）の説明をします。近年、短期国債に対する外国人の保有割合が上昇していますが、第12章では、この現象を理解するうえで必須である為替スワップおよび通貨スワップについて説明します。

謝　辞

本書を執筆するにあたり、様々な方のサポートを受けました。各章について、その分野の専門家から詳細なコメントを受けました。石田良氏、稲田俊介氏、左嵜拓郎氏、下田滉太氏、大石凌平氏からは国債の供給面や入札、金融政策などを中心にコメントをいただきました。また、中河原修平氏、中野雄太氏、出水友貴氏、河野文化氏、南泰葉氏、文誠彬氏、富重博之氏、山口悠氏からは実務的な観点からコメントやレビューをいただきました。筆者の大学時代のゼミの同級生であり、債券市場参加者でもある後藤勇人氏には、全般にわたりレビューや示唆を受けました。本書は財務省の「ファイナンス」で執筆した論文を一部ベースにしており、その共著者にも感謝申し上げます。安斎由里菜氏、田村泰地氏にはリサーチアシスタントとして、本書全般にわたりサポートを受けました。本書の執筆から刊行まで、金融財政事情研究会およびその編集者である西田侑加氏にサポートを受けました。

2023年11月

東京大学公共政策大学院

服部　孝洋

目　次

第4章　国債が有する金利リスク

第5章　国債市場と先物市場

第6章　銀行と生命保険会社

第7章　国債発行計画と債務管理政策

第 **8** 章 入札 (オークション)

第 **9** 章 国債の保有者としてみた日銀

第 10 章　イールドカーブの決定要因

第 11 章　金利スワップと日本国債市場

第 **12** 章　ドル調達コストと為替スワップ・通貨スワップ

第 **1** 章

国債市場の全体像

▌1.1　国債と日本の資本市場

　金融の重要な役割は、資金を持っていない主体（赤字主体）と資金を持っ
ている主体（黒字主体）をつなぐことです（金融とは、その名のとおり、「お
金」を「融通」することです）。図表1−1は我が国における一般政府、家
計、事業会社（非金融法人企業）、海外の資金過不足状況の推移をみたもので
す。この図表をみると、かつては事業会社は赤字主体であり、家計の資金を
事業会社に融通していましたが、2000年あたりから企業は徐々に黒字主体に
変わり、現在、主要な赤字主体は一般政府になっています。このような大き
な資金の動きをみると、日本政府にとって国債の発行およびその消化の重要
性が高まっていることがわかります。

　金融論のテキストをみると、黒字主体から赤字主体に資金融通する方法と
して、銀行などの金融機関を介して行う方法が紹介されます。例えば、私た
ちが住宅を買うためにお金を借りる場合、銀行からお金を借りますが、これ
は黒字主体と赤字主体の間に銀行が入ることから間接的に資金融通をしてい
るといえます。これを「間接金融」といいます。

図表1−1　我が国における各セクターの資金過不足状況

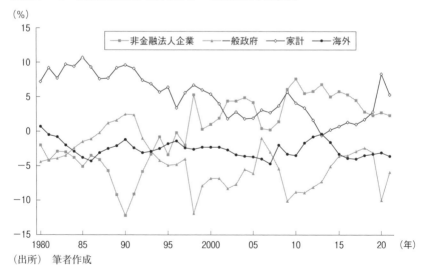

（出所）　筆者作成

その一方、赤字主体が株式や債券などを発行し、黒字主体がそれを購入することを通じて資金融通を行う場合、その間に銀行などの金融機関が介在しないことから、「直接金融」と呼ばれます。本書で取り上げる日本国債は、財務省が有価証券を発行し、それを投資家が購入することで資金融通がなされるため、直接金融と整理されます[1]。

■ 1.2 発行市場（プライマリー市場）と流通市場（セカンダリー市場）

国債（有価証券）が持つ重要な特徴は途中で国債を転売することが容易である点です。例えば、読者が国債を持っていて、何らかの理由でお金が必要になったとしましょう。国債であれば、証券会社に行って、この国債を売ることができます。これは読者が国へお金を貸し出していたところ、国債を第三者に売ることで、貸借関係を第三者に移転していることを意味します。読者が銀行で住宅ローンを組んだ場合、その貸出債権をほかの人に簡単に転売できないことを考えると、途中で転売できる点が国債の重要な特徴といえます。

国債の売買市場を作るうえで、証券会社は重要な役割を担っています。本来ならば、読者が急にお金が必要になった場合に、国債を売却しようと思っても、それを買ってくれる人をすぐに見つけることは困難です。そのような中、証券会社が売買の必ず反対側に立つことで、有価証券の中古市場を成立させています。このような市場は相対で取引されることから相対市場や店頭市場、OTC（Over-The-Counter）市場などと呼ばれています。

図表1-2が国債市場のイメージです。具体的には、投資家が国債を買いたい場合、証券会社が在庫として保有している国債を売却することでその売買を成立させます（図表1-2の左側）。その一方、投資家が国債を保有していて、それを売却したい場合、証券会社がその国債を購入して在庫にします（図表1-2の右側）。国債市場はこのように証券会社が国債を在庫で持つことで市場を形成している点が非常に重要です。証券会社は事実上、国債市場

1　日本政府は借入もしていますが、大部分が有価証券による資金調達であるため、本書では原則、有価証券としての国債を取り上げます。

図表1－2　店頭市場（相対市場）と証券会社の役割

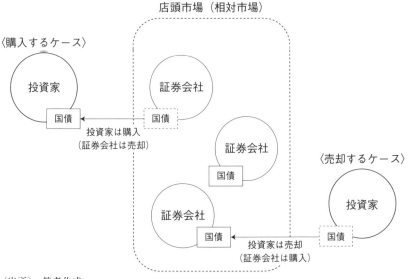

（出所）　筆者作成

を作っていることから、マーケット・メイカーと呼ばれることもあります。

　読者に注意を促したい点は、ある主体が在庫を有してマーケットを作るというのは多くの市場に共通している点です。我々がコンビニに行って商品を買えるのも、コンビニがその商品を在庫として抱え、適切なプライスを出しているためです。もっとも、国債市場の場合、その売買が頻繁に起こることに加え、その金額が大きく、在庫管理を担う証券会社に高度なリスク管理が求められる点が特徴といえます。

　ここまで既に発行された国債を売買する市場について説明してきましたが、この中古市場を「流通市場（セカンダリー市場)」と呼びます。一方で、新しい国債を発行する市場を「発行市場（プライマリー市場)」といいます。大切なのは、プライマリー市場とセカンダリー市場は相互に関連している点です。日本政府は、入札（オークション）を通じて国債を発行していますが、国債の入札の重要な特徴は、類似商品が既に市場に出回っていることです。そのため、財務省が新規に国債を発行する場合、投資家は当然、既に流通し

ている類似商品の価格を目安にします。

　例えば財務省が国債の入札を実施する前に10年国債の金利が大きく上昇すれば、もちろん、投資家もその水準を目線に入札に参加することになります。また、翌週に巨額な発行が計画されており、市場に不安があれば、入札が実施される前にセカンダリー市場で取引されている国債の価格が低下するなど、セカンダリー市場に影響を与えます。そのため、国債市場を理解するには、プライマリー市場とセカンダリー市場が相互に関連していることを理解する必要があるわけです。

■ 1.3　国債の適切なプライスとは：国債先物市場

　セカンダリー市場があることの重要な特徴は、その時々の国債の価格を把握することができる点です。例えば、読者が銀行からお金を借りた場合、この借入（ローン）の時価をその時々で把握することはできません。それは、借入を取引する市場がないためです。しかし、国債であれば証券会社が形成するセカンダリー市場がありますから、マーケット・メイカーが提示する価格や実際に売買された価格を観察することで、その時々の国債の価格（およびその価格に基づく金利）を把握できます。新聞などで、例えば、10年国債の金利について目にすることがあると思いますが、これはセカンダリー市場における価格に立脚した金利です。

　注意すべきは、仮に中古市場であるセカンダリー市場があったとしても、その時々の適切なプライスを把握することは必ずしも容易ではない点です。セカンダリー市場において、証券会社に国債の価格を聞いた場合、その時の価格が提示されますが、その価格で実際に取引されるとは限りません[2]。たとえ店頭に価格が提示されていたとしても、全く売買がなされていないのであれば、その価格は十分に市場の情報を有したうえでプライシングがなされていない可能性があるのです。

　かつて債券市場ではLIBOR（London Inter-Bank Offered Rate）と呼ばれる金利が広く使われていました（LIBORは「ライボー」と読みます）。もっとも、

2　債券（国債や社債等）は銘柄が非常に多いこともあり、1日で全く売買されないことも少なくありません。

LIBORはかつて不正操作がなされたということで2021年末に公表が停止されています。LIBORが不正操作された最大の理由は、実際の売買に基づかず、一部の金融機関が提示した金利に基づいていた点です。読者もAmazonやメルカリなどで誰も買わないような非現実的な価格が付されているのをみたことがあるはずです。この意味で、実際の売買に立脚しない価格や金利には一定の危うさがあるわけです。

　この文脈で重要になるものが国債先物市場です。先物はファイナンスのテキストでは「予約取引」と説明されますが、実は、投資家は予約するために国債先物を用いているわけではありません。後述しますが、予約という形をとることで劇的に流動性を高めることが可能であり、多くの売買に立脚した価格を形成することができるのです（流動性については３章と５章で議論します）。実際、市場参加者が国債市場における価格について議論した場合、10年国債などの価格や金利ではなく、国債先物の価格を指すことも少なくありません。その背景には、国債先物市場では１日数兆円の売買がなされており、その価格形成が膨大な売買に立脚しているからといえます。例えば、ある債券が１日に１回取引されて100円の価格がついた場合、それは一部の投資家の意見が反映されているにすぎません。しかし、１日数兆円の売買がなされた結果、100円という価格がついたとすれば、そこには多くの人々の意見を集約した情報が含まれるわけです。のちほど説明するとおり、先物市場には多くの投資家の参加を促し、流動性が高まるよう様々な工夫がなされています。

　日本国債先物は残存７年の日本国債（７年国債）と強い関係を有しており、先物の情報は７年国債との裁定を通じて、国債市場全体の価格形成に影響を与えます。現物と先物の裁定の度合いを把握することは、先物の有する情報がどの程度現物の価格に反映されているかを確認するうえで重要なプロセスといえます。先物と国債市場の関係については５章で説明します。

▊ 1.4　国債市場の全体像

　図表１－３が国債市場全体のイメージです。国債市場の重要なプレイヤーは、①国債の供給を行う日本政府（財務省）、②それを購入している投資家、

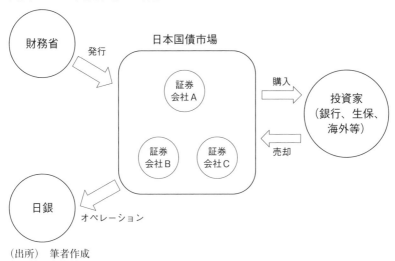

図表 1 - 3　国債市場の全体像

（出所）　筆者作成

③近年、金融政策の観点で国債の保有を増加させている日銀、④国債市場の
マーケット・メイクを担う証券会社という４つの主体に分かれています。以
下では各主体について説明します。

財 務 省

　国債を発行している主体は財務省です。財務省は国の歳出を支えるための
資金調達の役割も担っており、税収で不足する分を国債発行で賄っていま
す。財務省が発行する国債が増えれば、市場で流通する国債も増えます。我
が国では政府の歳出と歳入のギャップが年々拡大しており、国債の発行量は
増加傾向にあります。現在、国債の残高は1,000兆円を凌駕しており、日本
国債市場は日本における最大の市場といっても過言ではありません。

　したがって、国債市場を理解するうえでは、財務省がどのように発行量や
年限を決めているか等を把握する必要があります。財務省はその発行量や年
限を決めるうえで、投資家や証券会社等とコミュニケーションをとりながら
発行計画を練ります。前述のとおり、国債は歳出と歳入のギャップを埋める
よう発行がなされるため、日本の予算編成や税制改正等のスケジュールに大

きな影響を受けます。毎年、12月末頃に「国債発行計画」と呼ばれる計画（発行額や各種年限等）が公表されており、市場参加者にとって注目度の高いイベントとされています。国債発行計画や債務管理政策については7章で説明します。

　財務省は国債を入札により発行しており、入札制度を理解することも重要です。国債の入札は数兆円に及ぶことから、入札の結果は国債市場の中で注目されています。国債の入札については8章で説明します。

国債市場の投資家：銀行および生命保険会社

　国債市場の特徴は、機関投資家と呼ばれるプロの投資家が売買している点です。金融の実務では、個人投資家に対し、運用規模の大きいプロの投資家を機関投資家と呼びますが、国債市場は機関投資家中心の市場といえます（個人向け国債と呼ばれる個人に向けた商品もあるのですが、これは次章で説明します）。

　国債市場における主要な機関投資家は、①銀行、②生命保険会社、③その他の投資家（海外投資家や年金基金等）と整理されます。特に銀行は年限が短い国債、生命保険会社は年限が長い国債を購入する投資家という特徴を有します。これは銀行が、いつでも引き出せる預金をメインに資金調達しているため、リスク管理の観点から、資産サイドの年限も短くする必要がある一方で、生命保険会社の場合、生命保険や年金という期間の長い契約をしていることから資産サイドの年限を長くする必要があるためです。銀行や生命保険会社などの国債投資やリスク管理については6章で詳細に取り上げます。

日本銀行

　金融政策の観点で日本国債市場においてプレゼンスを高めているのが日銀です。図表1－4が日本国債の保有者の内訳をみたものですが、一番大きな保有者が日銀であり、その次が生損保等、3番目が銀行になります。日銀を含めると、この3主体で8割弱の日本国債を保有しています。

　日銀は2013年以降の量的・質的金融緩和により、国債の購入を大幅に増加させることで、国債の主要な保有者になりました。現時点では、機関投資家以

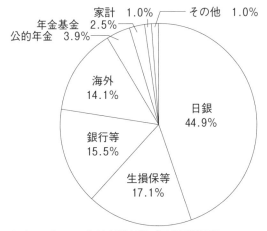

図表1-4　国債の保有者別内訳

家計　1.0%　　その他　1.0%
年金基金　2.5%
公的年金　3.9%
海外　14.1%
日銀　44.9%
銀行等　15.5%
生損保等　17.1%

(注)　国債および国庫短期証券（国庫短期証券について
　　　は2章を参照）。時点は2022年9月末。
(出所)　財務省

上に日銀の行動が国債市場に影響を与えており、国債市場を理解するうえで日銀の行動が最も重要とさえいえます。日銀は公開市場操作（オペレーション）を通じて国債を購入しているのですが、その詳細は9章で説明します。

証券会社

　証券会社は、前述のとおり、投資家が売買する際、その反対側に立ち、在庫管理をすることで国債市場のマーケットを作っています。証券会社の中には国債のマーケット・メイクを行うセクションがあり、国債の在庫管理を行うトレーダーが存在しています。前述のとおり、多くのビジネスは在庫を有して市場を形成しているといえますが、国債市場のマーケット・メイクの場合、その規模が大きいことに加え、時価が大きく動くことから、より一層厳格なリスク管理が求められています。証券会社の役割や実際の国債の売買のイメージについては3章で取り扱います。

第 2 章

日本国債の商品性
（日本国債のリターンとリスク）

■ 2.1　国債のキャッシュ・フロー

　1章では国債市場の全体像のイメージについて説明しましたが、本章からはより具体的に国債の商品性について考えていきます。金融商品を考えるうえで大切な点は、その商品がもたらす資金の流れを把握することです。この資金の流れをキャッシュ・フローといいます。

　典型的な日本国債である10年債を例に、国債のキャッシュ・フローを考えてみましょう。図表2－1が10年債のキャッシュ・フローを示しています。この図において、矢印が上を向いている場合、正のキャッシュ・フロー（投資家が資金を受け取る）、矢印が下を向いている場合、負のキャッシュ・フロー（投資家が資金を支払う）を意味しています。したがって、この図表は、読者が10年債に投資した場合のキャッシュ・フロー、すなわち、当初100円を支払い、毎年1円利子を受け取り、10年後には元本の100円を受け取ることを示しています。この投資行為は、投資家が日本政府に10年間、100円を貸し出す代わりに毎年1円の利子を受け取っていることを意味しています。

　国債のキャッシュ・フローの重要な特徴は、期中および期末のキャッシュ・フローが固定されていることに加え、10年後、元本（ここでは100円）が一括で返済される点です（元本が返還されるタイミング（この事例では10年後）を「満期」といいます）。私たちが例えば住宅ローンを借りる場合、当初100円借りたとしたら、徐々に元本が減るように返済がなされます[1]。しか

図表2－1　10年債のキャッシュ・フロー

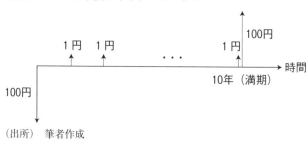

（出所）　筆者作成

1　債券の中にもこのように徐々に元本が返済される債券もあります。

図表2-2　昔の国債とクーポン

（出所）　日本銀行ウェブサイト

し、国債の場合、当初、政府は、100円を借り入れ、期中に金利を支払い、最後に元本分の100円の返済を行うというキャッシュ・フローになります。

　実際の日本国債の1口の投資金額は1億円ですが、ここでは100円という基準化された価格を用いています。これは100円をベースにして考えるとわかりやすいからですが、この基準化は筆者が説明のために便宜的に用いたものではなく、実務でも広く用いられています。この基準化された価格を「単価」といいますが、財務省が国債を発行する際の入札やセカンダリー市場における売買などにおいても、この単価が用いられています。

　なお、債券では、支払われる利子をクーポンといいます。この背景には、図表2-2のようにかつての国債は紙であり、そこにクーポンが付されていたことがあります。このクーポンをべりっと切り離して銀行などに持っていくと、あらかじめ定められた利子を受け取れる仕組みになっていました。もっとも、現在では国債は電子化されており、紙そのものは流通していません。

2.2　利回り（イールド）とは

　国債を考えるうえで、キャッシュ・フローを理解することが大切だと説明しました。前節では100円投資して、期中にクーポンを受け取り、満期に100円受け取るというキャッシュ・フローを想定しました。もっとも、セカンダリー市場では、当初100円で発行されても、その後、需要が増えて、101円に

なっているかもしれないし、逆に、99円になっているかもしれません。大切な点は発行された国債の元本およびクーポンは既に固定されており、その既発債が売買されるという点です。このようにクーポンは1円、元本は100円であっても、これを例えば99円や101円などの価格で購入することにより、国債を購入した人にとってのリターンが変わることになります。

　この関係を数字で確認します。図表2-3は1年債のキャッシュ・フローになりますが、100円で購入して、1円のクーポンを受け取り、1年後の満期に100円を回収するので、イメージとしては1%（＝1円/100円×100）のリターンが得られます。

　しかし、現実的には前述のとおり、国債の価格はセカンダリー市場において日々変化するため、100円とは限りません。例えば、同じ1年債であっても、99円で購入することができれば、1円のクーポン収入だけでなく、99円で購入した国債が1年後、100円で償還されるため、1円分、価格が上昇することからも利益を得ることができます。図表2-4にこのキャッシュ・フ

図表2-3　1年債のキャッシュ・フロー①

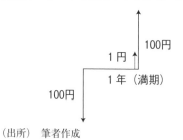

（出所）　筆者作成

図表2-4　1年債のキャッシュ・フロー②

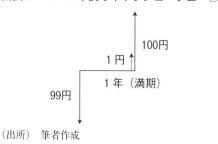

（出所）　筆者作成

ローが記載されていますが、99円投資して、1年間で2円もらえるので、おおよそ2％（＝2円/100円×100）のリターンという直感が得られます。ちなみに、金融では、99円から100円になるなど、価格が上昇（下落）することで得られる利益（損失）をキャピタル・ゲイン（キャピタル・ロス）という一方、期中のクーポンのように有価証券を有していることから得られる利子や配当等をインカム・ゲインといいます。

利回り（イールド）は最後（満期）まで持ち切ったときのリターン

　読者に注意を促したい点は、ここで議論しているリターンは、読者が今、99円で投資し、仮に最後（満期）まで持ち切った場合、クーポンの1円に加え、キャピタル・ゲインである1円が得られている点です。債券の世界では、最後まで持ち切った場合のリターンを「利回り」や「イールド」といいます。読者が新聞などで「金利」という表現をみた場合、利回りを指していることがほとんどです。例えば新聞などで10年金利について説明がある場合、通常、10年国債の利回り（イールド）を指しています（逆にいえば、ここでいう1円（利子、クーポン）が用いられることはほとんどありません）。本書でも、金利と利回り（イールド）は区別せず使う点に注意してください。

　利回りは、投資家が最後まで持ち切った場合のリターンである点が重要な特徴と説明しました。先ほど1年債の例をあげて、キャピタル・ゲインが1円得られるとしましたが、これは最後まで持ち切ることが大前提です。現在99円の価格が付されている債券には、刻々と時価がつくため、例えば、明日には異なる価格がついている可能性があります。読者としてはそのタイミングで売却をして利益を得る可能性もありうるのですが、利回りとは、そのような売却はせずに、最後まで持ち切った場合のリターンを考えているわけです（利回りは国債だけでなく、社債など多くの債券で用いられますが、最後まで持ち切っていることが前提であるため、途中でデフォルトが起きていないことも前提としている点に注意してください）。

　本書では実務でよく使われる単利を軸に議論を進めます。厳密にいえば、クーポンの再投資も考えた複利を用いるべきともいえますが、新聞などで金利をみた場合や実際の取引において、通常、単利が用いられます。もっと

も、例えば、オーバーナイト・インデックス・スワップ（Overnight Index Swap, OIS）など、複利を考える必要が出る局面も少なくない点に注意してください（複利の計算については金利リスクについて取り扱う4章やOISを説明する11章で説明をしよう）。また、イールドや金利といった場合、必ずそのリターンを年率化して定義している点にも注意をしてください。

　なお、図表2－3からも明らかなとおり、元本と価格が一致していれば、クーポンと利回り（イールド）が一致します。この場合、100円で投資して100円で返済されるため、前述のキャピタル・ゲインは存在せず、期中支払われるクーポン（1円）を利回りとして解釈できるためです。ちなみに、債券では単価が100円である場合、「パー」[2]といいます（このときの利回りをパー・イールドといいます）。一方、100円より低い場合（例えば、99円の場合）、「アンダー・パー」といい、100円より高い場合（例えば101円の場合）、「オーバー・パー」といいます。

利回りの計算式

　先ほどは1年間の投資を考えましたが、次に図表2－5のような10年債の事例を考えます。すなわち、現在、10年債の単価が80円であり、当初80円支払い、期中年間1円のクーポン（インカム・ゲイン）が得られ、10年後（満期）に100円が回収できるとしましょう[3]。繰り返しになりますが、利回り

図表2－5　10年債のキャッシュ・フロー

（出所）　筆者作成

2　ゴルフでパーといった場合、規定打数を示し、その打数よりプラスであればオーバー、マイナスであればアンダーといいます。債券においても基準の100円をパーといい、これより高ければオーバー、低ければアンダーといいます。

16

（イールド）は最後まで持ち切ったときのリターンですから、最後まで持ち切れば、80円が100円になり、キャピタル・ゲインは10年間で20円になります。もっとも、先ほど強調したとおり、利回りはあくまで（最後まで持ち切ったときの）年率のリターンであるため、10年間で20円分得られるキャピタル・ゲインは年間のキャピタル・ゲインで考えれば2円と考えられます。したがって、この国債に投資する場合、80円投資して、年間で、キャピタル・ゲインが2円、インカム・ゲインが1円だけ得られるため、年率3.75％（＝3円/80円×100）の利回りであることがわかります（この計算はクーポンの再投資を考えていないため、単利である点に注意してください）。

上記の関係を一般的に記載した利回り（単利）の式は下記のとおりであり、この利回りの計算式は債券市場で広く使われています。

$$\text{利回り} = \cfrac{1\text{年分の利子収入（円）} + \cfrac{100\text{円} - \text{購入価格（円）}}{\text{償還期間（年）}}}{\text{購入価格（円）}} \times 100 \quad \cdots(1)$$

先ほどの事例をこの式を用いて確認してみましょう。まず、式(1)の分子をみると、「1年分の利子収入（円）」は1円であり、この部分がインカム・ゲインです。一方、「(100円－購入価格（円))/償還期間（年)」は「(100－80)/10＝2」となり、80円が10年かけて100円になり、これを年間で評価していることがわかります（これがキャピタル・ゲインです）。したがって、分子は合計3円になり、分母が80円ですから、3.75％となります。上記の式にこれらの数値をあてはめると下記のようになります。

$$3.75\% = \cfrac{1\text{円} + \cfrac{100\text{円} - 80\text{円}}{10\text{年}}}{80\text{円}} \times 100$$

なお、会計上はここで議論しているインカム・ゲインおよびキャピタル・ゲイン（ロス）ともに利息収入として計上される点に注意してください（こ

3　国債入札では100円（パー）に近い単価で発行される傾向があることから、新発10年債を発行した場合、80円などの価格となる可能性は低いといえます。ここではあくまで説明のため80円としていますが、例えば、10年前に20年債が発行され、残存10年債になっており、現在価格が80円になっていると想像してください。

の点は6章のBOXで説明します）。

■ 2.3 国債の価格と利回り（イールド）は逆の動き

　上述のとおり、クーポンと満期が固定されている国債に関し、100円で購入する場合に比べ、例えば、99円で購入した場合のほうがリターンが高いことがわかります。したがって、国債の価格が低いと、国債の利回り（イールド）は高いことを意味しますから、価格と金利（利回り）は逆の動きをすることがわかります。

　しばしば金利と価格が逆の動きをすることは、債券の初学者にとってわかりにくいとされます。しかし、これは資産価格が高くなると、そこから得られる収益が減る、という一般的なルールを指摘しているだけです。例えば、読者が不動産を購入して、それを貸し出して家賃を得る形で運用をするとしましょう。この場合、（家賃を所与とすれば）不動産を安く買うほど、その投資から得られるリターンが高くなることは直感的にも明らかでしょう。このように資産価格とリターンが逆の動きをする事実は、国債だけでなく、不動産や株式など幅広い資産で成立します。

　大切なことは、価格とリターンの動きは同時決定であることです。しばしば新聞の記事などで「金利が上がって価格が下がる」などの表現がありますが、価格と金利のどちらかが先に動いているわけでなく、あくまで金利が上がる（下がる）ことが、すなわち、価格を下げる（上げる）こととなり、同時に決まっている点を理解することが大切です（本書でも便宜的に「金利が上がって価格が下がる」などの普及した表現を使いますが、同時決定である点に注意してください）。

■ 2.4 年限と金利の関係：イールドカーブ

　国債を考えるうえで非常に重要な点は年限と金利の関係です。これまで1年債と10年債の例をあげてきましたが、財務省は2年債や20年債など様々な年限の国債を発行しています。再びキャッシュ・フローを確認しますが、10年債というのは、図表2－6のようなキャッシュ・フローです。

　一方、20年債の場合、例えば、図表2－7のような形で最初に100円を支

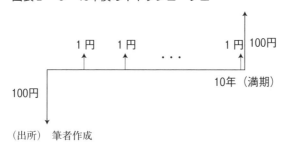

図表2－6　10年債のキャッシュ・フロー

1円　1円　…　1円　100円

100円

10年（満期）

（出所）　筆者作成

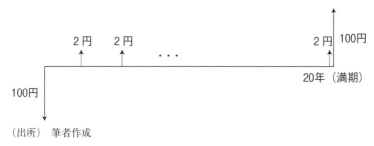

図表2－7　20年債のキャッシュ・フロー

2円　2円　…　2円　100円

100円

20年（満期）

（出所）　筆者作成

払い、期中に2円を受け取り、20年後（満期）に100円が返済されるという
キャッシュ・フローです（ここでの1円や2円のクーポンはあくまでも例であ
る点に注意してください）。

　重要な点はここで10年債と20年債で利回りが違う点です。読者が投資家で
あれば、10年債と20年債の両方が選択できるわけですから、年限と金利の関
係を直感的に把握したいはずです。国債の実務では、このような年限と金利
の関係を直感的にとらえるためにカーブを描きます。図表2－8のように縦
に金利、横に年限をとって金利をプロットしたうえでカーブを描きます。こ
のように利回り（イールド）と年限の関係を示すカーブを「イールドカー
ブ」や「利回り曲線」といいます。金利と期間の関係であることから、「金
利の期間構造（タームストラクチャ）」という表現が用いられることも少なく
ありません。

　このようにカーブを描くと、年限と金利の関係を視覚的に示すことができ
るだけでなく、金利の変化についても直感的に把握することができます。し

図表2－8　イールドカーブ

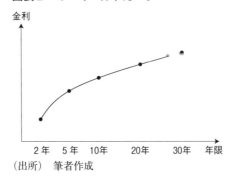

2年　5年　10年　　20年　　30年　年限

（出所）　筆者作成

図表2－9　イールドカーブの変化

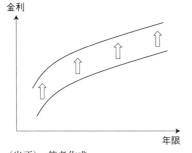
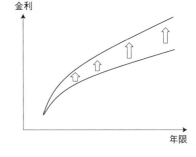

（出所）　筆者作成

ばしば新聞などで金利が上がる（下がる）などと報道されますが、実際には
様々な年限の金利が多様な動きをしています。例えば、金利が上がっている
としても、図表2－9の左図のようにすべての年限の金利が上がっている
ケースもあれば、図表2－9の右図のように短期金利は落ち着いているもの
の、長期金利が上昇するケースもあります。このような関係について、仮に
数字だけでみると腹に落ちた理解ができないところ、このようにカーブを描
くことで、どういう動きがあったかを直感的に把握することができます。実
際、債券市場の実務家はこのようにカーブを描き、日々、どのような動きを
しているかを把握しています。

　なお、イールドカーブは図表2－10の左図のように右肩上がりになること

図表 2 −10　順イールドと逆イールド

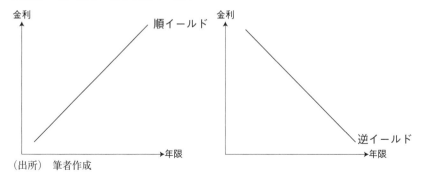

（出所）　筆者作成

がほとんどであり、これを「順イールド」といいます。もっとも、イールドカーブが図表 2 −10の右図のように、右下がりになることもあり、このようなカーブを「逆イールド」といいます。なお、このようなイールドカーブがどのような要因で決まるかは投資家にとって非常に重要ですが、イールドカーブの形状がどのように決まるかについては10章で議論します。

　注意してほしい点は、実際に取引できるのは、 2 年債や10年債など、図表 2 − 8 における特定のポイントのみである点です（このような連続的なカーブは、国債市場の投資家が金利と年限の関係を把握しやすくするため、便宜的に補間しているわけであり、すべての点で取引できるわけではありません）[4]。また、メディアや書籍等では 2 年債や10年債などと記載されますが、厳密な10年債は存在しない点にも注意が必要です。例えば、仮に、今日、10年後にちょうど満期を迎える国債を購入したとしても、 1 カ月経てば、この10年債は残存9.9年債へと変化します。このように債券は時間を通じて年限が自動的に短くなっていくため、 2 年債や10年債などと記載した場合、あくまで年限は概算である点に注意してください。

スティープとフラット

　前述のとおり、イールドカーブは様々な動きをしますが、実務家はイール

4　イールドカーブの補間の詳細を知りたい読者は、三宅・服部（2016）を参照してください。

ドカーブがどのように動いたかを表現するため、「スティープ」と「フラット」という言葉を使います。スティープとは、イールドカーブの傾きが急になることを表現する一方、フラットとはイールドカーブの傾きが平らになる動きを表現しています。

　もっとも、例えばイールドカーブの傾きが急になる（スティープになる）場合でも、短期ゾーンの金利が低下して急になるケースもあれば、長期金利が上昇して急になるケースもあります。前者は国債が買われて（価格が上がり、金利が低下することで）スティープになるため、ブル・スティープと呼ぶ一方、後者は国債が売られて（価格が下がり、金利が上昇することで）スティープになるため、ベア・スティープといいます。ブルやベアはそれぞれ価格が上昇・下落することを表す金融業界の専門用語（ジャーゴン）です（ブル

図表2－11　イールドカーブのスティープとフラット

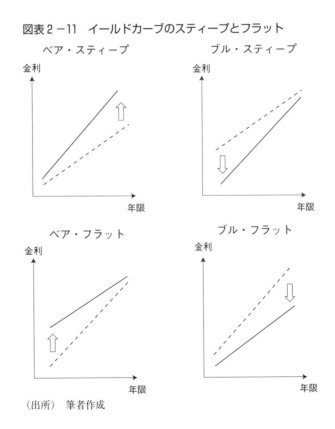

（出所）　筆者作成

22

（Bull）は牛を意味し、牛が下から上に突き上げるしぐさから価格が上昇することを表す一方、ベア（Bear）は熊を意味し、熊は上から下へ振り下ろすイメージから価格が下がることを表すことが語源とされています）。一方、フラットになる場合は、同様のロジックで、ブル・フラットとベア・フラットという表現が用いられます。図表2－11でこれらのカーブの動きをまとめています。

実務家はあまりに自然にこの表現を用いてカーブの動きを表現するため、債券市場に関わる人はこの表現に慣れる必要があります。筆者も当初混乱しましたが、毎日使う中で、これらの用語とカーブの動きが自動的に頭に入るようになりました（円債市場の実務家は皆このカーブの動きと用語が頭の中に叩き込まれています）。これらの用語とカーブの動きを暗記してしまい、積極的に活用して慣れることも一案ですが、筆者の場合、ブルは債券が買われる（金利が下がる）、ベアは債券が売られる（金利が上がる）という意味をまずは頭に入れ、カーブがスティープに動くか、フラットになるかをイメージしています[5]。

▌2.5　国債の年限：金利リスク

前節では、年限と金利の関係を考えましたが、市場参加者が国債に投資する場合、国債の年限をリスク指標として用いています[6]。先ほどは、10年債と20年債を比較しましたが、20年債のほうが10年債より年限が長いため、投資家はリスクが高いと認識します。

なぜ長い年限の国債ほどリスクが高いかは、4章で詳細に議論しますが、ここでは実際の価格の動きをみて確認しましょう。図表2－12は2年債、10年債、30年債の価格の動きを示していますが、この図表をみればわかるとおり、年限が長くなるほど価格の変動が大きいことが確認できます。特に30年債であると、短期的に非常に大きく動く期間があることがわかります[7]。

5　カーブがフラットになることで利益が上がるポジションをフラットナー、カーブがスティープになることで利益が上がるポジションをスティープナーといいます。
6　厳密にいえば、市場参加者は金利リスクとして、感応度としての修正デュレーションを用いていますが、固定利付債の場合、年限と修正デュレーションはおおよそ同じ値になります。詳細は金利リスクを取り扱う4章をご参照ください。

図表 2 −12　2 年・10年・30年債の価格の動き

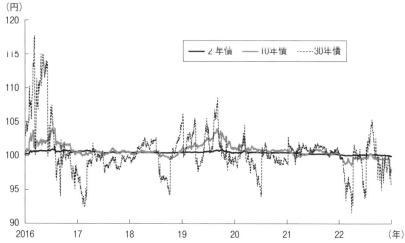

（注）　これはカレント銘柄の単価をつないで時系列データにしている点に注意してくださ
　　　い。クーポンが違うと単価の水準が違い、銘柄が変わる点で非連続的な動きをします
　　　が、ここでは30年債の価格の変動が大きいことを示すのを目的としています。
（出所）　Bloombergより筆者作成

　このように国債は長い年限であると、価格の変動が大きいことがわかりま
す。ファイナンスでは、価格の変動（ボラティリティ）をリスクととらえま
すが、金利変動に伴い、国債の価格が変動するリスクを金利リスクと表現し
ます。前述のとおり、金利と価格は本来同時決定なのですが、金利が変動す
ることで国債の価格が変動するという表現（金利リスク）が債券市場では普
及しています。債券の実務では金利を主語に議論することが多いので、債券
のリスクを金利と紐づけて整理することがわかりやすいことなどが、その背
景にあると筆者は整理しています[8]。

7　超長期国債の主な買い手は国内の生命保険会社などであり、投資家が限られているこ
　とから、短中期債に比べて流動性が低く、彼らの投資行動と需給バランスによって価格
　形成がなされているという実情がある点にも注意してください。生命保険会社の投資行
　動については 6 章で説明します。
8　価格を軸にリスクを定義した場合、年限が違うことによる感応度（デュレーション）
　の違いを考慮していないことから実務上不便であることなども理由として考えられます
　（デュレーションについては 4 章で説明します）。

もっとも、国債に投資することに伴う他のリスクもありえます。例えば、読者が日本国債を購入した後、日本政府がデフォルトをして、投資した資金が返済されないことがあるかもしれません。このように発行体がデフォルトすることに伴うリスクを信用リスク（クレジット・リスク）といい、社債などの投資ではこのリスクが焦点となります。日本政府がデフォルトしうるかどうかはしばしば論争になる点ですが、円金利市場の投資家は（少なくともこれまでは）このデフォルトを認識しない傾向が強いことに加え、それ以上に国債の有する金利リスクを重視することから、国がデフォルトするかどうかの議論は、植田・服部（2024）など国際金融のテキストに譲り、本書では金利リスクを主に取り上げます。

■ 2.6　日本国債の種類

利付債と割引債

最後に、実際に発行されている日本国債の種類を紹介します。現在の日本国債は、大きく分けて、クーポンが支払われる「利付債」とクーポンが支払われない「割引債（ゼロ・クーポン債）」に分かれます。図表 2 −13がその概

図表 2 −13　日本国債の種類

種類	内容	
40年債	満期40年の固定利付債	超長期国債（10年超）
30年債	満期30年の固定利付債	
20年債	満期20年の固定利付債	
10年債	満期10年の固定利付債	長期国債（10年）
5 年債	満期 5 年の固定利付債	中期国債（2 〜 5 年）
2 年債	満期 2 年の固定利付債	
物価連動債	満期10年で、元本が物価に連動する利付債	
1 年Tビル	満期 1 年の割引債	短期国債（〜 1 年）
6 カ月Tビル	満期 6 カ月の割引債	

（出所）　筆者作成

要になりますが、2年から40年債および物価連動債は利付債です（2年から40年債は金利が固定されていることから固定利付債ともいわれます。クーポンが変化する変動利付債については後述します）。市場参加者は1年以下を短期国債、2～5年を中期国債、10年債を長期国債、10年超の国債を超長期国債と呼ぶ傾向があります。

　一方、年限が1年以下の国債については、割引債が発行されています。割引債のイメージは図表2−14のようなキャッシュ・フローです。すなわち、当初、例えば、99円を支払い、途中でクーポンがなく、満期である1年後に100円で戻ってくるという商品です。途中でクーポンがないものの、（100円以下である）99円で投資できれば、100円償還される形で、1円分のリターンが得られるという商品になっています（財務省としては100円返済しなければならないのに99円しか調達できないため、差額である1円が調達コストとして認識されます）[9]。これが割引債と呼ばれるのは、将来の価値を現在の価値で評価することを、ファイナンスでは「割り引く」と表現し、割引債の価格は将来のキャッシュ・フローを割り引いた価値そのものだからです。

　財務省が発行する1年以下の割引債は、「国庫短期証券」（TビルやTDB[10]）

図表2−14　割引債のキャッシュ・フロー

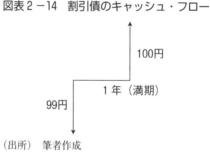

（出所）　筆者作成

9　ゼロ・クーポン債の利回りはゼロ・クーポン・イールドと呼ばれます。債券のテキストによっては、ゼロ・クーポン・イールドをスポット・レートと表現することもありますが、フォワード・レートに対して、現時点の金利を表す際、スポット・レートという表現が使われることもあります。したがって、筆者はゼロ・クーポン・イールドという表現が望ましいと考えています。
10　財務省はTビルと記載しますが、市場参加者は、米国債のBillを混合しうることから、Tビルの英語名称であるTreasury Discount Billsを略してTDBと表現する傾向があり、ここではこの表現も紹介しています。

と呼ばれています。もっとも、このＴビルには、通常の国債のように歳出と歳入のギャップを埋める国債（これを「割引短期国債」（Treasury Bills, TB）といいます）だけではなく、国庫金の短期の資金繰りや特別会計の一時的な資金不足の補填のために発行される債券も含まれています。後者を「政府短期証券（Financing Bills, FB）」といい、かつてTBとFBは別々に発行されていましたが、現在はＴビルとして統合されており、投資家は区別せずに投資している点に注意してください。なお、１年以下の国債が割引債とされている理由として、半年や１年などという短い貸借であれば、途中でクーポンを支払わず、満期に一括で支払ったほうが効率的であるなどが考えられます[11]。

物価連動国債と変動利付国債

　これまではクーポンや元本が固定される国債を前提にしてきましたが、債券の中には、クーポンや元本が変動する債券も存在します。例えば、財務省は現在、物価連動国債を発行していますが、これはクーポンや元本が物価（消費者物価指数）に連動する債券です。読者が物価連動国債を購入した場合、インフレ率が高くなった場合、その分、クーポンや元本が高くなる商品性になっています。通常の債券はクーポンや元本が固定されていることから、仮にインフレ率が高くなった場合、実質的なリターンは低下します。例えば、仮に10年債の名目金利が１％であったとしても、その間、インフレ率が１％であれば、実質的なリターンは０％ということになります。しかし、物価連動国債の場合、クーポンおよび元本がインフレ率に連動するため、インフレに伴い、実質リターンが低下するリスクを防ぐことができます。実際、物価連動国債はインフレ・リスクをヘッジする商品として国際的に普及しており、生命保険会社や年金基金など、インフレ・リスクをヘッジする必

11　ファイナンスのテキストや論文では割引債（ゼロ・クーポン債）をベースに議論が展開されます。実際にはほとんどの債券は利付債であるため、この点は学術論文を読んだ際に、実務家が不思議に思う点ですが、利付債は割引債の組み合わせで複製できること（利付債は割引債のポートフォリオであること）から、割引債がプライシングできれば利付債もその組み合わせでプライシングできます。したがって、論文などでは割引債を軸に議論を展開する傾向があります。

要がある投資家に特に投資される商品とされています。

　また、財務省はかつて変動利付国債を発行していました。変動利付国債とは、金利がその時々の10年金利に依存する国債です。金利が変動になる金融契約は、個人が住宅ローンを借りる場合に、変動金利を選択することもあることから身近だと思いますが、変動利付国債の場合、その金利がその時々の10年金利（短期金利ではなくて長期金利）の水準に依存するという商品性になっています。

　なお、我が国において、変動利付国債および物価連動国債は、2008年の世界金融危機時において外国人投資家による売却[12]により暴落したこと等を背景に、発行が停止されました。物価連動国債は商品性を修正し、2013年に発行が再開されましたが、その後も定着に苦労している債券として評価される傾向があります[13]。仮に海外で普及している商品であっても、日本国債市場において新しい商品を定着させることは必ずしも容易ではない点に注意してください。

個人向け国債

　これまでは機関投資家向けの国債を前提に説明をしてきましたが、個人向けの国債も存在しています。図表2−15が個人向け国債の一覧ですが、現在、「変動10年」「固定3年」「固定5年」がリリースされています（変動利付国債は既に発行が停止されていると説明しましたが、個人向けの商品としては今でも残っています）。もっとも、個人向け国債はこれまで説明してきた国債と全く異なる商品性である点に注意してください。図表2−15にその概要がありますが、そもそも通常の国債のように入札で販売されるわけでなく、個人が小口で購入したい金額だけ発行するという形態がとられています。ま

12　日本経済新聞「物価連動国債、需給改善効果薄く、発行中止にも海外の売り」（2008年10月9日）では「物価連動国債の価格急落を主導するのは需給のゆがみだ。同国債の主な保有主体は短期売買で利益を狙うヘッジファンドなど海外勢に偏る」としています。

13　物価連動国債が再開された背景には、先進国において物価連動国債が普及した商品であることに加え、物価連動国債に基づくインフレ期待（ブレーク・イーブン・インフレ率）の算出が可能になることなどがあげられます。

図表 2 −15　個人向け国債の商品性

商品名	変動金利型10年満期 変動10	固定金利型 5 年満期 固定 5	固定金利型 3 年満期 固定 3
満期	10年	5 年	3 年
金利タイプ	変動金利（半年毎）	固定金利	固定金利
金利の設定方法	基準金利×0.66 ※直近10年債平均落札利回り	基準金利 −0.05％ ※期間 5 年の想定利回り	基準金利 −0.03％ ※期間 3 年の想定利回り
金利 （令和 5 年 5 月募集分）	0.28％	0.09％	0.05％
金利の下限	0.05％（年率）		
利子の受け取り	毎月15日の発行後、半年毎に年 2 回		
販売単位	最低 1 万円から 1 万円単位		
中途換金	発行後 1 年経過すれば、いつでも中途換金可能 （直近 2 回分の各利子（税引前）相当額×0.79685が差し引かれます）		
発行月	毎月15日（年12回）		

（出所）　財務省ウェブサイト

た、個人向け国債はセカンダリー市場がなく転売できないという特徴があり、したがって、通常の国債は「市場性国債」であるのに対し、個人向け国債は「非市場性国債」と呼ばれることもあります。さらに、個人向け国債は、 1 年経過するといつでも解約（途中換金）が可能である商品性になっており（通常の国債はこのように途中で返金可能な商品性になっていません）、有価証券というより、一定期間据え置いたらいつでも引き出せる定期預金に近いイメージです。実際、個人向け国債の供給量は、個人がどれくらい求めるかに依存しており、そのニーズに応じて発行量が多いときもあれば少ないときもあります。

　財務省は国債を安定的に販売するため（いわゆる国債の安定消化のため）、多様な投資家への販売を促すべく、個人向け国債を導入しています。しかし、個人向け国債はその発行額が小さいことや、投資家のニーズに合わせて小口で発行される商品性であること、個人が途中で任意に解約できることなどを考えると、財務省にとって主要な調達手段になりにくい側面もありま

す。実際、国債発行総額に占める個人向け国債の割合は1～2％程度です。本書では最低限の説明にとどめますが、詳細を知りたい読者は財務省のウェブサイトなどを参照してください。

　なお、国債には法律上の区分として新規国債（建設国債や特例国債）、財投債、借換債などが存在しますが、投資家は国債に投資する際、この区分を認識していません。これらの区分は、政府が国債の発行を計画する際などに問題となるため、詳細は国債発行計画を取り扱う7章で説明します。

国債の回号

　日本国債の独特な慣行は、国債の各銘柄に回号が設けられており、実際に取引をする場合はこの回号を用いる点です。例えば、10年国債については最初に発行された10年国債に第1回号という番号が付されています。第1回号後に異なる年限やクーポンの国債が発行された場合、第2回号と次の回号に移ります。例えば、2023年6月に発行された国債は、「10年利付国債（第370回）」であり、これは370回目に発行された10年国債を指します。回号は10年国債だけでなくて、前述の利付国債や割引債すべてに付されています（どのような形で回号が変更されるかについては、国債の入札を説明する8章で説明します）。

　実際の国債の取引にあたり、国債の回号を用いると説明しましたが、例えば、読者が10年国債を売買したい場合、証券会社に「10年の370回債を購入したい」などという形で回号を用いて注文を行います。そのため、市場参加者は国債の各回号について細かく理解しています。ちなみに、回号を用いる点は日本独特であり、例えば米国債では、当該国債のクーポンと満期を指定して売買する商慣行が広がっています。

BOX　ロールダウン効果

　前述のとおり、イールドカーブは基本的に右肩上がりになっており、長い年限の債券には（相対的に）高い金利、短い年限の債券には（相対的に）低い金利が付されています。ある債券を保有した場合、時間の経過とともにそ

の債券の年限は短くなっていきますから、「イールドカーブが不変であると仮定すれば」、市場で評価される利回りは徐々に低くなり、（価格は上昇するため）含み益をもたらします。債券が有するこのような効果をロールダウン効果あるいはローリング効果といいます。

　このメカニズムを具体例で考えてみます。例えば、今読者が10年１％の国債を購入したとします。この際、イールドカーブは右肩上がりであり、10年債の利回りは１％である中、９年債の利回りは0.8％であるとしましょう。１％の利回りを有する10年債に投資した場合、１円の利子収入を毎年得ることになります。読者がこの10年債に投資した場合、１年後は（年限は１年短くなっているため）毎年１円をもたらす９年債になっています。このことは１％の利回りを有する９年債と解釈できます。もし仮に１年後もイールドカーブが変わらなかった場合、９年債は（前述のとおり）0.8％でマーケットで取引されているため、読者が保有している１％の利回りを生む９年債は市場の実勢からみて、0.2％（＝１％－0.8％）だけ魅力的な金利が付されていることを意味します。この債券を時価で評価した場合、９年債のデュレーションを９とすれば、0.2％だけ金利が低下することで９×0.2％＝1.8円の含み益が生まれることになります。この含み益を生むメカニズムがロールダウン効果です（ここではデュレーションの知識を前提にしましたが、デュレーションについては４章を参照してください）。

　この効果をなぜロールダウン効果と呼ぶかというと、キャピタル・ゲインを得るプロセスが、カーブを転げ降りていくイメージであるからです。図表２－16はロールダウン効果のイメージを表現していますが、時間が経過するにつれて年限は短くなりますが、前述のとおり、カーブが変わらなければ金利がカーブを滑り落ちるように低下していき、このことが価格上昇の効果をもたらします。

　ロールダウン効果をみるうえで、最大の論点は「イールドカーブが不変」という仮定の妥当性です。現実のイールドカーブの動きをみると、毎日変化しているのが実態です。その現実をみると、「イールドカーブが不変」という仮定はあまりに強すぎるようにも感じます。その意味で、読者に注意を促したい点は、ロールダウン効果は実務的には頻繁に用いられるものの、懐疑

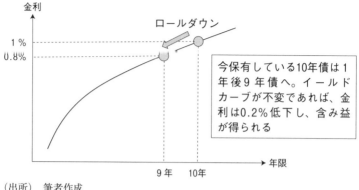

図表2−16　ロールダウン効果のイメージ

（出所）　筆者作成

的な見方も多いという点です[14]。もっとも、債券の投資家は時間が経つにつれ、債券の含み益（時価で評価した場合、利益が出ている状態）が発生する傾向があるという直感を有しており、この背景には、イールドカーブは基本的に右肩上がりであることから、時間の経過とともに年限が短くなることで金利に低下圧力がかかることがあります。ロールダウン効果はこの直感をとらえているともいえますが、何度も強調するようですがカーブは基本的に毎日動くものですから、「イールドカーブが変わらない」という仮定は非常に強い仮定であることに変わりはありません。

　なお、このロールダウン効果を金利上昇のクッション（バッファー）としてとらえる投資家も少なくありません。例えば、先ほどと同様、「10年金利が1％、9年金利が0.8％」であるとして、この10年債に投資したとします。仮に、1年後にイールドカーブがパラレルに0.2％上昇したとしましょう。この場合、1年後にマーケットで評価される9年債の金利は1％（＝

14　期待仮説に基づけば、長い国債の金利には「将来の短期金利予測」が集約されていますから、長期債の金利が相対的に高い理由は、将来短期金利が上昇するからだ、とみることもできます。今相対的に低い金利が付された短期債で運用したとしても、将来短期債の金利が上がるなら（フォワード・レートが実際に実現するならば）、再投資後は相対的に高い金利が付された短期債で運用できることになるため、そもそも投資家が得られるリターンは長期債のリターンと結局変わらないということになりえます。期待仮説の詳細は10章を参照してください。

0.8%＋0.2%）となっています。もっとも、読者が保有する利回り１％の10年国債も（前述のとおり）１年後、利回り１％の９年債になっているため、保有している債券の利回りと市場で評価されている利回りが一致し、価格が変化しない（キャピタル・ゲインはゼロ）ことになります。この場合、金利が上昇しているのにもかかわらず、損失が発生しないということになりますが、これは0.2%（＝１％−0.8%）という９〜10年ゾーンの金利差が金利上昇のクッションとなっていることが原因と解釈できます。

　上記はロールダウン効果について最低限の説明をしましたが、詳細を知りたい読者は、筆者が執筆した「ロールダウン（ローリング）効果入門」（服部, 2021）を参照してください。

〈参考文献〉
１．植田健一・服部孝洋（2024）「国際金融の基礎（仮題）」日本評論社.
２．服部孝洋（2021）「ロールダウン（ローリング）効果入門—日本国債におけるキャリー・ロールダウンについて—」『ファイナンス』666, 37-43.
３．三宅裕樹・服部孝洋（2016）「イールド・カーブ推定の動向—日本における国債・準ソブリン債を中心に—」『ファイナンス』612, 65-71.

第**3**章

国債取引の実際と
証券会社の役割

▌3.1　国債のセカンダリー市場

　2章では国債の商品性やリスク・リターンの特性など、国債の基本的な知識を説明しました。本章では国債の取引の実態のイメージをつかむため、国債市場において証券会社が果たす役割や国債の売買の実際等を説明していきます。

　前述のとおり、国債市場には国債を発行するプライマリー市場と、既に発行された国債を売買するセカンダリー市場があります。プライマリー市場については入札（オークション）を通じて財務省が発行を行うのですが、国債の入札の詳細は8章で説明するため、本章ではセカンダリー市場について取り上げます。

　1章で説明したとおり、国債のセカンダリー市場は、証券会社が国債を在庫として持ち、マーケットを作っています。このような市場は、相対で取引されることから相対取引やOTC（Over-The-Counter）取引、店頭取引などと呼ばれ、この市場をOTC市場や店頭市場といいます。国債を含む債券は店頭市場で取引されていますが、債券にとどまらず、為替なども店頭市場で取引がなされています。

　例えば、読者が保有している国債（例えば10年利付国債第370回債（以下では「370回債」と記載します））を売却したい場合、証券会社に電話をかけると370回債を買い取る価格が提示されます[1]。その価格に納得できれば、読者は370回債を売却し、証券会社がそれを購入することで売買が成立します（図表3－1の左図）。読者が370回債を購入したい場合は、前述の逆のプロセスとなり、価格に合意したら、証券会社が370回債を売却し、読者が当該国債を購入することになります（図表3－1の右図）。国債市場が相対市場や店頭市場と呼ばれる理由は、取引所のような場所で多くの投資家の買い注文と売り注文をマッチさせるのではなくて、証券会社に対して相対で取引したり、証券会社の店頭で取引をしているからです。

1　執筆時点においても日本国債については電話を通じた取引が主体であることから、本書ではこのような事例としていますが、一部、電子取引も広がっている点に注意してください。

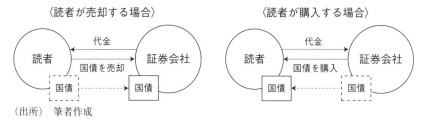

図表3－1　店頭市場において国債を売買するイメージ

〈読者が売却する場合〉　　　　　　〈読者が購入する場合〉

（出所）　筆者作成

　債券の取引において、注文した後、取引が成立することを「約定」といいます（「done」や「決める」と表現することもあります）。先ほどの例であれば、読者が証券会社に370回債の価格を聞いた後、証券会社から価格が提示され、その価格で取引をすると合意すれば、約定したということになります。本日約定したら、通常、1営業日後にその金額を証券会社に支払い、370回債を受け取ります。このように約定した1営業日後に受け渡すことをT＋1決済といいます（Tという現時点に対して、1営業日後の決済であるため、「T＋1」になります）。

　なお、国債の取引ではT＋1決済だけでなく、受渡しが長くなる取引もありえます。この期間が例えば1週間や1カ月など長くなる場合、先渡（フォワード）取引といいますが、先渡取引は先物を取り扱う5章で説明します（約定してから1カ月以上先に受け渡す取引を「着地取引」といいますが、6カ月を超える取引ができないなど一定の規制があります）。

■ 3.2　証券会社のトレーダーからみた国債市場

　このように証券会社は在庫を保有し、売買することでマーケット・メイクを行いますが、証券会社の中で在庫の管理を担う主体をトレーダー（ディーラー）といいます。トレーダーの役割は、投資家に対して常に買値と売値を出すことでマーケットを成立させるとともに、マーケット・メイクの結果生まれる国債の在庫管理を行うことです（トレーダーは社内で決められたルールやリスク量を制約に利益の最大化を図っており、収益を上げることが求められている点に注意をしてください）。先ほど、読者が証券会社に電話をかけると説明しましたが、読者が実際に注文をする場合は、トレーダーと直接やりとり

せず、窓口となるセールス（営業担当者）を経由して注文を伝えることになります。

　トレーダーは前述のとおり、370回債などの在庫を有してプライスを出すことでマーケット・メイクをしますが、仮に370回債を持たなくても、顧客にプライスを提示します。トレーダーがどのようにこのような注文に対応するかは後述しますが、証券会社のトレーダーは、単なる仲介役ではなく、常に、プライスを出すことで取引を成立させることから、マーケット・メイカーと呼ばれます。

業者間市場

　先ほど、読者が証券会社に国債の注文をする事例を考えましたが、次は、読者が証券会社のトレーダーの目線に立って、国債の売買を考えていきます。仮に投資家から370回債の買い注文があったとして、価格に合意した場合、通常、１営業日後に国債を受け渡すことになります。トレーダーである読者は、国債の入札などを通じて370回債を在庫として保有していた場合、この国債を顧客に売却することでこの売買を成立させます。

　もっとも、読者は投資家から様々な注文を受けるため、その時に注文を受けた国債を持っていないかもしれません。対処方法としては、他の証券会社から当該国債を買い入れて、この取引を成立させます（レポ市場（国債の貸借市場）を活用する事例については後述します）。イメージは図表３－２のとおりです。

　日本国債の市場には、証券会社の業者間で取引を行う業者間市場があり、

図表３－２　業者間市場を用いたマーケット・メイクのイメージ

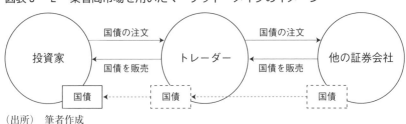

（出所）　筆者作成

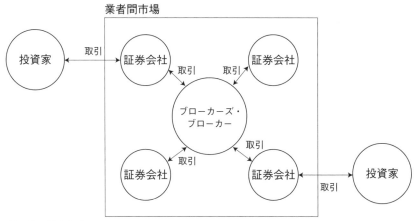

図表3－3　業者間市場のイメージ

業者間市場

投資家　取引　証券会社　取引　取引　証券会社

ブローカーズ・
ブローカー

取引　取引　取引

証券会社　取引　証券会社　取引　投資家

(出所)　筆者作成

業者間市場では、ブローカーズ・ブローカー（Broker's Broker, BB)と呼ばれる証券会社の注文をつなぐブローカーがこの市場を形成しています（図表3－3がそのイメージですが、この市場では証券会社もブローカーであることから、証券会社どうしをつなぐ主体を、ブローカーズ・ブローカーと呼びます)。ブローカーズ・ブローカーは証券会社のように在庫を持ってマーケット・メイクをするわけではなく[2]、基本的には業者間の注文をベースに、業者間（証券会社間）の売買をマッチングさせる形でマーケットを作ります。例えば、証券会社Aのトレーダーが370回債を売りたいと思っているとき、ブローカーズ・ブローカーが例えば、証券会社Bに連絡をして両者が折り合える価格を探ります。

板とオファー（アスク）・ビッドの関係

　ブローカーズ・ブローカーは証券会社等に対して、各国債の売値と買値（これを気配値といいます）を掲示するシステムを提供しています。このような気配値の情報を集約したシステムを「板」といいます。読者がトレーダー

---

[2]　ブローカーズ・ブローカーも短期国債など在庫を持つことがありうる点に注意してください。

であれば、この板に自分が売買したい金利水準と金額を載せることができますし、また、板をみれば、他のトレーダーが提示している価格情報を把握することができます。

　板のイメージは図表3－4のとおりです。前提として、売り手はできるだけ高く売りたいと考える一方、買い手はできるだけ安く買いたいと考えています。この図表を売り手（売り指値注文、オファー）サイドからみると、10年国債について、100.4円（金利は0.96％）で30億円分、100.3円（金利は0.97％）で20億円分、100.2円（金利は0.98％）で10億円分売りたいと考えています（この注文は1人の売り手ではなく、多数存在する売り手の注文を集計している点に注意してください）。この売り注文の中で、買い手からみると最も都合がいいのは一番安く買える100.2円（0.98％）になります。これは買い手にとってベストな売り注文（売り気配値）であるため、ベスト・オファー（最良売り気配値）といいます（なお、売り注文をオファーといいますが、アスクということもあります。この場合、ベスト・アスクという表現になります）。「ベスト」という表現は（自分ではなく）「取引の相手からみた場合、最もよい」という意味で使われている点に注意してください。

　図表3－4には買い手の注文についても表示されています。この図表を買い手（買い値注文、ビッド）サイドからみると、99.8円（1.02％）で30億円分、99.9円（1.01％）で20億円分、100円（1％）で10億円分買いたいと考え

図表3－4　板のイメージ

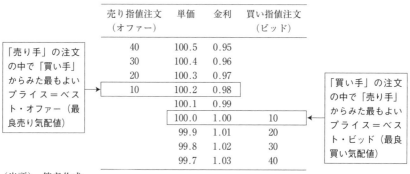

	売り指値注文 （オファー）	単価	金利	買い指値注文 （ビッド）	
	40	100.5	0.95		
	30	100.4	0.96		
「売り手」の注文の中で「買い手」からみた最もよいプライス＝ベスト・オファー（最良売り気配値）	20	100.3	0.97		
	10	100.2	0.98		
		100.1	0.99		
		100.0	1.00	10	「買い手」の注文の中で「売り手」からみた最もよいプライス＝ベスト・ビッド（最良買い気配値）
		99.9	1.01	20	
		99.8	1.02	30	
		99.7	1.03	40	

（出所）　筆者作成

ています。この場合、売り手にとってベストな買い注文（気配値）は一番高く売れる100円（1％）になり、これをベスト・ビッド（最良買い気配値）といいます（ベスト・オファーが100.2円ですから、ベスト・オファーはベスト・ビッドより価格が高い（金利が低い）という特徴がある点にも注意してください）。

ブローカーズ・ブローカーが提供する国債の板のイメージ

　上記を前提に、実際の国債市場の板を説明します。後述する日本相互証券が提供する板には、国債の回号ごとの売値と買値の気配値、金額等が表示されています。重要な特徴は、板には買い手と売り手にとって最も有利なベスト・プライス（ベスト・ビッドとベスト・オファー）のみが記載される点です[3]。図表3－5が実際の国債の板のイメージになりますが、取引される金利（ビッドおよびオファー）とその金額が表示されています。前述のとおり、ベスト・オファーはベスト・ビッドより金利が低い（価格が高い）という特徴がありますが、図表3－5に記載される板においても、ベスト・オファーはベスト・ビッドより金利は低くなっています。なお、この板はイメージであり、実際にはトレーダーなどが自分で板の画面を調整できる点に注意してください。

　トレーダーは板を通じて、自分の買いたい価格および金額を載せることが

図表3－5　ブローカーズ・ブローカーが提供する国債の板のイメージ

回号	オファー	金額（億円）	ビッド	金額（億円）
365回	0.38	5	0.385	10
366回				
367回	0.385	20	0.39	10
368回	0.385	10	0.39	5
369回			0.39	10
370回	0.39	5		

（出所）　筆者作成

3　実際にはベスト・プライス以外の注文もあるのですが、板にはベスト・プライスのみが表示される仕様になっています。

できると説明しましたが、その情報は板を通じて他の証券会社のトレーダーに共有されます。他の証券会社のトレーダーがその価格・金額で反対側の取引をしたいと注文をすれば約定となります（板をクリックすることで取引ができます）。

　注意すべき点は、読者が板を通じて取引したい場合、板の価格を変化させることなく取引できるかはその時の状況による点です。前述のとおり、板には国債の気配値が表示されますが、例えば、板にさほど買い注文がない中、読者が370回債について大きな売り注文を入れた場合、板には売り注文が多く表示されます。もしその反対側で追加的な買い注文が入ってこなかった場合、売買を成立させるためには、読者は価格を低下させる必要があります。このように大きな注文を出した場合、その注文が価格に大きなインパクトを与えるかもしれません。

　このように大きな注文を行った際、価格を変化させることなく、どれくらい消化可能であるかはその時の市場状況によりますが、取引がどのくらいマーケット・インパクトを持つのかを流動性といいます。流動性が高い市場とは、大きな取引をしたとしても価格がさほど動かない市場であり、流動性が低い市場とは、大きな取引をした場合、価格が大きく動いてしまう市場といえます。国債市場や後述する金利スワップ市場は債券市場でも最も流動性があるとされており、日々活発に取引がなされていますが、近年、日銀による量的・質的金融緩和政策により国債市場の流動性が低下しているという懸念もなされています。それを受けて日銀は月次で「国債市場の流動性指標」を公表し、国債市場の流動性をモニターしています（国債の流動性についてはBOX 2を参照してください）。

日本相互証券（BB）

　日本国債市場の場合、ブローカーズ・ブローカーは、3社（日本相互証券、セントラル東短証券、上田トラディション証券）存在しています。その中でも、日本相互証券は日本国債市場ではプレゼンスが高く、日本相互証券そのものをBBと呼ぶ傾向があります。前述のとおり、日本相互証券は各証券会社等向けに、日本国債の板を提供しており、その板にはその時点における

各銘柄の気配値や当日の出来高、直近売買がなされた価格（利回り）などが刻まれています。なお、日本相互証券を通じた売買は前場（ぜんば、8時40分から11時5分）、後場（ごば、12時25分から15時20分）、イブニング・セッション（15時30分から18時5分）で構成されています[4]。

BBの引値

　日本相互証券は、独自に当日15時時点における国債価格を一定のルール[5]で算出し、市場参加者に提供しています。この価格は「BBの引値（ひけね）」と呼ばれ、国債市場で広く活用されています（BBの引値は16時公表です）。「引値」というのは債券市場における「終値（おわりね）」に近い概念です。前述のとおり、店頭市場は証券会社がマーケットを作っていることから、理論上は24時間市場が開いています。24時間取引がなされている市場といえば、為替市場のイメージがあるでしょうが、国債についても、例えば多くの証券会社は、東京が夕方頃になったら、例えば、ロンドンにマーケット・メイクの担当を移すなどして市場が常に開いています。この点は、証券取引所のように明示的にクローズする市場とは明確に異なります（取引所取引は5章で取り上げますが、取引所は市場がクローズするため「終値」という概念があります）。その意味で、引値は必要がないとも考えられ、事実、米国債では引値という概念がありません。しかし、日本国債市場では入札やオペレーション等の観点で引値が必要であることから、一定のルールで、ある日の15時時点におけるフェアなプライスを定めているわけです。

　詳細は後述しますが、BBの引値は実際の取引において参照されるなど、国債市場で広く使われています。また、国債の引値といった場合、BBの引値だけでなく、日本証券業協会が計算する引値（売買参考統計値）もあるため注意してください（ややこしいのですが、例えば、国債の入札や日銀のオペレーションでは売買参考統計値が使われています）。

4　詳細は日本相互証券の下記のウェブサイトをご覧ください。
　https://www.bb.jbts.co.jp/ja/deal/rule.html
5　BBの引値の算出方法については日本相互証券による「BB国債価格（引値）算出方針」を参照してください。

レポ市場を利用したマーケット・メイク

　これまで国債の在庫がなかった場合、他の証券会社から当該国債を買い入れて対応する事例を考えましたが、レポ市場を利用して国債を借りるという手段もあります。再び読者がトレーダーであるケースを考えますが、注文を受けた国債を読者が持っていない場合、当該国債を一時的に借りてきて、その借りた国債を売ることでこの対応を行います。国債市場には、国債を貸し借りする市場があり、この市場をレポ市場といいます[6]。先ほどのように、投資家から370回債について買い注文を受けた場合、仮に在庫がないとしたら、レポ市場で370回債を借りて、その国債を売却することでその取引を成立させることができます（図表3－6を参照）。その後、トレーダーである読者は、当該銘柄をどこかのタイミングで、業者間市場などで買い入れて、以前借り入れた国債を返却します。

　このケースにおいて、トレーダーは借り入れた370回債を投資家に売却していますが、このように借入をして売ることを「空売り」や「ショート」といいます（この取引は価格が低下した場合に利益が生まれるポジションです）。トレーダーは、一時的に国債のショートをし、当該銘柄をどこかのタイミングで買い入れることで返却します（流動性供給入札を利用してショートのカバーをする事例は、国債の入札について取り扱う8章で説明します。また、レポそのものについては先物について取り扱う5章で別の角度から議論します）。

図表3－6　レポ市場を用いたマーケット・メイクのイメージ

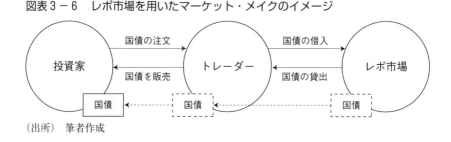

（出所）　筆者作成

6　短期国債についてはレポ市場がないため、このような取引はできません。

証券会社における国債ビジネスの位置づけ

　通常の証券会社は、営業部門やマーケット部門・投資銀行部門[7]などで構成されます。マーケット部門は債券部門[8]と株式部門に分かれており、国債は債券部門の中の1つのプロダクト（商品）として取り扱われています。債券部門は、トレーディングを担うセクションと、セールスを担うセクションに分かれていますが（これ以外にも仕組債の組成や支店の対応を行うセクションなどもあります）、あるトレーダーやセールスがどの程度の商品をカバーするか（例えば日本国債を担当するトレーダーやセールスにどれくらい人員を置くか等）は会社の戦略等によって大きく異なる印象です。本書ではデリバティブについては11章と12章で取り上げますが、金利スワップやスワップションなどを担当するトレーダーやセールスも存在します。

▌3.3　国債の売買のイメージ

　ここからより具体的に、どのように国債の売買がなされているのかを説明します。日本国債市場では、読者が証券会社に対して、国債（例えば370回債）のプライス（売値あるいは買値）を聞いた場合、価格そのものでなく、金利（単利）が提示される商慣行が広がっています。これは他国と比べても非常に特徴的な商慣行です（例えば米国債の場合、金利ではなくて価格が提示されます）。つまり、読者が証券会社に電話をして、370回債の注文をした場合、100円などの価格で提示されるのではなく、例えば1％といった金利（単利）で提示されるということです（一般的にはBB引値との金利差が提示されますが、以下ではわかりやすさを重視するため、金利の絶対値で提示される事例を紹介します）。

7　証券会社によって組織形態は異なりますが、営業部門は主に個人投資家向けのサービスを担う一方、投資銀行部門は赤字主体向けに株式や債券の引受などのサービスを担っています。

8　債券に為替とコモディティも含めて、FICC（Fixed Income, Currencies and Commodities）と表現することもすくなくありません。

例えば、読者が370回債を購入するため、証券会社のセールスに電話をかけたとします。証券会社のセールスはトレーダーに価格を聞き、トレーダーは例えば0.98％（この金利は単利である点に注意してください）などと返します。読者がこの金利で取引したいことをセールスに伝えれば取引が成立します（前述のとおり、これを約定といいます）。

　もちろん、読者はこの金利を聞いた場合、自分の取引したい価格より割高だと感じるかもしれません。この場合、そもそも取引をしないということや、他社にプライスを聞くということも可能です。このように価格を確認したり、交渉したりするプロセスを「引き合い」などといいます。

前営業日のBBの引値を用いた場合

　証券会社のセールスはトレーダーに価格を聞き、トレーダーが例えば1％という金利水準を返答すると記載しましたが、実際には、前営業日からの金利の変化を返答する商慣行が普及しています。この場合、BBの引値を用いることが一般的です。

　円債市場では非常に独特なのですが、毛（もう）、糸（し）、忽（こつ）という表現を用います[9]。野球の打率などで、3割1分5厘などという表現がありますが、これは31.5％を意味します。毛、糸、忽はそれ以下の値になります（例えば、0.315956であれば、3割1分5厘9毛5糸6忽）。この関係を利用して、例えば、370回債が前営業日に比べて0.005％（0.5bps）金利が低ければ、「5糸強（づよ）」などと表現します。逆に、0.004％（0.4bps）金利が高ければ「4糸甘（あま）」などと表現します。この「強い」と「甘い」という表現ですが、債券市場では価格が上がる（金利が下がる）ことを「強い」、価格が下がる（金利が上がる）ことを「甘い」ということから、「5糸

9　BBの板は5糸刻みであるため、1糸刻みなどより細かい取引は、ボイスでの取引になります。ボイスの取引とは、BBにおける専用回線でBBにおけるブローカーとコミュニケーションする方法であり、電話で当該銘柄のベスト・プライスを教えてくれます（例えば読者がそのプライスで決めたいといったらdoneできます）。先物の板については5章で説明しますが、先物の板は、1銭刻みでどの程度注文が入っているかがみえますが、BBの板の場合はベスト・ビッドとベスト・アスクの価格および金額のみが表示されます。

強」の場合、金利が低い、すなわち、価格が高いため、強いという表現が用いられます。水準が前営業日の引値から変わらない場合、「引値」そのものが提示されます（「引け」などと表現されます）。

　もっとも、このような商慣行をとるかは、投資家によってまちまちである点も事実です。例えば、読者が370回債のプライスを知りたい場合、前営業日との金利差ではなくて、金利水準での提示を求めたら、証券会社のセールスは金利水準でプライスを提示します。また、仮に前営業日比の金利差で引き合いを行ったとしても、実際の約定の際には、金利差だけでなく、価格、受渡日などを正確に確認する作業が存在しています[10]。

　なお、上記の記載は執筆時点での国債の商慣行を記載している点に注意してください。実は、上述の取引をどのようにするかは、債券の中でもプロダクトごとに異なっており、実務的には非常に複雑です（実際、債券セクションに配属された場合、こういう商慣行を覚えるだけでもかなりの期間を要します）。ここでは執筆時点で筆者が把握している最低限の記載になっている点に注意してください。

▌ 3.4　ビッド・アスク・スプレッド

　先ほど、読者が370回債の買いを注文した事例を取り上げましたが、370回債の売りの注文をした場合も、同じプロセスを経ます。読者が370回債を売るため、証券会社に電話をかけ、例えば、セールスが1％と返答し、それに合意すれば1％で売却することになります。この際、読者が370回債を買う場合と売る場合でプライスが異なっており、常に読者にとって不利（証券会社にとって有利）になっている点に注意してください。前述のとおり、買う値段と売る値段はそれぞれビッドとオファー（アスク）と呼ばれており、その差はビッド・アスク・スプレッドと呼ばれます。

　このスプレッドは基本的には証券会社がマーケット・メイクするためのコストと解釈されます（したがって、常に正の値になる点に注意してください）。

---

[10]　国債では経過利子を含まない裸単価（クリーン・プライス）を取引で用います。債券の中には、取引の際、経過利子を含む単価（ダーティ・プライス）を用いることもあります。

例えば、370回債について、買値の価格（ビッド・プライス）を0.98％（100.2円）、売値の価格（アスク・プライス）を1％（100円）とすれば、ビッド・アスク・スプレッドは0.02％（20銭）になります。

　前述のとおり、このビッド・アスク・スプレッドはマーケット・メイクを行ううえで必要なコストと解されますが、その理由は次のようなものです。読者が証券会社のトレーダーであれば、常に読者は投資家と反対の取引をさせられることになります。投資家が国債を売りたいと思っているときに読者は買わなければいけないですし、その逆もしかりです。特に、投資家が売却や購入をしたいと思っているときはその背後に投資家が何か情報を有している可能性があり、その反対側のポジションをとるのにはリスクを感じ、その対価を求めるでしょう（経済学では投資家間で情報格差がある状況を情報の非対称性といいます）。この観点でいえば、ビッド・アスク・スプレッドには情報の非対称性があることから、トレーダーが取引に応じるために必要なコストであると解釈できます。

▌3.5　証券会社におけるリスク管理

　このように証券会社では、トレーダーが在庫管理をすることでマーケット・メイクをしています。読者の中には、このマーケット・メイクをすることで、事実上の投資ができてしまうのではと感じた方もいるかもしれません。実際、トレーダーがヘッジしないまま国債を在庫として多く抱えたら、それは国債のロングのポジションそのものです。また、トレーダーが在庫を持っていないのにもかかわらず、レポ市場で国債を借り入れてショートのポジションを作る事例をあげましたが、このショート・ポジションのヘッジをしていなければリスクをとっていることになります。

　したがって、証券会社のマーケット・メイクの主軸はリスク管理ともいえます。具体的には証券会社におけるトレーダーごとに、取得可能なリスク量に制限が定められており、そのリスク量に近づくとリスク管理部門が警告（ワーニング）をするという形になっています（そのリスクをどのように測るかは4章で説明します）。トレーダーは、例えば後述する先物などを用いて、許容された範囲内にリスク量が収まるようリスク管理をしています。このよう

にリスク管理がなされることは証券会社だけでなく、すべての金融機関について共通していえることです。

　これらのルールは会社独自に定められる印象ですが、証券会社には、規制当局から厳格な規制が課されている点も重要です。特に我が国における大手証券会社は、証券会社に対する規制に加え、バーゼル規制も課されています。具体的には、金融機関が有するリスク量に対して自己資本の調達を求める自己資本比率規制だけでなく、金融機関のレバレッジそのものに規制が課されるレバレッジ比率規制や、金融機関の流動性を維持するための流動性規制などにも服しています（バーゼル規制については6章で詳細に説明します）。もっとも、この場合、国債のトレーディング・デスクに規制が課されているというより、債券部門以外や資金調達を担う資金部などを含めた、会社全体に対して規制が課されているというイメージになります。それ以外にも、例えば、証券会社は証券取引等監視委員会などによる監督やモニタリングも受けています。

■ 3.6　国債市場におけるセールスの役割

　これまでトレーダーの役割について説明してきましたが、最後に国債市場におけるセールスの役割について説明します。読者の中には、セールスの役割はトレーダーの注文を単につなぐ媒介に思えた人がいたかもしれません。しかし、セールスは、実際の国債市場において様々な重要な役割を担っています。

　前述のとおり、読者が国債を購入（売却）したい場合、トレーダーがその反対側のポジションをとります。したがって、基本的に読者が安く買える場合、トレーダーは安く販売することになり利益が減るわけですから、投資家である読者とトレーダーの利益はトレードオフの関係にあります。この文脈でいえば、トレーダーと投資家は基本的に利害が対立するため、セールスの重要な役割は、両者が折り合える価格を探すことにあります。

　例えば、あるトレーダーが370回債について大きな買い注文をしたいとしても、それを吸収する売り注文が板にはないかもしれません。その際、例えば、セールスが顧客の情報を適切に把握し、370回債を売りたいというニー

ズを見つけ出すことができれば、その両者の取引をマッチさせることが可能になります。このように、セールスは投資家のニーズをトレーダーに伝えることで、トレーダーによる適切な在庫管理を可能にし、流動性の高い国債市場の形成に寄与します。これ以外にも、例えば、マーケットの状況を分析し、投資家に適切に説明するなど、セールスは国債市場において重要な役割を果たしています。

　株式市場に目を移すと、1990年代にオンライン証券が勃興し、個人投資家の株式の売買はセールスを介した対面の取引からオンラインにシフトしていったことは周知の事実です。国債市場においてもオンライン取引の普及は長年指摘されていますが、少なくとも日本国債市場では、運用規模が数兆円を超えるプロの投資家でさえ、今でもセールスを介した取引を行っています。その一方で、米国債市場などでセールスを通さない電子的な取引が増えているという報道もあります。近年、日本国債市場でもチャットや電子プラットフォーム経由での引き合いが増加しており、特に海外投資家などは電子プラットフォームを経由する取引を好むという指摘もあります。本章では、セールスの役割について積極的な説明をしましたが、セールスの役割は技術進歩などとともに常に見直されていくものだと筆者は感じています。

BOX 2　国債市場の流動性について

　本章では国債の流動性について説明しましたが、流動性をとらえる指標として、様々な指標が提案されています。本文で説明したとおり、国債市場における流動性が高い（低い）場合、取引した際のプライス・インパクトは小さく（大きく）なります。したがって、流動性を測る指標としてプライス・インパクトをとらえる指標が望ましいということになります。最もよく用いられる指標がビッド・アスク・スプレッドであり、これは前述のとおり、証券会社に支払う取引の執行コストになります。それ以外にも、取引量と価格のデータを用いてプライス・インパクトを推定することもあれば、板の枚数などで把握することもあります。国債市場の流動性に関心がある読者は「市

場流動性の測定」（服部, 2018）をご参照ください。

〈参考文献〉
1．服部孝洋（2018）「市場流動性の測定―日本国債市場を中心に」『ファイナンス』627, 67-76.

第 **4** 章

国債が有する金利リスク

▌4.1　はじめに

　2章では日本国債の概要を説明しましたが、国債が有する重要な特徴として金利リスクがあります。金利リスクとは、金利が変動することにより国債の価格が変動するリスクです。日本政府（財務省）は償還期限が1年以内の短期国債に加え、2年債から40年債まで様々な年限の国債を発行していますが、年限によってその金利リスク量は異なります。金融機関はリスク管理や金融規制の観点から、自らがとることができるリスク量に上限があるという意味で、国債の安定消化は国債の投資家である金融機関の状況にも依存します。したがって、国債の有する金利リスクがどの程度であるかを適切に理解しておくことは、投資家だけでなく政府にとっても重要な問題です。

　そこで、本章では、金利リスクに関し、実務的に必須な知識であるデュレーションとDV01（デルタ、ベーシス・ポイント・バリュー（Basis Point Value, BPV））について、できる限り実務的な観点でその内容を深掘りします。まずは、なぜ年限が長い国債ほど、金利が動いたときに価格が大きく変動するかを説明します。そのうえで、金利リスク指標であるデュレーションを厳密に定義し、デュレーションとは、金利が変化した場合に価格がどの程度動くのかという「金利感応度」である点を議論します。実務的には、感応度ではなく、自分のポジションがどのくらいのリスク量（金額）を有しているかを知りたいケースも少なくありません。そこで、金利リスク量をとらえるDV01（デルタ、BPV）について取り上げます。デュレーションそのものは金利水準に依存するため、最後に、この効果をとらえるコンベクシティについて説明します。

▌4.2　デュレーションとは

　2章で議論しましたが、債券の初学者が最初につまずく点は、国債の金利と価格が逆の動きをする点です。日本政府は国債を発行することで資金調達をしていますが、仮に多くの投資家が国債を保有したいと考えた場合、国債の需要が増大するので、国債の価格が上がります。一方、政府からみれば、多くの投資家が国債を保有したいと思うのであれば、政府にとって有利とな

る低い金利で資金調達をすることができます。これが、価格と金利が逆の動きをするメカニズムの直感的な説明です。

　ここでは、この関係をもう少し厳密に考えてみます。例えば読者が、クーポンが１％の１年債に100円投資した場合を考えてみましょう（図表４－１の左図参照）。この場合、100円投資したものが１年後100円で戻ってきて、１円のクーポンがもらえるのですから、この投資に係る年間のリターン（利回り）は１％になります[1]。

　ここで、金利上昇と国債の価格の関係を考えるため、仮に、読者が１年債に投資した直後、１年債の金利が１％から２％に上昇したとしましょう。これはセカンダリー市場において利回り２％の１年債が流通していることを意味します（クーポン２％の１年債が100円で発行される環境になったことを意味します）。金融市場では同じ金融商品には同じリターンが付されるようプライ

図表４－１　金利上昇前後のキャッシュ・フローのイメージ（１年債のケース）

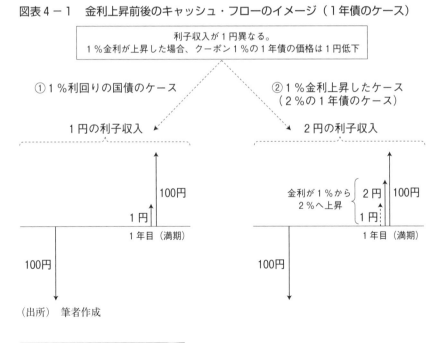

（出所）　筆者作成

1　ここではわかりやすさを重視するため、期中得られる利子の再投資は捨象しています。

シングされますから（これを「一物一価の法則」といいます）、先ほど読者が保有した1%のリターンを生む1年債（年間1円のクーポンを生む1年債）は利回りが2%になるように価格が調整されなければなりません（このように現在の市場価格で評価することを時価評価といいます）。

　それでは価格はどのように調整されるのでしょうか。利回り2%の1年債に投資した場合、1年後に2円の利子収入が得られます（図表4-1の右図参照）。一方、以前投資したクーポン1%の1年債が生み出す利子は1円にとどまり、市場で取引されている1年債との利子の差は1円（＝2円－1円）になります。もっとも、仮に1円のクーポンを生み出す1年債であっても、99円で投資できるのであれば、投資家は①利子収入から1円得られるだけでなく、②価格の上昇で1円（1年債は満期で100円で償還されます）の利益が得られますから、合計2円のリターンが得られます（つまり、クーポン1%の1年債を投資家が99円で投資できるのであれば2%の利回りの1年債と収益がおおよそ均等化します）。その意味で、当初100円で購入したクーポン1%の国債が2%のリターンを生むには、価格が99円まで低下する必要が生まれます（つまり、1％金利が上昇した場合、価格は1円低下します）。

▌4.3　金利リスクと契約の期間の関係

　このように国債の価格と金利は逆の動きをしますが、国債の投資家からすれば金利が動くことで保有している国債の価格が動くことから、金利の変動はリスクとして認識されます。前述のように、このリスクを金利リスクといいますが、国債の金利リスクを測るうえで最も用いられる指標はデュレーションと呼ばれるリスク指標です。そもそもデュレーションは期間を示す概念であり、期間がリスクを示すといわれても最初はピンとこないかもしれません。しかしよく考えれば、私たちが長期にわたる固定契約を結んだ場合、仮に契約後に市況が変わると、契約が固定されているため変化の影響を長期にわたり受けることがわかります。その意味で、長期の固定契約はそもそも環境変化に対して大きな影響を受ける契約と解釈することができます。

　このように考えると、年限の長い国債が高い金利リスクを有することが直感的に理解できます。ほぼすべての国債が固定利付債であることを考える

と、長い年限の国債を購入するとは、長い期間、日本政府に固定金利で資金を貸すことですから、まさに長期の固定契約と解釈できます。例えば、10年債を購入した場合、その時点で（満期まで保有したときの）投資のリターン（利回り）が10年にわたり固定されることになりますから、仮に10年金利が上昇した場合、その影響は10年に及ぶことになります。

　このことを数値で確かめるため、読者がクーポン1％の10年債へ100円投資したケースを考えましょう。この場合、10年間毎年1円の金利を受け取りますから、図表4-2の上図のとおり、10年で合計10円の利子収入が得られます[2]。そのうえで、仮にこの10年債に投資した直後、1％であった10年金利が2％へ上昇したとしましょう（クーポン2％の10年債が100円で発行される

図表4-2　金利上昇前後のキャッシュ・フローのイメージ（10年債のケース）

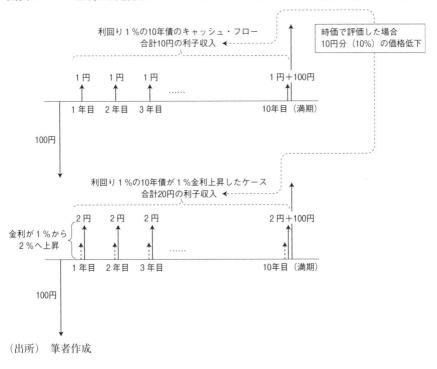

（出所）　筆者作成

2　ここではわかりやすさを重視するため、期中得られる利子の再投資は捨象しています。

環境になったとしましょう）。先ほどの１年債の例と同じく金利が１％上昇した場合、10年債の価格はどのように調整されるでしょうか。

クーポン２％の10年債に投資した場合、２円のクーポンを10年間受け取れるので、図表４−２の下図のように、合計20円の利子収入が得られます。一方、読者が保有している10年債のクーポンは年率１％であるため、合計10円の利子収入にとどまり、その差は10円（＝20円−10円）となります。これに対して、例えば、クーポンが１％の10年債であっても、90円で投資できるのであれば、投資家は①利子収入から10円得られるだけでなく、②価格の上昇で10円の利益が得られますから、合計20円の収入が得られます。その意味で、クーポン１％の10年債が２％程度のリターンを生むには、価格が90円まで低下する必要が生まれます。すなわち、10年債の金利が１％上昇した場合、価格は100円から90円へ低下することになるわけです[3]。

10年債のケースでは、１年債のときとは異なり、同じ１％の金利上昇でも価格が１円から10円と10倍大きく低下したことに読者は気づかれたと思いますが、年限の長い国債を購入して金利が上昇した場合、その下落率が大きくなる本質はここにあります。10年債の場合、投資した瞬間に10年間の収入が固定されるため、市場環境が変わった場合、長期にわたり影響を受けることから価格が大きく調整される必要があるわけです（別の見方をすれば、金利が変動する変動債については金利が固定されないため、デュレーションと債券の年限が大きく乖離することが一般的である点に注意してください）。

初学者が持つべきイメージは、国債のような固定利付債の場合、デュレーション（年限）は金利の変化に関する価格感応度（金利が動いたとき、どのくらい価格が動くか）におおよそ一致するということです。この例からもわかるとおり、仮に金利が１％動いた場合、１年債の価格は１％変化しますが、10年債の価格はその10倍である10％変化するため、デュレーション（年限）の長い債券は高い金利リスクを有するのです。

3　金融機関が単価90円の国債を購入した場合、同国債を満期まで保有することにより10円のキャピタル・ゲインが得られますが、これは会計上、利息収入として計上されます。詳細は６章におけるBOXを参照してください。

■ 4.4 デュレーションの使用例

　デュレーションを把握することは金利が変化した際の損益を把握すること
につながります。例えば、読者が国債を運用している金融機関の運用担当者
であり、おおよそ1,000億円の日本国債を運用していたとします。実際の運
用にあたっては金利が変化した場合に自分の運用の損益がどうなるかを把握
する必要があるのですが、デュレーションを把握すればそれを簡易的に計算
することができます。例えば、読者が１年から40年まで様々な年限の国債を
持つものの、平均的な年限がおおよそ５年であれば、仮に１％金利が上昇し
た場合、金利の変化の５倍だけ国債の価格が低下することになります。その
ため、おおよそ1,000億円×５×１％＝50億円の評価損という形で、金利が
上昇したときの損失を簡易的に計算することができます[4]。

　仮に読者が長期債への投資を積極化するなどして、保有する国債の平均的
な年限を７年に伸ばしたとします。平均７年であれば1,000億円×７×１％
＝70億円が金利上昇時の評価損となり、平均５年の場合に比べて損失額が増
加します。反対に年限を平均２年に短縮すれば1,000億円×２×１％＝20億
円の評価損ですから、年限を長くするほど金利が上昇した場合の損失が大き
くなることが確認できます。ここでは金利の上昇を例にしましたが、金利が
低下した場合は、その逆に評価益を得ることができます[5]。

■ 4.5 デュレーションのフォーマルな定義

金利が変化したときの価格変化「率」（金利感応度）

　ここで、フォーマルにデュレーションを定義します。デュレーションとは
金利が変化したときの価格変化「率」（金利感応度）を指します。金利変化を
Δr、国債価格の変化をΔPとすると、デュレーション（D）は下記のように
定義できます。

4　厳密にはコンベクシティがあるため、この計算は少し粗い推計になっています。ここ
　ではわかりやすさを重視するため、コンベクシティがないケースを想定しています。ま
　た、ここでの１％の金利上昇はイールドカーブのパラレルシフトを想定しています。
5　例えば、保有している国債（1,000億円）の年限が５年であり、金利が１％低下した
　場合、50億円の評価益が得られます。

$$D = -\frac{1}{P}\frac{\Delta P}{\Delta r}$$

$-\frac{1}{P}\frac{\Delta P}{\Delta r}$ という形でマイナスが付されていますが、これは金利が上昇する

と価格は下がるため、$\frac{1}{P}\frac{\Delta P}{\Delta r}$ はマイナスの値になることから、マイナスをつ

けてデュレーションがプラスの値になるよう調整しています。

　このデュレーションの定義は金利が動いたときの価格感応度を示している
にすぎず、期間に紐づいた定義になっていない点に注意してください。ここ
では債券価格をPという形で一般的に記載していますが、固定利付債の価格
を将来キャッシュ・フローの割引現在価値という形で具体的に書き下ろすこ
とで上記のデュレーションを期間に紐づけて示すことが可能です（補論では
固定利付債の場合、Dが平均回収期間を金利で修正した形になることを示しま
す）。また、デュレーションの概念は微小の変化で定義されている点にも注
意してください。仮に大きく金利が動いた場合には価格変化はデュレーショ
ンから算出される値からずれる可能性があり、これをとらえる概念としてコ
ンベクシティがあります（コンベクシティについては後述します）。

　上記の式を書き換えると、下記の関係を導出できます。

$$\frac{\Delta P}{P} = -D\Delta r$$

この式は金利の変化に対して国債の価格がどれくらい動くかを把握する式
として実務では非常に頻繁に用いられています。例えば、10年債の利回りが
1 bps（0.01%）動いた場合、価格はそのデュレーションに比例して動きま
すから、デュレーションを10とすると、上記の式から$-D\Delta r = -10 \times 1$ bps
＝（100円当たり）-10銭という形で価格変化が計算できます。20年債の利回
りが3 bps動いた場合は、デュレーションを20とすると、$-D\Delta r = -20 \times 3$
bps＝（100円当たり）-60銭という形で計算できます。価格の変化を利回り
の変化に直したいときもありますが、上式より$\Delta r = -\frac{1}{D}\frac{\Delta P}{P}$となるため、

価格変化率をデュレーションで割ることで利回りの変化に変換することがで

きます。

デュレーションと平均回収期間

　図表4－3は2年から40年債の実際のデュレーションを示していますが、デュレーションは年限とほぼ同じであるものの、若干ずれていることがわかります。例えば10年債のデュレーションは9.79であり、10よりわずかに小さくなります。

　この理由として、国債のような固定利付債に関してはデュレーションが「債券の平均回収期間」と密接な関係にあることがあげられます。債券の平均回収期間とは、最初投資した100円が平均してどのくらいの期間で回収できるかを指しています。先ほどの例のようにクーポン1％の10年債に100円投資した際、毎年1円を回収して、10年目にクーポンと元本の合計101円を回収することになります。たしかに、大部分の回収は満期である10年目ですが、途中でも1円ずつ回収しているため、その平均的な回収期間は10に近いものの、10より若干短くなります。詳細は補論で数式を使って説明しますが、固定利付債の金利感応度は債券の平均回収期間にほぼ一致することを示せます。債券の回収期間に着目した金利リスク指標はMacaulay（1938）が提唱した概念であることからマッコーレー・デュレーションと呼ばれることも少なくありません（厳密な金利感応度はマッコーレー・デュレーションを修正することから「修正デュレーション」と呼ばれますが、どのように修正されるかは補論で議論します）。

　図表4－3をみると、2年債ではデュレーションは年限と比較的近い値をとっていますが、40年債では35.67であり、年限と比較的大きく乖離するこ

図表4－3　国債の年限とデュレーション

2年	5年	10年	20年	30年	40年
1.95	4.83	9.79	19.04	27.25	35.67

（注）　上記は2020年8月時点での直近発行銘柄（カレント銘柄）についてBloombergで算出された値を用いています。また、ここでは修正デュレーションを示していますが、修正デュレーションについては補論を参照してください。
（出所）　Bloombergより筆者作成

とがわかります。この理由は、一般的に年限が長い国債ほど高い金利が付されることに加え、40年債は年限が長く、利払いが多いため、途中で回収されるキャッシュ・フローの割合が大きくなり平均回収期間が短くなるためです。その意味では、クーポンがない債券（ゼロ・クーポン債（割引債））は途中でキャッシュの回収がないため、年限と平均回収期間は一致します（この点については補論で確認します）[6]。

デュレーションが想定している金利上昇のシナリオ

　デュレーションを把握するうえで大切な点は次の2点です。まず1点目は、想定している金利上昇はすべての年限の金利が等しく上昇している点です。これを示したのが図表4－4です（このような動きをパラレルシフトといいます）。もっとも、現実的にはイールドカーブがパラレルにシフトするとは限らず、例えば、1～19年の金利は横ばいである一方、20年債の金利のみ上昇することもありえます。このようにカーブ全体の動きではなく、特定の年限の金利上昇リスクをとらえる指標はグリッド・ポイント・センシティビティ（Grid Point Sensitivity, GPS）と呼ばれています（GPSについてはBOX 2を参照してください）[7]。

図表4－4　デュレーションで想定してい
る金利上昇

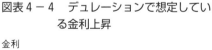

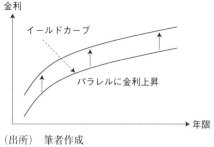

（出所）　筆者作成

6　実際に取引されている割引債は日本国債については1年以下の短期国債など一部に限られます。もっとも、日本高速道路保有・債務返済機構が利子一括払いの40年債を発行するなど、日本国債以外では長期の割引債が発行されることもあります。

2点目は、デュレーションはあくまで微小な金利変化に伴う価格変化という思考実験をしている点です。実務上、実際の金利上昇に基づいた分析が必要な場合、過去のデータからボラティリティを計算したり、1％の金利上昇など保守的なシナリオを用いる必要があります。繰り返すようですが、金利が大きく変動したシナリオを考える場合は、コンベクシティによる効果もあるため、単純にデュレーションに基づいた分析は不正確なものになりうる点に注意してください（コンベクシティについては後述します）。

BOX 1
国債は満期まで持てば損をしないといえるか

　本章で説明したとおり、読者が国債を保有している中、金利が上昇すると、損失を計上しますが、この損失はあくまでも含み損（評価損）です。たしかに現在、当該国債を売却すればその含み損が実現することになりますが、国債に信用リスクがないとすれば、満期まで持ち切れば100円で償還されることになります。国債の投資家は、しばしば、金利が上昇したら含み損になるものの、最後まで持ち切れば損をしないという言い方をします。たしかに、金利上昇に伴う含み損は売却しなければ時価評価の結果にすぎません。すなわち、「今の金利環境で国債を売ろうと思ったら、単価を低くして、市場に合った利回りにしなければ誰も買いませんよ」ということを意味しているにすぎないという見方もできます。

　しかし、国債などへ投資を行ううえでは、調達コストも考慮する必要があります。例えば、銀行や生命保険会社が国債を購入するということは、本質的に、預金金利や保険金を支払い、国債からリターンを受け取るという経済行為になります。デュレーションは、イールドカーブが平行移動するリスクをとらえるので、金利上昇をデュレーションで考える場合、長期金利だけでなく、短期金利も上昇していると想定しています。そのため、デュレーションで想定するような金利上昇が起こった場合、当然、短期金利が上昇し調達コストも上昇するため、損失が増えることになります。

7　GPSをキーレート・デュレーションと表現することもあります。

逆にいえば、日本国債市場でしばしば「国債は最後まで持ち切れば損をしない」という表現が成立するのは、低金利政策が長年実施されていることを背景に、預金金利など短期金利が低位で安定していたことがあげられます。つまり、デュレーションが想定するようなパラレルシフトではなく、預金金利の低位安定を前提とした、ベア・スティープのような金利上昇を暗黙のうちに想定しているということです。

その一方で、2023年に米国では短期金利が上昇する中、銀行で取り付けが発生しましたが、資産側のデュレーションが長かったことが一因とされています。資産サイドのデュレーションが長いということは運用において長期的に金利を固定する行為ですから、負債サイドの調達コストが上がってくると、その調達コスト増がそのまま損失につながります。もっとも、銀行の決済などの利便性が高いこと等を考えると、無担保コール翌日物（Tokyo OverNight Average rate, TONA）などの短期金利が上がる局面においても、預金金利がただちに上昇するとは限らない点にも注意が必要です（TONAについて11章を参照してください）。

■ 4.6　DV01（デルタ、BPV）

金利が変化したときの価格変化「量」

実際のリスク管理の現場では、デュレーションのような金利感応度ではなく、どのくらいの金利リスク「量」を有しているかを知りたいケースが少なくありません。例えば、3章で証券会社のトレーダーがリスク管理をしていると記載しましたが、金利リスク「量」に対して一定の制約を与えるなどの形でリスク管理がなされています。

最も実務的に用いられる金利リスク量はDV01（Dollar Value of One Basis Point）です（「ディー・ブイ・オー・ワン」と読みます）。DV01は金利が1 bps（＝0.01％）変化したときの価格の変化「量」を示します（デュレーションは金利が動いたときの価格の変化「率」であったことに注意してください）。DV01は下記のように定義されます（DV01もデュレーションと同様、金利の微小な変化で定義されている点に注意してください）。

$$DV01 = -\frac{\Delta P}{\Delta r} \times 0.01\%$$

デュレーションは$D = -\frac{1}{P}\frac{\Delta P}{\Delta r}$でしたから、DV01 $= P \times D \times 0.01\%$となります。仮に10年債のデュレーションを9.8とすれば、10年債を1億円保有していた場合のDV01は、$P \times D \times 0.01\%$ = 1億円×9.8×0.01% = 9.8万円となりますから、DV01という観点でみたこのポジションの金利リスク量はおおよそ10万円であることがわかります。

円債市場のややこしいところは、DV01を表すうえで別の表現を用いることが非常に多い点です。円債市場の実務家は、DV01を「デルタ」や「ベーシス・ポイント・バリュー（BPV）」などと表現することも少なくありません[8]。

日本国債のDV01の例

金融機関の金利リスクテイクに制約があることを踏まえると、国債の発行に際し、それを消化する金融機関からみれば、発行額以上に、金利リスクの供給量が重要であるともいえます。図表4−5は、「令和2年度国債発行計画」における国債発行額についてDV01という観点で評価したものになります[9]。この図表をみると、発行額としては2年債が33兆円と最も大きいですが、金利リスクの供給量でみれば、10年債のDV01が291億円[10]であり、最も大きいことがわかります[11]。

---

8 「デルタ」は円債市場で非常によく使われますが、そもそも「デルタ」とは教科書的にいえば、オプションに関する概念であり、原資産が動いたときにオプションの価格がどれくらい変化するかを指します。運用担当者は多くの債券を有しており、仮に金利が動いたらどの程度自分のポジションが動くかを金利リスク量として把握しています。そのため、金利（原資産）が変化したときの資産価値（オプション価格）の変化という意味合いで「デルタ」という表現を使っているわけです（債券を金利のデリバティブと解釈しているわけです）。

9 国債発行額については財務省のウェブサイトを参照しています。先物1枚のDV01は10.84万円としています。

10 10年国債1億円分のDV01は9.8万円ですから、29.7兆円の10年国債のDV01は、その29.7万倍ですから291億円になります。ここでのDV01はBloombergの値をベースにしています。

図表4－5　2020年度（令和2年度）の国債発行額と金利リスク量

	2年	5年	10年	20年	30年	40年
年間発行額 （兆円）	33	28.2	29.7	13.5	10.2	3
DV01 （億円）	64	136	291	257	278	107
先物 （枚数）	59,363	125,573	268,149	237,060	256,411	98,709

（注）　上記は2次補正後の国債発行量です。
（出所）　財務省資料、Bloombergをもとに筆者作成

　なお、図表4－5には、先物の枚数に換算した金利リスク量も記載されています。実務家は先物の枚数で金利リスク量を把握していることが少なくありませんが、国債先物やそのDV01については5章を参照してください。

■ 4.7　コンベクシティ

金利が変化したときのデュレーションの変化

　これまでデュレーションやDV01など微小な変化に伴う金利リスクを考えてきました。もっとも、金利が大きく変化した場合の価格の変化を算出しなければならないときも少なくありません。例えば、100bps（＝1％）上昇した場合の損失額を算出する場合（これを100BPVということもあります）、DV01を100倍することで、100bps金利が上昇した場合の損失額を考えることが一案です。もっとも、注意すべきことは、前述のとおり、DV01は微小な金利の変化で定義されており、金利が大幅に上昇した際の損失額は単純に

11　2020年度の国債発行計画においては割引短期国債が82.5兆円発行されていることから、金額でみれば短期債の発行が最も大きいといえます。ただし、割引短期国債の内訳は、1年債が36.9兆円であり、6カ月債が45.6兆円であるため、（割引債については年限がデュレーションにほぼ一致することを使うと）82.5兆円の割引短期国債のDV01は59.7億円であり、その発行量は大きいものの、2～40年国債に比べて金利リスクの供給量は抑えられていることがわかります（なお、割引短期国債のDV01は、6カ月の割引債のデュレーションを0.5、1年の割引債のデュレーションを1としたうえで、0.01％×1×36.9兆円＋0.01％×0.5×45.6兆円という形で簡易的に計算しています）。

DV01に比例した値にならない点です[12]。

実は、デュレーションの値は金利水準に依存し、このことをとらえる概念は「コンベクシティ」と呼ばれています。例えば、読者が40年債を保有しており、金利が1％上昇した場合を考えてみます。40年債のデュレーションが35であるとすると、デュレーションのみを考慮すると35×1％＝35%の価格低下という予測ができます。しかし、実際には金利が上昇する中で金利リスク（デュレーション）が低下するというコンベクシティの効果も考慮すると実際の価格低下は35%より小さな値になるのです。補論で説明するとおり、国債のコンベクシティはデュレーションのおおよそ2乗の値になりますから、特に生命保険会社など超長期債を保有する投資家にとって重要性が高い概念といえましょう（生命保険会社が超長期国債を保有する理由は6章で説明します）。

図表4－6は縦軸に国債の価格、横軸に利回りをとることで、国債価格と金利の関係を示しています。デュレーションは左図のように金利と価格に線形の関係があると想定した概念です。デュレーションは前述のとおり、金利が動いたときの価格変化率でしたから、この傾きがデュレーションに相当します。左図の場合、金利がどのような水準でもその傾きは一定ですからデュレーションは金利の水準に依存していないと想定しています。

図表4－6　デュレーションとコンベクシティの関係

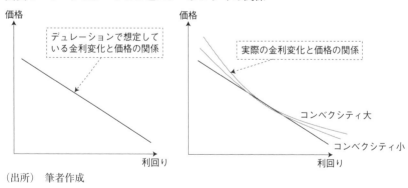

（出所）　筆者作成

<hr />

12　銀行の場合、保有している債券の年限が短く、コンベクシティが小さいこともあり、実務的にはDV01を100倍した値が用いられることも少なくありません。

しかし、実際の金利と価格の関係はこのような直線（線形）の関係ではなく、図表4－6の右図のようにカーブを描きます。このカーブの曲がり具合を表す概念をコンベクシティと表現します。図表4－6の右図のように金利と価格の間に下に凸の関係がある場合、図表4－7に記載しているとおり、金利が低い場合、傾きは大きいためデュレーションは相対的に高くなる一方、金利が高い場合は傾きが小さいため、デュレーションは相対的に小さくなります。

デュレーションを金利が変化したときの「債券価格の変化」とするならば、コンベクシティとは金利が変化した際の「デュレーションの変化」です。デュレーションは金利の水準に依存するため、コンベクシティを有する国債は、金利が大きく上昇した場合、金利が上昇する過程でデュレーションが徐々に低下する効果が発生しますから、コンベクシティはいわば価格低下のクッションとして働きます。その一方、金利が低下したときはデュレーションが大きくなる効果があるため、金利低下に伴う価格上昇はより大きくなります。そのため、金利が上がっても下がっても、コンベクシティは国債を保有する投資家（ロングの投資家）にとってプラスに働くと解釈することができます。

ちなみに、一部の債券には金利が上がる（下がる）と逆に、デュレーションが上がる（下がる）ものもあります。このような債券は負（ネガティブ）

図表4－7　金利水準とデュレーションの関係

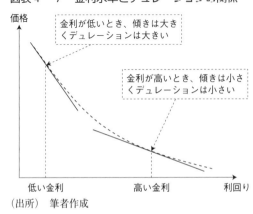

価格

金利が低いとき、傾きは大きくデュレーションは大きい

金利が高いとき、傾きは小さくデュレーションは小さい

低い金利　　　　高い金利　　　利回り

（出所）　筆者作成

のコンベクシティを持ちます。ネガティブ・コンベクシティについては
BOX 3を参照してください。また、コンベクシティの直感的な説明はBOX
4を参照してください。

数式を用いたコンベクシティの定義

　コンベクシティについてもデュレーションと同様、数式を使って定義しま
す。デュレーションは金利（r）が変化したときの価格（P）の変化でした
が、前述のとおり、コンベクシティは金利が変化した際のデュレーションの
変化になります。デュレーションを$D = -\dfrac{1}{P}\dfrac{dP}{dr}$という微分を用いた概念で
定義すると、コンベクシティは金利が変化した際のデュレーションの変化で
すから、コンベクシティ（C）はデュレーションを金利で微分した下記で定
義されます。

$$C = \frac{1}{P}\frac{d^2P}{dr^2}$$

　コンベクシティについてより具体的に知りたい読者は筆者が記載した「コ
ンベクシティ入門」（服部, 2020）を参照してください。

BOX 2　グリッド・ポイント・センシティビティ（GPS）とは

　前述のとおり、デュレーションではカーブのパラレルシフトが想定されて
いますが、実際には金利はパラレルに動くとは限らず、例えば超長期金利な
ど特定の年限の金利が動くことも少なくありません。そのため、特定の年限
の金利が上昇した場合の損失額を把握することも有益です。これはイールド
カーブに対して、年限ごとにグリッド・ポイントを設けて金利変動に係るリ
スク量を把握することから、グリッド・ポイント・センシティビティ（Grid
Point Sensitivity, GPS）といいます。前述のとおり、デュレーションの場合、
図表4－8の左図のような金利上昇を想定しています。一方、GPSは、図表
4－8の右図のように、ある特定のグリッド・ポイント、例えば、5年金利
のみ上昇した場合のリスク量を指します。GPSは金融の実務で広く活用され

図表4−8　グリッド・ポイント・センシティビティが想定する金利上昇シナリオ

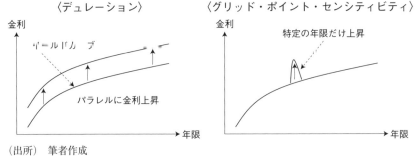

（出所）　筆者作成

ていますが（例えば、バリュー・アット・リスク（Value at Risk, VaR）を算出する際に用いられます）、詳細を知りたい読者は「グリッド・ポイント・センシティビティ入門」（服部, 2021）を参照してください。

BOX 3　ネガティブ・コンベクシティ

　債券の中には、負のコンベクシティを持つ債券もあります。その最も代表的な債券が不動産担保証券（Mortgage-Backed Securities, MBS）です。MBSは、金利が低下すると担保となる住宅ローンの借り換えが生じ、年限が短くなる効果が生まれるため、負のコンベクシティを有します。MBS市場において金利が低下（上昇）した場合、MBSは負のコンベクシティを持つため、（国債など正のコンベクシティを持つ債券とは異なり）デュレーションが低下（上昇）します。負のコンベクシティが興味深い点は、金利が変化した場合、MBSを有する投資家は自らが有する金利リスクが変化してしまうため、この調整のために、例えば米国債や金利スワップをロング（ショート）することで金利リスクをとる（減らす）必要が生まれる点です（このようなヘッジをコンベクシティ・ヘッジといいます）。これは金利が下がった（上がった）場合（すなわち、債券の価格が上がった（下がった）場合）、コンベクシティ・ヘッジのためさらに債券を買う（売る）メカニズムを生むため、金利の動きを増

幅する効果を持ちます。米国のMBS市場は巨大な市場であるため、MBSのコンベクシティ・ヘッジで市場が動いたと説明されることも少なくありません。

BOX 4　コンベクシティの直感的な説明：
債券にはなぜコンベクシティがあるか

割り引くこととコンベクシティの関係

　このBOXではなぜそもそも債券にはコンベクシティがあるのかを考えていきたいと思います。例えば、筆者がクーポン1％の1年債に100円投資していたとしましょう。この場合、筆者は1年待てば、クーポン1円と元本100円を受け取ることができます。しかし、筆者がこの債券を購入した後、急に金利が上昇し、1年債の利回りが2％に上昇したとします。これは政府が2％のクーポンを有する国債を100円で発行する状況へとマーケットが変化したことを意味します。そこで、読者は（筆者とは異なり）クーポン2％の1年債を100円で購入できたとしましょう。

　もちろん筆者としては1％のクーポンを生む国債と引き換えに2％のクーポンを生む国債が欲しいですが、読者はもちろんタダでは渡したくありません。それでは筆者は読者にいくら払って交換すべきでしょうか。まず、1％のクーポンを生む国債と2％のクーポンを生む国債は1年後それぞれ1円、2円のクーポンを生み出しますから、キャッシュ・フローの違いは1円になります。そこで、仮に筆者が読者に1円を支払って、2％のクーポンを生む国債と交換したとします。この場合、筆者はこの金利上昇に伴っていわば1円損したと解釈できますから、保有していた国債の価格が100円から99円に低下したと解釈できます。これは金利1％上昇に対して、ちょうど100円の1％に相当する1円分低下しているわけですから、図表4－6でいえば、左図のように線形の形で変化していると解釈できます。

　もっとも、筆者はこのような取引には応じません。なぜなら、筆者は今の1円と将来の1円の価値が違うことを知っているからです。今1円を得られ

れば、1年間運用できますから、それが金利を生みます[13]。そのため、（筆者が保有する1％クーポンの国債に対して）1年後1円高いクーポンがもらえる国債に対して1円支払うくらいであれば、その1円を1年間運用したほうがよいという判断をするわけです。逆にいえば、筆者と読者が折り合える価格は、1年運用してちょうど1円に相当する現在の価格（つまり、1円を金利で割り引いた価格）になります。ここで割り引く金利を2％とするならば、$1／（1+0.02）≒0.98$ですから、先ほどのケースでいえば、1円ではなく、0.98円を読者に渡せばよいということになるわけです。これは1％の金利上昇に対して、（100円の1％分に相当する）1円の損失ではなく、0.98円の損失にとどまっているわけですから、いわば非線形の関係が生まれてきているわけです。これがまさにコンベクシティの効果です。このようにして考えると、我々がそもそも割り引くという行為をするがゆえ、債券のコンベクシティが発生するということがわかります。

コンベクシティと金利水準・年限の関係

この議論を発展させれば、金利の高い国債ほどコンベクシティが大きいことが示せます。先ほど1％の金利上昇を考える際、金利1％の1年債を考えました。今度は筆者が金利10%の1年債を購入して、すぐに1％だけ金利が上昇したとしましょう（先ほどと同様、読者は金利上昇後に1年債を購入できたとします）。1年債の金利が10%から（先ほどと同様）1％上昇した場合、筆者は（1％金利が高い）金利11％の1年債を欲しいと考えますが、読者はタダでは渡したくありません。先ほどの事例では1年2％で運用しましたが、今回は金利が11％であるため、1年11%で運用できますから、1円の現在価値は$1／（1+0.11）≒0.9$となります。先ほどの事例では1年債が1％の金利上昇をした場合、現在価値は0.98であったことを思い出すと、同じ1％の金利上昇であっても、1円の現在価値は0.98円から0.9円へと低下しており、この交換で筆者が支払う価格は0.98円から0.9円へと縮小しています。

---

[13] 実際に現在の円金利の中にはゼロあるいはマイナスになっているものもありますが、ここではコンベクシティの一般的な説明を行うため、金利が正であることを想定しています。

このことからコンベクシティは金利が高いほど大きいことがわかりますが、これは金利が高ければ将来のキャッシュ・フローに対して、私たちはより強く割り引くことからきているわけです。

　年限が長い国債についてもコンベクシティが大きくなります。筆者が金利１％の（１年債ではなく）10年債を今購入して、すぐに１％だけ金利が上昇したとしましょう（先ほどと同様、読者は金利上昇後に10年債を購入できたとします）。筆者は読者の持つ（１％金利が高い）金利２％の10年債と交換したいわけですが、読者はタダでは渡したくありません。10年債における１％の金利上昇の場合、デュレーションが10であるとすれば、非線形性を勘案しなければ（100円の債券に対して）10円だけ価格低下することに相当します。しかし、筆者はこの交換に際し、10円支払うことはありません。なぜなら、今10円受け取れば、10年間複利で運用できるため、10年後10円以上得ることができるからです。この場合、複利の効果があるため、10円はより一層大きな金額になり、このことは将来を大きく割り引く効果を持ちますから、非線形性はより大きいことにつながります。このことから、コンベクシティは年限が長い国債のほうが大きいことがわかります。

【補論　デュレーションとコンベクシティに関する数式を用いた説明】
数式を用いたデュレーションの定義

　補論では数式を用いてデュレーションおよびコンベクシティについて厳密に議論をします。まず毎年cというクーポンが得られる10年債を考えます。この場合、１年目はc円、２年目はc円と続き、最後にクーポンのc円と元本の100円が得られます（クーポンは年２回支払いですが簡単化しています[14]）。一般的に資産価格は将来のキャッシュ・フローを割り引くことでプライシングがなされますが、ここでも、国債のキャッシュ・フローを金利rで割り引

14　タックマン（2012）では年２回の利払いで定式化しているため、厳密な説明を知りたい方は同書を参照してください。また、ここではわかりやすさを重視するため10年債の事例を取り上げていますが、タックマン（2012）ではT年債という形で、一般的な形でデュレーションを定義しています。

くことで、下記のように10年債の価格が定まっているとします（下記におけるrは、金利の再投資を考慮しており、複利計算をしていることに注意してください）。

$$P = \frac{c}{(1+r)} + \frac{c}{(1+r)^2} + \cdots + \frac{c+100}{(1+r)^{10}} \qquad \cdots(1)$$

デュレーションの定義は$-\dfrac{1}{P}\dfrac{\Delta P}{\Delta r}$でしたから、上記の式を$r$で微分して、$-P$で割ると、下記の式が導出できます。

$$D = -\frac{1}{P}\frac{dP}{dr} = \frac{1}{P}\left[1 \times \frac{c}{(1+r)^2} + 2 \times \frac{c}{(1+r)^3} + \cdots + 10 \times \frac{c+100}{(1+r)^{11}} \right]$$

$$= \frac{1}{(1+r)}\underbrace{\frac{1}{P}\left[1 \times \frac{c}{(1+r)} + 2 \times \frac{c}{(1+r)^2} + \cdots + 10 \times \frac{c+100}{(1+r)^{10}} \right]}_{(※)} \qquad \cdots(2)$$

この式の（※）の部分をみると、例えば、$1 \times \dfrac{c}{(1+r)}$は1年に$\dfrac{c}{(1+r)}$というウェイトがかけられており、$2 \times \dfrac{c}{(1+r)^2}$は2年に$\dfrac{c}{(1+r)^2}$というウェイトがかけられていると解釈できます。そのため、（※）を年限について各キャッシュ・フローの現在価値で加重平均をとるような調整をしているとみれば、この部分は「平均回収期間」と解釈することができます。この（※）の部分をマッコーレー・デュレーションD_{Mac}と定義すれば、デュレーションとマッコーレー・デュレーションは下記のような関係になります。

$$D = \frac{D_{Mac}}{1+r}$$

上記に鑑みると、平均回収期間に相当するマッコーレー・デュレーションを$(1+r)$で割ることで、微分で定義した厳密な金利感応度へ「修正」していると解釈できます。そのため、この修正されたデュレーションを「修正デュレーション」といいます。

マッコーレー・デュレーションに基づけば、債券の回収期間を考えれば平均回収期間で金利感応度を把握できるがゆえ、実務的にわかりやすい概

念ですが、この概念は固定利付債にのみ適用される点に注意が必要です。多くの日本国債のように固定利付債であれば、10年債は「おおむねデュレーションが10程度だ」と年限をベースに感応度を把握することができます。しかし、クーポンが期中変動する変動債の場合、年限と金利感応度（デュレーション）は一致しません[15]。本章ではデュレーションを $-\frac{1}{P}\frac{\Delta P}{\Delta r}$、すなわち、金利が変化した場合の価格感応度で定義しましたが、そもそも期間の概念であるマッコーレー・デュレーションを $(1+r)$ で割ることで金利の価格感応度として解釈できるのは、式(1)のような固定利付債を考えているからです[16]。

　なお、円債市場の実務ではデュレーションといった場合、マッコーレー・デュレーションや修正デュレーションを指すことも多く、ほとんど区別せず使われていることも少なくありません。筆者の意見では、ほとんどの債券が固定利付債であることから、金利感応度と年限はおおよそ近い値になるため、厳密に区別しなければならないケースが少ないことに起因すると考えています。

割引債のデュレーション

　本章で記載したとおり、マッコーレー・デュレーションは平均回収期間ですから、割引債の場合、途中でクーポンがないため、マッコーレー・デュレーションは年限と一致します。先ほどの例でいえば、マッコーレー・デュレーションは10年債の場合、下記のとおりですが、

$$D_{Mac}=\frac{1}{P}\left[1\times\frac{c}{(1+r)}+2\times\frac{c}{(1+r)^2}+\cdots+10\times\frac{c+100}{(1+r)^{10}}\right]$$

　割引債の場合、期中のクーポンがないため、$c=0$ とすれば下記となります。

15　例えば、10年の変動債（クーポンは6カ月円TIBORに連動）の場合、年限は10年ですが、デュレーションは0.5程度になります。

16　ローンのように途中で徐々に元本を返済していく債券についてもデュレーションと年限は大きく乖離する点に注意が必要です。

$$D_{Mac} = \frac{1}{P}\left[10 \times \frac{100}{(1+r)^{10}}\right]$$

そもそも割引債の価格は満期で100円になる債券をrで割り引いた値になるため、$P = \dfrac{100}{(1+r)^{10}}$となります。この式を上記の式に代入すれば下記が導出でき、10年の割引債のマッコーレー・デュレーションが年限である10と一致することが確認できました。

$$D_{Mac} = 10$$

また、マッコーレー・デュレーションと修正デュレーションの関係は$D = D_{Mac}/(1+r)$でしたから、10年の割引債の修正デュレーションは下記になります。

$$D = \frac{10}{1+r}$$

コンベクシティ

前述のとおり、デュレーションは下記のように記載できます。

$$D = \frac{1}{(1+r)}\frac{1}{P}\left[1 \times \frac{c}{(1+r)} + 2 \times \frac{c}{(1+r)^2} + \cdots + 10 \times \frac{c+100}{(1+r)^{10}}\right]$$

デュレーションは上記のように年限を金利で割り引いた形になっているため、金利が上昇（低下）すると、平均回収期間が短く（長く）なります。デュレーションが金利水準に依存する理由は、金利が高い（低い）場合、平均回収期間を強く（弱く）割り引くため、平均回収期間が短く（長く）なるからです。

前述のとおり、コンベクシティは金利が変化した際のデュレーションの変化ですから、上記についてさらに金利で微分することにより、下記の式が導出できます。

$$C = \frac{1}{P}\frac{d^2P}{dr^2} = \frac{1}{(1+r)^2}\frac{1}{P}\left[1 \times 2 \times \frac{c}{(1+r)} + 2 \times 3 \times \frac{c}{(1+r)^2} + \cdots + 10 \times 11 \times \frac{c+100}{(1+r)^{10}}\right]$$

これをみると、各キャッシュ・フローの現在価値に年限の積がウェイトと

してかかっていることがわかります。例えば、$10 \times 11 \times \dfrac{c + 100}{(1+r)^{10}}$ は満期の

キャッシュ・フローの現在価値に10年と11年の積がウェイトとしてかかって
います。こうしてみると、年限のいわば 2 乗がウェイトとしてかかるため、
国債の年限が長くなるほど、 2 次関数的にコンベクシティが大きくなること
がわかります。

　割引債の場合、期中のクーポンがないため、$c = 0$ とし、$P = \dfrac{100}{(1+r)^{10}}$ を利

用すると、上式から10年の割引債のコンベクシティは下記のように記載でき
ます。

$$C = \frac{10 \times 11}{(1+r)^2}$$

テイラー展開を用いた近似式

　ここで債券価格 P（r）について、金利 r の周りで 2 次の項までテイラー展
開すると下記の近似式が導出できます。

$$P(r + \Delta r) \simeq P(r) + \frac{dP}{dr} \Delta r + \frac{1}{2} \frac{d^2 P}{dr^2} (\Delta r)^2$$

この式を $P(r + \Delta r) - P(r) = \Delta P$ とし、上式を P で割ることで、下記の式
が得られます。

$$\frac{\Delta P}{P} \simeq \frac{1}{P} \frac{dP}{dr} \Delta r + \frac{1}{2} \frac{1}{P} \frac{d^2 P}{dr^2} (\Delta r)^2 = -D \Delta r + \frac{1}{2} C (\Delta r)^2$$

ここで D がデュレーション、C がコンベクシティに相当します。

　本章では、$\dfrac{\Delta P}{P} = -D \Delta r$ を実務的によく使われる式として紹介しました

が、上式と比較すれば、$\dfrac{\Delta P}{P} = -D \Delta r$ はテイラー展開で 1 次近似をしてい

るということがわかります。

　テイラー展開では 3 次項以降についても記載できますが、金利変化の 3 乗
になると極めて小さくなるため、通常の固定利付債については 3 次以上の項

目についてさほど気にすることがないともいえます。実際、債券の実務で3
次項を考慮することはほとんどありません。

〈参考文献〉

1．服部孝洋（2020）「コンベクシティ入門―日本国債における価格と金利の非線
　形性―」『ファイナンス』661, 66-75.
2．服部孝洋（2021）「グリッド・ポイント・センシティビティ入門―日本国債お
　よびバリュー・アット・リスクの観点で―」『ファイナンス』664, 80-88.
3．ブルース・タックマン（2012）『債券分析の理論と実践（改訂版)』（東洋経済
　新報社).
4．Frederick, Macaulay（1938）"Some Theoretical Problems Suggested by the
　Movements of Interest Rates, Bond Yields and Stock Prices in the United
　States Since 1856" National Bureau of Economic Research, New York.

第 5 章

国債市場と先物市場

▌5.1　はじめに

　先物（futures）は日本が生み出した最も革新的な技術の1つといっても過言ではありません。先物市場は江戸時代の堂島米会所で始まったとされますが、今では金融市場において欠かせない役割を果たしています。事実、海外におけるファイナンスの講義やテキストにおいても、先物は日本で発明されたものとして解説されます。金融を専門とする筆者にとって、多くの日本人に知ってもらいたいものの1つです。

　先物市場は1日で数兆円の売買がなされる活発な市場であり、株式、債券など様々な先物が各国で取引されています。本章ではその中でも特に日本国債先物に焦点を当てて先物の仕組みを解説します。実は日本国債市場を理解するうえでも、先物の理解は欠かせません。日本国債先物は日本の債券市場で最も活発に売買されており、その流動性が高いことから、その価格には多くの投資家の意見が反映されていると解釈できます[1]。後述しますが、日本国債先物は7年国債と強い関係を有しており、先物の情報は7年国債との裁定取引を通じて現物国債市場全体へ影響を与えます。

　そもそも、裁定取引とは類似性の高い2つの財の価格に乖離がある場合、相対的に価格が高い商品を売り、価格が低い商品を買うことによって収益化を図る投資行動を指します。先物と現物の裁定取引はベーシス取引（キャッシュ・アンド・キャリー取引）と呼ばれ、国債の投資戦略の中で最もスタンダードなものの1つです。本章では、できる限り日本国債の市場参加者の視点に立って先物と現物の関係を考えることで先物の本質に迫ります。

　本章は先物について比較的紙面を割いて説明していくため、本章の全体像を説明しておきます。まず、本章の前半では国債先物の基本的な商品性について解説を行います。具体的には、国債先物は国債の予約取引という形をとることで流動性が劇的に上がる点を議論します。また、取引所取引であることから、商品の標準化や証拠金など、様々な制度的な工夫がなされている点を解説します。本章の後半では国債先物と現物国債の裁定取引を考え、なぜ

1　日本国債先物には、中期国債先物、長期国債先物、超長期国債先物が存在していますが、本書では、最も流動性の高い長期国債先物を日本国債先物として説明します。

7年国債と先物の相関が生まれるかを議論した後、先物とレポ市場の関係について説明します。

　なお、円債市場における先物については金利先物も存在しており、現在、ユーロ円3ヵ月金利先物およびTONA 3カ月金利先物が上場しています。もっとも、前者については近年取引がなされていないこと、また後者については2023年春より上場し、まだ歴史が浅いことから、本章では紙面の関係上取り上げません。関心がある読者は、筆者が記載した「TONA 3か月金利先物入門」（服部, 2023）および「金利先物およびTIBOR入門—ユーロ円金利先物を中心に—」（服部, 2022）を参照してください。

BOX 1　先物と経済学

　先物は経済学とも密接な関係を持っています。シカゴ・マーカンタイル取引所（Chicago Mercantile Exchange, CME）の名誉会長であるレオ・メラメド氏は杉原千畝氏の「命のビザ」で救われたユダヤ人の一人です。メラメド氏は日本に一時滞在した後、米国へ亡命し、シカゴで金融先物市場を作ります。メラメド氏の書籍を読むと現在の金融先物市場のルーツをたどれますが、その設計において経済学者と活発な議論をしていたことが理解できます。特に、メラメド氏は通貨先物市場を創設するにあたり、ノーベル賞を受賞し、シカゴ大学の教授であったミルトン・フリードマン教授に通貨先物をサポートする論文（"The Need for Futures Markets in Currencies"）を依頼したというエピソードもあります。

5.2　国債先物とは

国債先物とは国債の予約取引

　まず、読者が国債先物に対して持つべきイメージは、国債先物が7年国債の予約取引である点です。書籍を予約する場合、今予約をして、期日が来たら、予約時の価格を支払い、書籍を受け取ります[2]。国債先物の場合も同じです。現時点で予約をして、将来支払いを済ませ、国債を受け取ります。ま

図表 5 - 1 　国債先物のイメージ

（出所）　筆者作成

ず、このイメージを持つことが大切です。

　先物は金融派生商品（デリバティブ）の 1 つとされますが、それは元となる資産（原資産）から派生した商品であるからです。日本国債先物の場合、原資産は日本国債なので、その予約取引は国債の取引から派生して生まれたと解釈できます。デリバティブには先物以外にも、先渡（フォワード）取引、スワップ、オプションがあります。

　厳密にいえば、国債先物は、国債先物の売り手が予約の満期時に 7 年から11年の国債を選んで買い手に受け渡す仕組みになっています（図表 5 - 1 参照）。もっとも、これまでの市場環境では 7 年国債が受渡銘柄となることがほとんどでしたので、本章では、 7 年国債を受け渡すことを前提に説明をし、のちほど、なぜ 7 年国債が受け渡されるかを説明します。

予約という形式を用いることによる流動性の拡大

　このように先物とは、金融商品の予約取引ですが、投資家が予約取引をしたいから国債先物を活用していると解釈するとその本質を見誤ります。実は、予約という仕組みを使うことで、その流動性を劇的に上げることができる点にその本質があるのです。

　例えば、先ほどのようにある書籍を購入する場合と、その書籍を予約する場合を考えてみましょう。その書籍の価格は100円であるとして、それを購入した場合、100円支払わなければなりません。しかし、その書籍の予約でいいのであれば、今お金を払う必要はありません。なぜなら読者は予約をし

2 　厳密にいえば、書籍の場合、予約時の価格と支払いの価格が異なることがありますが、ここではわかりやすさを重視し、書籍を事例として用いています。

ているだけだからです。その一方で、「書籍」と「その予約取引」は、受渡日（満期）になれば完全に同じ商品になるのですから、両者はほぼ同じ商品とみることができます。すなわち、「書籍」を売買するのではなくて、「書籍の予約」を売買すれば、今お金を持っていなくても、「書籍」の価格変化に伴う投資（ないし投機）ができてしまうわけです。

　これが予約という形をとることの強力な点です。事実、両者はほぼ同じ取引なのですから、価格が同じように動いたとしても全く不思議ではありません（実際にはベーシス取引と呼ばれる裁定取引によりこれが実現されますが、そのメカニズムは後述します）。したがって、読者がその価格動向を予測して投資したいということであれば、予約取引でもかまわないわけです。

　予約取引の場合、お金がなくても投資（ないし投機）ができることは、高いレバレッジがかけられることを意味します。例えば、ある書籍が100円であるとして、その書籍を1億冊購入する場合、100億円必要なのですが、1億冊分の予約取引であれば、今お金がなくても取引ができるわけですから、予約取引にすることで市場を爆発的に大きくすることができます。もちろん、このようにして考えると危ない仕組みにみえますが、のちほど確認するとおり、多数の投資家が安全に取引できるよう、取引所が十分な証拠金を求めるなどの工夫がなされています。

　このような仕組みをとることには、投機を助長するという批判もありえます。たしかに、先物市場には投機的な取引も少なくありませんが、巨大な市場を生み出すことで、その市場に多くの投資家の意見を反映したプライスが付され、そこで効率的な価格形成がなされるのであれば、それも重要な機能といえます。先物市場が投機を助長する点はしばしばなされる批判ですが、どこの先進国にも先物市場が存在することに鑑みれば、社会的に必要なものだと判断されてきたと筆者は考えています。

OTC市場と店頭市場：先物は取引所取引

　先物を学んだ際、最初に混乱する点が先渡（フォワード）との違いです。先渡取引も代表的なデリバティブの1つですが、先物と先渡は将来の予約という観点では全く違いがありません。先物と先渡の最大の違いは、先物が取

引所取引である一方、先渡が相対取引であるという違いであり、その本質的な違いは制度的工夫の違いといえます。

図表5－2に記載しているとおり、先物取引では、例えば上場株と同様、日本取引所グループなどに上場されており、取引所を通じて売買がなされます。一方、先渡取引の場合、主に金融機関を中心とした機関投資家の間での相対（OTC、店頭）取引になります。店頭市場については既に3章で説明しましたが、国債などの債券の多くは店頭市場で取引がなされています。

かつて先物を勉強したことがある読者の中には先物の制度が複雑と感じた人もいるかもしれませんが、その理由は先物が取引所取引であることに起因しています。例えば、先物を取引所に上場させるためには、商品を標準化させる必要があります。国債先物では、既に発行している銘柄を上場させるのではなく、標準物と呼ばれる仮想的な国債を作り、一定の計算ルールで、現物の国債との受渡しを行うことができる仕組みがとられています。将来受渡しするタイミングも「受渡日」という形で標準化がなされています。日本国債先物では、「3月限（「さんがつぎり」と読みます）」「6月限」「9月限」「12月限」という形で、四半期ごとに受渡日が設定されています。

先物のプライシングという観点で重要な特徴は、その都度時価評価する点ですが（これを「値洗い」といいます）、これも上場させるための工夫の一環と解釈できます。先物取引の場合、金融機関どうしで取引する先渡とは違い、取引所に参加する多数の投資家（必ずしもなじみのない相手）と取引することになります。必ずしもなじみのない相手との取引には取引の履行可能性などについてリスクがありますが、毎日値洗いし、勝ち・負けのポジションを清算し、必要となる証拠金を求めることで安全性を担保しているわけで

図表5－2　取引所取引と相対取引の比較

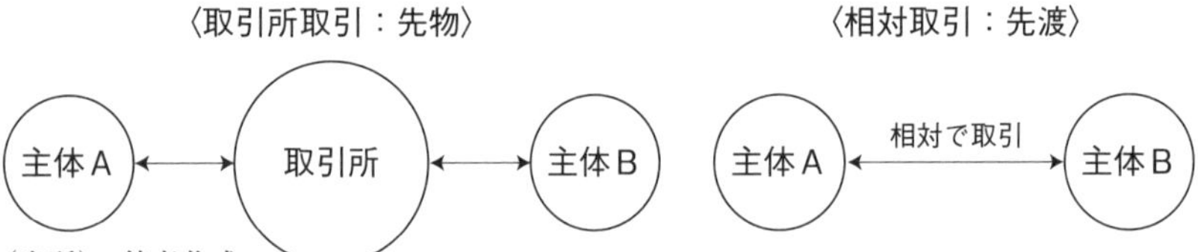

〈取引所取引：先物〉　　　　　　　　　　〈相対取引：先渡〉

主体A ⟷ 取引所 ⟷ 主体B　　　　主体A ⟷ 相対で取引 ⟷ 主体B

（出所）　筆者作成

す。証拠金が不十分だと、証拠金を追加的に求められますが、これがいわゆる「追証（おいしょう）」と呼ばれるものです。

リスク管理ツールの提供

　国債先物の重要な役割の1つはリスク管理ツールの提供です。例えば、日本国債の発行に際して、財務省は入札を実施していますが、証券会社などにより構成されるプライマリー・ディーラーが入札に参加しています（プライマリー・ディーラーの詳細については8章で説明します）。日本国債の発行規模は1回の入札で1兆〜2兆円に及びますから、プライマリー・ディーラーは巨額な金額の国債を落札する可能性があります。もちろん、これに伴い金融機関がリスクを抱えますから、安定した国債消化のためにはリスク管理のツールが必須となります[3]。

　例えば、入札の直後に日本国債の価格が大きく低下した場合、国債の入札に参加している金融機関は、大きな損失を被る可能性があります。そこで、国債先物を用いれば先物を売り建てることで国債価格が下落した場合に利益を上げるポジションを作ることができます[4]。図表5−3は国債の入札に際し、トレーダーが先物を用いてヘッジを行っているケースを示しています。前述のとおり、トレーダーは入札の結果、一時的に巨大な国債の在庫を抱える可能性があります。例えば、トレーダーが1,000億円の10年国債を一時的に保有する場合、トレーダーは1,000億円分のリスク量に相当する先物を売り建てることで、保有している国債の金利リスクをヘッジします。

3　ちなみに、プライマリー・ディーラーは銀行や生命保険会社などの注文を集約して入札に参加しているため、仮に1,000億円落札したとしてもその落札分の大部分は投資家が保有します。その意味で、仮に特定の業者の落札額が多かったとしても、実際には落札額分の金利リスクをとっているわけではありません。

4　読者の中には現物の国債を空売りすることで、リスク管理をすればよいと思う方もいるかもしれませんが、実は、現実のマーケットで国債を空売りすることは簡単ではありません。なぜなら、このポジションを構築するため、①国債を借りてきて、②それを売却するという行為が必要だからです。3章で説明しましたが、国債を貸し借りする市場としてレポ市場がありますが、この市場で空売りできる金融機関は、国債のマーケット・メイクを行う証券会社に加え、大手金融機関や外国人投資家など一部の投資家にとどまり、基本的には現物で空売りをすることは簡単ではありません（レポ市場の詳細は後述します）。

図表5－3　国債先物を用いたヘッジのイメージ：国債入札のケース

（注）　例えば国債先物1枚で10年国債1億円分のリスク量があるので、先物を1,000枚売り建てます
（出所）　筆者作成

▌5.3　国債先物の商品性

　ここからは日本国債先物の商品性について確認していきます。以下で述べる多くの特徴は、上場させるための工夫と解釈することが大切です。

長期国債先物

　日本国債先物の大きな特徴は、長期国債先物以外は事実上、取引がなされていない点です。図表5－4には長期国債先物の特徴が記載されていますが、制度的には中期国債先物や超長期国債先物も存在します。米国債市場などでは多くの年限の先物が取引されていることから、日本においてなぜ長期国債先物以外の先物（超長期国債先物など）が売買されないかは、日本国債先物市場に触れたことがある人が一度は感じる疑問です。

　日本の取引所はその商品性を変えるなどの努力をしていますが、あまり効果はみられていないというのが筆者の印象です。例えば、超長期国債の金利リスクをヘッジしたいニーズは投資家の間にあるように思われるため、超長期国債先物の流動性が生まれない原因について市場参加者の中で様々な議論がなされています。よく指摘されることは米国債市場のように様々な運用戦略をとる投資家が相対的に少ないのではないかという点です。これ以外にも超長期国債先物市場が生まれない理由として様々な点が指摘されますが、市場を作ることは簡単ではないことを示すよい事例であり、未だに解決されていない難題とされています。

図表 5 - 4　長期国債先物取引の概要

市場開設日	1985年10月19日
取引対象	長期国債標準物（6％、10年）
受渡適格銘柄	残存7年以上11年未満の10年利付国債
限月取引	3月、6月、9月、12月の3限月取引
取引最終日	受渡決済期日（各限月の20日（休業日の場合は繰下げ））の5日前（休業日を除外する）
取引単位	額面1億円
呼値の単位	額面100円につき1銭
証拠金	VaR方式を利用して計算
決済方法	1．転売または買戻し　2．最終決済（受渡決済）

（出所）　日本取引所グループ資料より筆者作成[5]

標 準 物

　前述のとおり、日本国債先物では標準物と呼ばれる架空の国債が取引されます。長期国債先物についてはクーポンが6％、残存10年の架空の国債が取引され、コンバージョン・ファクター（Conversion Factor, CF）と呼ばれる係数に基づき、残存7〜11年の国債と交換ができる仕組みがとられています（CFについては後述します）。図表5－5は国債先物の価格の推移を示しています。前述のとおり、債券の価格は商慣行で100円を基準としますが、近年の国債先物は150円台をつけるなど、100円よりはるかに高い価格がついています。これは現在の金利が低い水準にあるにもかかわらず、架空の国債は6％という相対的に高いクーポンが付されているため、架空の国債の価格が高く評価されているからです。

取引時間

　取引時間は前場（8時45分〜11時02分）と後場（12時30分〜15時02分）に分

5　詳細は「国債（JGB）先物」（日本取引所グループウェブサイト）を参照してください。
　https://www.jpx.co.jp/derivatives/products/jgb/jgb-futures/01.html

図表 5 - 5　日本国債先物の価格と取引高

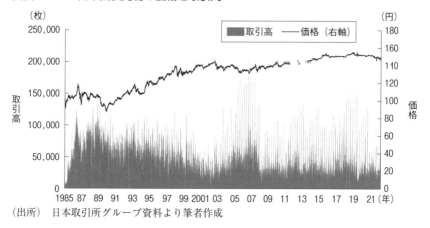

（出所）　日本取引所グループ資料より筆者作成

かれています。それ以降については夜間取引（ナイト・セッション、15時30分
～翌 6 時）が設けられています。前場と後場の最後に 2 分設けられています
が、これは終値を決めるためのプロセスの時間[6]です。

取引単位

　先物の取引単位は 1 億円であり、 1 枚と呼ばれます。先物を 1 枚買い建て
るとは、 1 億円相当の先物を購入することを意味します（この 1 億円を「想
定元本」といいます）。図表 5 - 5 には先物の取引高の推移も示されています
が、1985年に国債先物が上場されて以降、平均して 1 日 4 万枚（想定元本
ベースで 4 兆円）程度の売買がなされています。

証 拠 金

　 1 億円分の国債を投資する場合は、 1 億円を用意してくる必要があります
が、先物の場合、予約取引になるため、 1 億円分の先物を買い建てるために

---

[6]　前場と後場の終わりの 2 分間は、終値を決めるため、板に注文を入れる時間（注文受
付時間帯）です。11時02分、15時02分になると一斉に終値で約定します。なお、終値を
決めるプロセスは板寄せと呼ばれますが、板寄せのルールは非常にテクニカルであるた
め、詳細は日本取引所グループのウェブサイトなどを参照してください。

1億円を用意する必要はありません。投資家に求められるものは証拠金の支払いです。証拠金はVaR方式と呼ばれる計算メカニズムによって算出されますが、過去の値動きから計算する保有ポートフォリオの想定損失額をおおよそカバーできる水準になっています（価格変動が大きいと予測される場合、多くの証拠金が求められます）[7]。

　しばしば先物についてレバレッジが指摘されますが、例えば、1枚の先物を買い建てるため、100万円の証拠金が求められた場合、100万円の元手で1億円の投資が可能になるため、元手に対して、100倍（1億円÷100万円）の投資が可能になっている（レバレッジがかかっている）と解釈できます。もちろん、このレバレッジの度合いは、求められる証拠金の金額に依存するため、その時点の相場に依存しますし、先物の売り手・買い手が差し入れる証拠金を増やすことでレバレッジを低下させることもできます[8]。

限月と受渡決済期日

　先物の期限が満了する月を限月（げんげつ）といいますが、国債先物の受渡決済期日は各限月の20日（休業日の場合は繰下げ）とされており、取引最終日はその5日前（休業日を除外）までとなっています。前述のとおり、3、6、9、12月の4つの限月がありますが、上場されているものは直近の3つになります。例えば、現在が2020年1月であるとすると、2020年3月限、2020年6月限、2020年9月限が上場しています。2020年3月限の売買が終わると、新しい先物（2020年12月限）が立ち上がる仕組みになっています。

　国債先物市場では満期の近い限月（この例の場合、2020年3月限）がもっぱら売買される傾向にありますが、最も活発に売買がなされる限月を中心限月といいます[9]。先物の投資家は近い限月の先物（この例の場合、2020年3月限）を売買していますが、この先物の取引最終日が近づくにつれて、通常、その次の限月（この例の場合、2020年6月限）へ売買がシフトしていきます。

7　従来はSPAN方式が用いられていましたが、2023年11月6日にVaR方式へ変更しています。
8　例えば、1枚の先物を売り建てるため、100万円の証拠金を求められる場合、100万円の証拠金を入れれば100倍のレバレッジですが、1,000万円の証拠金を入れれば10倍のレバレッジになります。

その意味で、上場している個別の先物は9カ月間上場するものの、事実上、3カ月間しか売買されません。なお、図表5－5のように先物の時系列データを用いる場合は、中心限月の先物価格をつないだデータを用いる必要があります[10]。

サーキット・ブレイカー

国債先物にはサーキット・ブレイカーが設けられています。サーキット・ブレイカーとは、価格が一定以上の変動を起こした場合、強制的に取引を止めるなどの措置をとる制度であり、過度な値動きを抑制することが目的です。日本国債先物については相場が過熱した際、取引を一時的（10分間）中断させることで過熱感を鎮めることが企図されています。サーキット・ブレイカー制度そのものは1987年における米国市場の大暴落（いわゆるブラックマンデー）の経験を受けて作られた制度です。

....

BOX 2　国債先物の板

先物では板をみることができる点も大きな特徴です。板については既に3章で説明しましたが、国債先物の板は、図表5－6のような形で表示されます。図表5－6の右側（左側）に表示されている買い指値注文（売り指値注文）は国債先物に対する買い（売り）注文が値段ごとにどれくらい入っているか（何枚入っているか）を表示しています（指値注文とは先物の売買注文をする際、自分の売買したい価格を明示して注文することです）。これらは投資家がこの価格で買いたい（売りたい）という注文が入っているだけであり、売買が未だ成立していない状態です。もし読者が1枚買い（売り）注文を出した場合、買い手（売り手）にとって最も有利な価格である150.00円（149.99円）

9　日本国債先物は限月が異なる先物が複数上場していますが、基本的には似た動きをするため、満期が近い先物に売買が集中しています。現物と先物の裁定においてレポ取引が重要な役割を果たしますが、期間の長いSCレポ取引の流動性が低いこともその原因としてあげられます。

10　BloombergではJB1 Comdtyというティッカーを用意しており、これを用いれば中心限月をつないだデータを取得することができます。

図表 5 - 6　日本国債先物の板のイメージ

売り指値注文 （オファー）	価格	買い指値注文 （ビッド）
40	150.04	
30	150.03	
20	150.02	
10	150.01	
5	150.00	
	149.99	10
	149.98	20
	149.97	30
	149.96	40

ベスト・オファー

ベスト・ビッド

（出所）　筆者作成

で取引は成立します。このケースでは150.00円（149.99円）が買い手（売り手）にとって最も有利な価格、すなわち、ベスト・オファー[11]（ベスト・ビッド）です。

　板の数字をみれば自分の売買により価格がどの程度変化するか推測できます。例えば、図表 5 - 6 において 5 枚購入した場合であれば150.00円で取引が成立しますが、さらに 5 枚購入すると購入価格は150.01円へと上がります。このように購入する枚数を増やしていくと、価格が上昇していくことが理解できます。もっとも、買い指値注文や売り指値注文は現時点で投資家が入れている注文であり、投資家はその注文をキャンセルすることができます。そのため、現在の板に多くの注文が入っていたとしても、例えば何かイベントがあることで多くの注文が引いてしまう可能性もあります。

　板については国債市場の流動性の評価でも用いられます。しばしば板における注文の多さを板の「厚さ」で表現しますが、板が厚い状態とは取引が成立する価格の周辺に多くの注文が入っている状態です。このように板が厚い状況であれば仮に投資家が大きな注文をしたとしても価格が大きく動く可能性が低い状況と解されます。 3 章のBOXで説明したとおり、プライス・イ

11　ベスト・アスクという表現を使うこともあります。

ンパクトで流動性を定義すれば先物の板の厚みを計算することで流動性指標を作ることができます。例えば、日本銀行の「国債市場の流動性指標」ではベスト・アスクの枚数で流動性指標を構築しています。

5.4　現物決済とコンバージョン・ファクター

現物決済と現金決済：日本国債先物は現物決済

　日本国債先物の決済では、①現物決済（最終決済、受渡決済）と②転売または買戻し、という2つの方法が用いられています。国債先物では取引最終日にポジションが残っている場合、国債を受け渡すことで決済を行いますが、これが現物決済に相当します。一方で、取引最終日までに反対売買をすることで先物のポジションを解消し、現物決済を避けることも可能であり、これが転売または買戻しという決済方法になります。前述のとおり、国債先物の投資家は国債の予約という形で先物を用いているわけではないため、ほとんどの取引は現物決済ではなく、転売または買戻しという形で、先物の満期前にそのポジションを解消することになります。

　国債先物のややこしい点は、現物決済に際し、受渡銘柄が「残存7年以上11年未満の10年利付国債」という形でレンジ（バスケット）が設けられている点です。すなわち、先物の売り手は残存7～11年の国債の中から好きな銘柄を選んで受渡しを行うことができるのです（図表5－7参照）。このように

図表5－7　国債先物における現物決済のイメージ

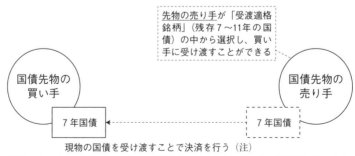

（注）　ここでは実際に受渡しがなされる7年国債を例として記載しています
（出所）　筆者作成

現物決済に際し、受渡可能な銘柄を「受渡適格銘柄」といいます。

　もっとも、現行の国債先物については、前述のとおり、事実上、７年国債を受け渡す構造になっています。読者の中には、現在のように残存７〜11年の国債を受渡適格銘柄にするのではなく、例えば、７年国債を受け渡すといった制度でもよさそうに思われる方もいるかもしれません。しかし、もし仮に７年国債を受け渡すという制度にしてしまうと、その年限の国債を買い占めて利益を得ようとする投資家が発生する可能性があります。このような買い占め行為をスクイーズといいます。そこで、残存７〜11年といった形で受渡可能な国債を複数設けておくことで、たとえ７年国債が買い占められたとしても、例えば８年国債を受け渡すことが可能となり、スクイーズを防ぐ効果を有します[12]。

　日本国債先物を通じて先物を知った人は現物決済を当然に思われるかもしれませんが、例えば日経平均先物は現物決済ではなく、時価で決済する現金決済（差金決済）がとられています[13]。また、オーストラリアなど一部の国では国債先物についても差金決済が用いられており、国債先物について現物決済に必然性があるわけではありません。

コンバージョン・ファクター

　前述のとおり、日本国債先物では標準物と呼ばれる仮想的な国債（６％のクーポンの10年国債）が売買されますが、これはあくまで仮想的なものであり、受渡日には一定の計算式に基づき、残存７〜11年の国債と交換することが可能です。この過程で重要な役割を果たすものがCFです。CFそのものは複雑な数式で定義されていますが、実務的には「標準物の価格を現実の国債価格に変換する係数」というイメージをしておけば十分です。

12　実際、日本の国債先物の受渡銘柄として残存期間が７年以上とされた背景には、相場操縦を回避するため、先物導入当時の発行量に鑑み、受渡供給量として残存７年以上とすれば十分という判断がありました。詳細は野村證券（1985）を参照してください。

13　先物が予約という機能を持つことを考えれば、現物を受け渡すことで決済を行うことは自然な発想です。しかし、日経平均先物のような株式指数の先物を作る場合、実際に数百に及ぶ株式を受け渡すことは現実的ではありません。初めて差金決済が用いられた金融商品の先物としてメラメド氏はユーロドル金利先物をあげていますが、実はダウ・ジョーンズ先物を構想する中で生まれています。

CFが意味するところは、受渡銘柄の利回りが（標準物と同じ）6％になるような価格を100円で基準化したものですが、その正確な定義および導出については補論で解説しますので、ここではどのようにCFを使うのかについて確認しておきましょう。先物の現物決済に用いる受渡価格は、先物価格にCFを掛け合わせることで定められます（受渡価格＝先物価格×CF）。例えば、7年国債のCFが0.7、先物価格が150円であるとすると、105円（＝0.7×150）が7年国債の受渡価格になります。補論に記載しているとおり、CFは受渡しを行う利付債のクーポンや残存期間に依存するため、CFは7〜11年の受渡銘柄それぞれで異なる値になります。

これまで国債先物と7年国債の受渡しを前提に議論してきましたが、これは受渡銘柄ごとに計算されるCFに基づき「先物価格×CF」を計算すると、これまでの市場環境下では7年国債を受け渡すコストが最も低い環境が続いているからです。受渡しのコストが最も低い銘柄を「最割安銘柄（チーペスト、Cheapest To Deliver）」といいますが、7年国債がチーペストになるメカニズムについてはのちほど議論します。また、「先物価格×CF」という形で受渡銘柄の価格を決める理由やCFが現在の低金利環境下で0.7程度の値になりやすい理由を知りたい読者は補論を参照してください（ちなみに、CFの具体的な値は日本取引所グループのウェブサイトに掲載されます[14]）。

デリバリー・オプション

先物の現物決済では残存7〜11年の国債の中から選択して受け渡すことができると説明してきましたが、大切なポイントはこの7〜11年の国債の中から銘柄を選ぶ選択権（オプション）を持っている主体は先物を（買い建てた側ではなく）「売り建てた側」である点です。先物の現物決済に際し、売り手側にオプションが与えられている理由は、先物の買い手にオプションを与えてしまうと、例えば買い手が8年国債を欲しいと主張したとしても、売り手がその銘柄を持っていない場合、受渡しを行うことができないため、制度的な不安定性を有するからです。先物の売り手にオプションを与えておけば、

---

14 https://www.jpx.co.jp/derivatives/products/jgb/jgb-futures/02.htmlを参照してください。

売り手は7～11年のうち持っている国債を受け渡せばよいので、制度的に安定します。先物の決済の受渡しに関するオプションは「デリバリー・オプション」と呼ばれています[15]。

限月間スプレッド取引（カレンダー取引）

前述のとおり、先物を用いる大部分の投資家は現物を将来欲しいと思って先物を買っているわけではありません。この事実はデータからも確認できます。図表5－8は、2018年における国債先物の各限月の建玉（たてぎょく）の動きを示しています。建玉とは未だ決済がなされていない先物の契約総数[16]を意味しますが、特徴的なことは各月限の取引最終日前に建玉が低下していくことです。この理由は、現物の受渡しを回避するため、最終売買日の前に反対のポジションをとることで、ポジションを解消しているからです。

図表5－8　国債先物の建玉の推移

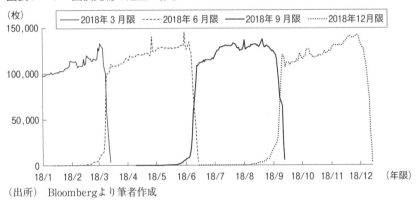

（出所）　Bloombergより筆者作成

15　日本国債先物の場合、デリバリー・オプションといえば、7～11年の受渡適格銘柄の選択に係るオプションですが、米国債先物の場合、受渡しをする時点（タイミング）を選ぶオプションも存在します。そのため、バスケットの中で銘柄を選べるオプションを「クオリティ・オプション」、タイミングを選べる権利を「タイミング・オプション」と呼ぶこともあります。

16　国債先物を購入した場合、現物の受渡や反対売買で決済がなされます。そのため、国債先物を新たに売買することは未だ決済がなされていない契約総数を変化させることになります。建玉は「未決済契約の総数」と説明されるためややこしいですが、その時点における先物の契約総数と理解しておけば問題ありません。

前述のとおり、先物は仮に売り建てていたとしても、取引最終日前に買い建てることで現物決済を回避することができます。

　受渡日が近づいている中で、先物のショートによるヘッジを継続したい場合、直近の限月を買い建てて現在のポジションをキャンセルすると同時に、翌月の限月を売り建てることでヘッジをロールすることができます。このような取引を限月間スプレッド取引（カレンダー取引）といい、それ自体取引されるマーケットがあります。国債先物は1985年に取引が開始されましたが、国債先物の限月間スプレッド取引は2000年に導入されました。受渡期日に一番近い先物を「期近（きぢか）」、２番目に近い先物を「期先（きさき）」といいますが、現物の受渡しを避けながらショート・ポジションを継続するためには「期近買い＋期先売り」[17]という取引を同時に行う必要があります。正確にロールするためにはタイミングが重要ですが、限月間スプレッド取引を用いればこの取引を同時に行うことができます。先物の取引最終日に向けて限月間スプレッド取引の取引量が増えていく傾向がありますが、これは取引最終日に近づくとヘッジをロールするニーズが生まれてくるからです。

■ 5.5　国債市場における現物と先物の裁定取引（ベーシス取引）

　冒頭で説明したとおり、先物と現物の裁定取引はベーシス取引と呼ばれ、国債の投資戦略の中で最もスタンダードなものの１つです。歴史的には、1970年代に固定相場制が崩れる中でリスク管理の必要性が高まり、シカゴを中心に金融先物市場が発展しました。当時、米系投資銀行であるソロモン・ブラザーズが早くから先物と現物の裁定に着手し、ボンドハウスとしての地位を築きます。当時のソロモンに所属していたジョン・メリウェザー氏は国債の現物と先物は同質性が高く、いずれはその乖離が解消されると考えました。その後この裁定取引は広がりをみせ、今日では国債市場を理解するうえで必須な知識となっています。

　以下では、できる限り日本国債の市場参加者の視点に立って先物と現物の

17　実務家は限月間（スプレッド）を買う/売るという表現を使います。

裁定取引を説明します。国債先物では先物の売り手が残存7〜11年の国債を受け渡すという制度設計がなされていますが、先物と現物の裁定取引の中で、売り手側が7年国債を受け渡すインセンティブが高いことを議論します。投資家はこの裁定を行う際、国債の貸借を行うレポ市場にアクセスする必要があるため、次節ではベーシス取引とレポ市場の関係を考えていきます。

ベーシス取引とは

　これまで国債先物を購入（売却）した場合、7年国債を受渡しすることを前提に議論をしてきました。国債先物と7年国債の連動性を前提とすれば、先物を売り建てた場合、受渡日に7年国債を受け渡す必要があります。7年国債そのものは店頭市場で取引されていますから、先物を売り建てると同時に、7年国債を買っておきます（図表5−9のステップ1参照）。そうすれば先物の決済日に、既に購入していた7年国債を受け渡すことができるため、事前に契約していた先物取引（売建て）は無事、決済がなされることになります（図表5−9のステップ2参照）。

　これが国債市場における現物と先物の裁定取引（ベーシス取引）に相当し

図表5−9　現物と先物の裁定取引（ベーシス取引）

ステップ1：国債の購入＋先物の売建て

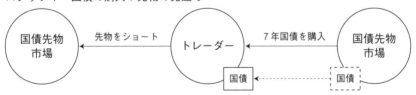

ステップ2：先物の決済日に国債を受け渡す

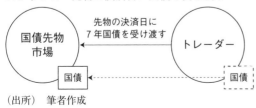

（出所）　筆者作成

ますが、これをベーシス取引と呼ぶのは、先物と国債の価格差（ベーシス）の裁定を行う取引であるからです（ベーシス取引は価格差や金利差の裁定を行う行為全般を指し、国債と先物以外にも様々なベーシス取引があります）。このように資産間における価格・金利差に注目した運用戦略を相対価値（リラティブ・バリュー）戦略といいますが、債券市場における運用戦略として幅広く用いられています。

　気をつけるべきことは先物取引において現物決済を行う場合、先物価格で7年国債を受け渡すわけではなく、CFで調整する必要がある点です（具体的には「受渡価格＝先物価格×CF」で算出します）。そのため、先物と現物の間の裁定機会を考えるためには、「先物価格×CF（受渡価格）」と「現物価格」を比較する必要があります。

　例えば、1カ月後に満期を迎える国債先物を1億円分（1枚）売り建てると同時に、現物の7年国債を1億円購入します。もし前者の価格（先物価格×CF）が100円であり、後者の価格（7年国債の価格）が99円であれば、先物を売り建てるとともに今のうちに99円で7年国債を購入しておき、1カ月後に先物の決済を迎えたタイミングで、7年国債を100円で受け渡せば1円の利益を得ることができます。すなわち、「7年国債の価格」と「先物価格×CF」に大きな乖離が生まれた場合、裁定機会が発生することになります。逆に、この価格差が小さければ裁定が働いている状態と解釈できます。

グロス・ベーシスとネット・ベーシス

　このような現物の価格と先物の受渡価格（CF×先物価格）の差をグロス・ベーシスといい、下記のように定義されます[18]。

$$\text{グロス・ベーシス}＝\text{国債の現物価格}－\underbrace{\text{先物価格×CF}}_{\text{国債先物を通じた国債の受渡価格}}$$

---

[18]　ここではグロス・ベーシスを「国債の現物価格－先物価格×CF」と定義しましたが、現物と先物の価格の乖離という意味では、「先物価格×CF－国債の現物価格」という形で定義しても本質は変わりません。しかし、商慣行上、「国債の現物価格－先物価格×CF」と定義されることがほとんどです。

もっとも、これは厳密な意味での裁定取引にはなっておらず、実際、投資家はグロス・ベーシスがゼロになることを目指して裁定を行っているわけではありません。というのも、現時点で7年国債を購入するためには、その購入資金を調達するコスト（レポ・コスト）が発生しますし、国債を1カ月在庫として保有することで、その間、利子が得られます（ここでの調達コストがレポ・コストとなる理由はのちほど議論を行います）。利子収入からレポ・コストを除いたものを「キャリー」といいますが、調達コスト等も考慮した正確な裁定を考えるには現物価格からキャリーを調整しなければなりません。現物価格にキャリーを調整した価格は先渡（フォワード）価格といいますが（この詳細はBOX 3を参照してください）、この点も考慮した価格差をネット・ベーシスといいます。

$$\text{ネット・ベーシス} = \underbrace{\text{国債の先渡価格}}_{\text{国債の現物価格} - \text{キャリー}} - \text{先物価格} \times \text{CF}$$

ネット・ベーシスでは先物と先渡の裁定取引を考えている点に注意してください。前述のとおり、先物と先渡は両者とも予約取引であり、その違いは前者が取引所取引であり、後者が店頭取引である点です[19]。

実務的には「現物ロング＋先物ショート」（「現物ショート＋先物ロング」）をロング・ベーシス（ショート・ベーシス）といいます。読者がロング（ショート）・ベーシスというポジションをとった場合、上記で定義したグロス・ベーシスが上昇（低下）すれば収益が得られますから、そのように動くと予測した場合、ロング（ショート）・ベーシスのポジションをとることに合理性が生まれます。例えば、グロス・ベーシスおよびネット・ベーシスがゼロからマイナス方向に大きく乖離しており、読者が受渡日までにはゼロに収れんすると考えているとしましょう。この場合、ロング・ベーシスをとることでこの乖離が解消した際、利益を得ることができます。ちなみに、国債の現物と先物は証券会社等に同時に注文できるため、ベーシス取引はパッケージ商品としても取引されています。

19　先物と先渡取引の裁定については、「日本国債先物入門―先渡と先物価格の乖離を生む要因―」（服部, 2020c）も参照してください。

最割安銘柄（チーペスト）

　ここまでの話を前提に、国債市場で頻繁に用いられるチーペストという概念が意味することを考えてみましょう。国債先物の売り手は、残存7〜11年の国債（受渡適格銘柄）を受け渡すことができますが、先物の売り手はむろん自分にとって得となる銘柄を受け渡したいと考えます。例えば、先物を売り建てており、最後まで反対取引を行わず、受渡日に国債を受け渡す必要が生じたとしましょう。もし読者が残存7〜11年の国債を持っていない場合、証券会社に発注するなどして受渡しできる国債を調達してこなければなりません。この購入コスト（現物価格）が受渡しを行う場合の費用に相当します。

　一方、受け渡すことで得られる収入はどうでしょうか。受渡価格が「先物価格×CF」で定まることを考えると、「先物価格×CF」が国債を受け渡すことから得られる収入になります。そのため、売り手側は受渡しが可能である残存7〜11年の国債の中で、下記が大きくなる銘柄を渡すインセンティブを有します。

$$\underbrace{先物価格 \times CF}_{受渡しから得られる収入} \quad - \quad \underbrace{現物価格}_{受渡しに係る費用} \qquad \cdots(1)$$

　もし仮に店頭で売買されている残存7〜11年の国債価格が似た価格であれば、（先物価格は1つなので）受渡可能な国債の中からCFが大きい銘柄を選択することにより費用に対して収入が大きい銘柄を選ぶことができます。そのため、この場合、CFが大きい銘柄が売り手にとって最も利益の高い銘柄になりますが、ポイントは、6％より金利が低い環境下では（クーポンが同じ水準であれば）年限が短い銘柄ほど、CFが大きくなる傾向がある点です（このメカニズムの詳細を知りたい読者は補論を参照してください）。

　このことに鑑みれば、現物を受け渡す者にとって年限が短い国債を受け渡すメリットが生まれます。ご承知のとおり、日本の金利は6％より低い状況が続いてきたため、受渡適格銘柄のうち短い年限の国債（7年国債）が受渡銘柄として用いられる局面が続いてきました。このように先物の売り手にとって最も受渡しのメリットがある銘柄を、受渡しのコストが低いという意味から「最割安銘柄（チーペスト）」といいます。

この議論は結局のところ、店頭市場で売買される現物価格と先物の受渡価格を比較していることになるので、先ほど定義したグロス・ベーシスやネット・ベーシスがチーペストを考えるうえで役に立ちます。例えば、残存7〜11年の銘柄について、それぞれグロス・ベーシスを計算できますが、グロス・ベーシスの定義は「現物価格－先物価格×CF」ですから、⑴と符号が逆であることに注意すれば、先物の売り手にとってグロス・ベーシスが小さい銘柄を渡すメリットが高いことがわかります。もっとも、実際の裁定取引にあたっては受渡日より前にチーペストを考えるため、グロス・ベーシスではなく、受渡日までのキャリーを調整したネット・ベーシスが小さい銘柄をチーペストとすることが一般的です。

BOX 3 　先渡（フォワード）価格のプライシング

本文で先渡の話をしましたが、先渡価格は基本的に現物価格に金利を調整した価格で決まります。例えば、トレーダーの立場に立って、1週間後に受け渡す日本国債を今買いたいという注文を受けたとしましょう。このとき、トレーダーが顧客に提示する価格が先渡価格に相当しますが、どのようなプライスを提示すればよいでしょうか。この場合、注文が来た時点で国債を購入してしまい、それを在庫として保有しておき、1週間後に顧客へ当該銘柄を受け渡せば、このような注文に対応することができます。その際、この「保有のためのコスト」を国債の購入価格に加算した価格を提示すれば、トレーダーとしては損することなく顧客の注文に対応できます。

先渡価格を以上のような形でプライシングするモデルを「保有コストモデル（Cost of Carry Model）」といいますが、ここでは少しフォーマルに記載してみましょう。N日後の先渡価格をプライシングすることを考えます。先ほどと同様、現在、現物国債を購入し、これをN日間在庫として保有する必要がありますが、国債を購入するためにはその資金を調達する必要があるため、その調達コスト（レポ・コスト）を支払う必要があります。その一方、国債を保有することに伴い、利子収入（クーポン収入）[20]が得られるため、その部分はコストから控除することが可能になります。それゆえ、先渡価格は

下記のように定義されます。

$$先渡価格＝現物価格＋（レポ・コスト－利子収入）$$

　本文でも説明しましたが、「利子収入－レポ・コスト」を「キャリー」というため、先渡価格は「現物価格－キャリー」という形で算出ができます。

■ 5.6　ベーシス取引とレポ市場

レポ市場とは

　日本国債への投資を考えるうえで非常に重要なことは日本国債を保有する調達コスト（前述のレポ・コスト）を考えることです。銀行や生命保険会社のような投資家は預金者や保険加入者から資金の提供を受けており、預金金利等の形で調達コストを払っています。日本国債のセカンダリー市場を作っている証券会社のトレーダーなどはそもそも元手となる資金を持っていないことが多く、自ら資金調達を行う必要があるケースも少なくありません。

　もっとも、例えば読者が日本国債の入札に際して資金調達が必要な場合、国債を保有することになるわけですから、国債を担保にして資金調達を行うことができます。これは私たちが家を購入する際、購入する不動産を担保にしてお金を借りることができることと同じです。大切なことは国債を担保にした場合、その信用力の高さから調達コストを抑えることができる点です。このように国債を担保にした資金調達はレポ取引と呼ばれ、そのときの調達コストをレポ・コスト（レポレート）といいます[21]。

　そもそも、レポ取引の正式な名称は「Repurchase agreement」ですから、その名称自体は、貸借というより買戻契約という意味合いを持ちます[22]。そのため国債を担保にした調達をレポ取引といわれると、その名称と一致していないという印象を受けるかもしれません。実は日本の場合、かつ

20　ここでの利子収入はクーポン収入であり、アモチ・アキュムを考慮していない点に注意してください。アモチ・アキュムについては6章のBOX1で説明しています。

21　レポレートはレポ・コストを年率の利回りに直した概念です。

22　国債を差し出し、現金を調達するケースをレポとして定義する一方、国債を受け取り、現金を差し出す逆の取引をリバース・レポと定義することもあります。

て有価証券取引税という税があり、証券の売買には税金が課されていたため、買戻契約に相当する（債券）現先取引ではなく、国債を担保に現金を受け渡す貸借取引[23]が拡大しました[24]。もっとも近年、海外との平仄を合わせることなどを背景に、貸借ではなく現先取引を普及させる努力が続き、直近では半数以上の取引が現先に集約されています。ちなみに、タックマン（2012）などのファイナンスのテキストでは現先と有担保ローンを同等とした説明がなされることが多く、法的な位置づけは違うものの、経済効果は現先でも貸借でも同じと考えて問題はありません[25]。

GCレポとSCレポ

レポ取引はGC（General Collateral）レポとSC（Special Collateral）レポという2つの異なる取引に分かれていますが、これは受渡しを行う債券に対してニーズが異なることなどが背景にあります。GCレポの場合、銘柄の個別性を特に考慮せず、国債全般を担保とした資金調達や運用で用いられます。一方、SCレポの場合、例えば現物と先物の裁定を行う場合のように特定の国債（例えば7年国債）が欲しい、というときに用いられます。レポレートについていえば、GCのレート（GCレポレート）がレポ市場全体の運用と調達の需給で決まるのに対して、SCのレート（SCレポレート）は個別証券の需給関係で決まる点が異なります（GCとSCのスプレッドをとることで個々の証券の需給状況をみることもあります）。2022年における取引の残高でみると、おおよそGCレポが約6割、SCレポが4割程度というイメージです[26]。

図表5−10は、国債の入札に参加するトレーダーが国債入札時のファンディングのためにGCレポを用いているイメージを示しています[27]。トレーダーは入札に際し、典型的にはオーバーナイトなどの短期で資金調達を行い

23　正式には現金担保付債券貸借取引といいます。その意味で、現金を担保に債券の貸借をしているといえますが、本章ではファンディングに焦点を当てた説明をするため、国債を担保に資金調達をするという説明をしています。

24　この経緯については東短リサーチ株式会社（2019）などを参照してください。

25　マージン・コール等で細かな違いがある点にも注意が必要です。詳細は東短リサーチ株式会社（2019）などを参照してください。

26　日銀による「わが国短期金融市場の動向—東京短期金融市場サーベイ（2022年8月）の結果—」を参照しています。

図表 5 −10　国債入札時におけるレポ市場でのファンディングのイメージ

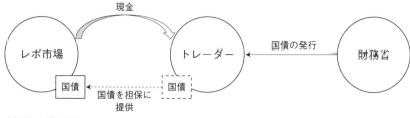

（出所）　筆者作成

ますが、レポ市場で担保を差し出すことで資金調達を行います[28]。トレーダーはこの際、GCレポレートを調達コストとして支払います。

　では、「現物ロング＋先物ショート（ロング・ベーシス）」という現物と先物の裁定を行う場合はどうでしょうか。7年国債を購入する際、その資金調達を行う必要がありますが、SCレポ市場に行けば7年国債を担保にして資金調達を行うことができます。図表 5 −11がこのときの取引のイメージ図になりますが、この際に支払う調達コストがSCレポレートに相当します。前節では、「ネット・ベーシス＝（現物価格−キャリー）−先物価格×CF」を定義しましたが、ここでのキャリー（＝利子収入−レポ・コスト）を計算する際、厳密にはSCレポレートを用いる必要があります[29]。

インプライド・レポレートとは

　この裁定を行ううえでの問題点は、受渡日までの期間が遠い場合、流動性

27　ここではGCレポを用いた資金調達の例を取り上げていますが、国債の入札では特定の銘柄を在庫として保有するため、SCレポを用いて資金調達をすることもできます。

28　例えば、国債の入札の結果、1,000億円落札した場合、国債の決済はT＋1であるため、翌営業日、財務省に支払いをする必要があります。もっとも、1,000億円の国債を落札した場合、その分の国債を保有することができるため、レポ市場に行けばそれを担保にして資金調達ができます。レポ市場もT＋1で決済できるため、翌日資金調達ができ、財務省に支払いをすることができます。なお、2年債の入札時など、決済のタイミングが異なるケースがある点に留意してください。

29　現物と先物の裁定を行ううえで、例えば先物の受渡しが2カ月先である場合、7年国債を購入するため、2カ月間資金調達をしてくる必要があります。ただし、レポ市場はオーバーナイトのような短期調達のほうが流動性が高いため、例えば、2カ月間、満期が来たらまた借りるというロールをしていくことも少なくありません。

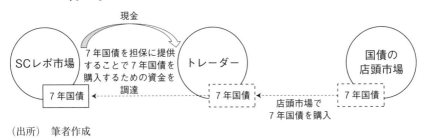

（出所）　筆者作成

が低くなることなどを背景に、SCレポレートが観測しにくくなる点です。
SCレポレート自体は短資会社[30]などに電話をすることでその水準を確認す
ることができますが、期間が長くなるほどその正確な値を得ることはむずか
しくなります。その一方、ネット・ベーシスの計算に用いられるレポレート
以外のすべての情報（現物および先物の価格など）は容易に観察できるため、
発想を転換し、先物と現物の間に十分な裁定が働いていることを前提にレポ
レートを逆算することを考えます。これは裁定が働いていることから示唆さ
れる（インプライされる）レートという意味で、インプライド・レポレート
（Implied Repo Rate, IRR）といいます。

　IRRの有益な点は、裁定が働いているという条件を置くことで、受渡日ま
で遠い場合、本来みえないSCレポレートがみえるようになる点です。IRRで
はネット・ベーシスがゼロであると想定してSCレポレートを抽出すること
を考えます。ネット・ベーシスがゼロの場合、「現物価格＋（レポ・コス
ト－利子収入）－先物価格×CF＝0」が成立します。この式は「レポ・コ
スト＝先物価格×CF＋利子収入－現物価格」という形でレポ・コストに関
する式へ変換することができます。IRRはこれを年率のリターンにした式に
なります。

30　短資会社とは主に短期の貸借を行う際の仲介業を担う金融機関を指します。詳細は東
　短リサーチ株式会社（2019）などを参照してください。

$$IRR = \left[\frac{先物価格 \times CF + 受取利子 - 現物価格}{現物価格} \right] \times \left(\frac{360}{受渡しまでの期間} \right)$$

　IRRを用いることの最大のメリットは、IRRを用いることで先物と現物の間に十分な裁定が働いているかどうかを確認することができる点です。IRRの計算に際し、現物と先物の間で裁定が働いている点（ネット・ベーシスがゼロになる点）を仮定していましたが、現実のマーケットにおいてその裁定が十分に働いているとは限りません。そこで、例えば、流動性の高い短期間のSCレポレートやGCレポレートのタームストラクチャーなどと比較検討し、現在のIRRの水準が正当化されるかどうかを考えることで、現物と先物の裁定がどの程度働いているかについて評価を行うことができます。筆者は市場参加者から「日本国債市場の参加者はIRRを必ずチェックする」と指摘されたことを今でも覚えていますが、これは最も流動性が高い先物の価格が実際の現物の価格にどの程度反映されているかを確認するうえで重要なプロセスといえます。

　ここでは紙面の関係上、インプライド・レポレートの計算例について省略しましたが、具体的な計算例を知りたい読者は「日本国債先物入門—日本国債との裁定（ベーシス取引）とレポ市場について」（服部, 2020b）を参照してください。

．．

BOX 4　国債先物で評価した金利リスク量

　実務家は先物の枚数で金利リスク量を把握していることが非常に多いことから、このBOXでは国債先物の金利リスク量（DV01）を取り上げます。まず実務家は10年国債1億円のリスク量が国債先物の1枚分（想定元本1億円分）のリスク量とおおよそ同じであると頭に入れています。10年国債1億円のDV01（デルタ、BPV）は、10年国債のデュレーションを9.8とすれば、$P \times D \times 0.01\% = 1$億円$\times 9.8 \times 0.01\% = 9.8$万円となりますから、DV01という観点でみたこのポジションのリスクはおおよそ10万円のリスク量であることがわかります（DV01の定義は4章を参照）。一方、先物1枚をロングしたと

きのDV01は10.84万円であり（この計算のイメージは後述します）[31]、おおよそ10万円程度であることが理解できます（この数値からもわかるとおり、厳密には先物1枚と10年国債1億円分のDV01は異なります）。

例えば、10年国債を1億円分取得した場合、金利リスクを削減するために、それを売却することでリスク量を落とすこともできます。もっとも、トレーダーがマーケット・メイクのために国債を在庫として保有した場合は売却するわけにいきません。そこで、先物を1枚売ることで−10.84万円という金利リスク量を作り、自分が有している9.8万円というリスク量と相殺することで、リスク量を落とすことができます。

前述のとおり、国債先物の重要な役割はヘッジツールの提供ですから、国債市場のマーケット・メイクで先物が頻繁に用いられています。例えば、10年国債の入札の結果、あるプライマリー・ディーラーが1,000億円の国債を在庫として保有したとしましょう。この場合、DV01は9,800万円になりますが、国債先物を903枚売ればおおよそ−9,800万円のDV01を作ることができるため、1,000億円の国債を有するとともに903枚の先物を売ることで、リスク量をゼロに近い状態にできます。これは金利リスク量という観点では、中立的（ニュートラル）なポジションであると解釈できます[32]。

国債の入札における金利リスクの供給量も先物の観点でリスク量を評価することができます。例えば、明日10年国債が2兆円発行されるとします。2兆円分の10年国債のDV01は19.6億円程度ですが、先物の枚数に換算するとおおよそ1.8万枚になります。したがって、この10年国債の入札では、先物でみて1.8万枚分の金利リスク（DV01）の供給量があると解釈できます。

注意すべき点は、以上の議論はイールドカーブのパラレルシフトを想定している点です（4章で説明しましたが、DV01はデュレーションと同様、パラレルシフトを想定しています）。先物は先ほど説明したとおり、10年国債とほぼ同じDV01を有しますが、先物の価格は7年国債と連動しています。そのた

31　この値はBloombergで算出した値です。
32　前注のとおり、プライマリー・ディーラーは銀行や生命保険会社などの注文を集約して入札に参加しているため、仮に1兆円落札したとしてもその落札分の大部分は投資家が保有します。

め、10年国債と（7年国債と連動する）先物の価格が完全に同じ動きをするとは限りません。例えば、10年国債をロングし、先物のショートでヘッジしていたとします。仮に何らかの理由で、10年国債の価格は下がるものの、先物価格（7年国債の価格）は横ばいであったとすると、先物によるヘッジは機能しないことになります。このように国債を先物でヘッジした場合、イールドカーブがパラレルにシフトするとは限らないがゆえ、一定のリスクが残る点に注意が必要です（これをベーシス・リスクといいます）。

　最後に、国債先物のDV01を数式で定義します。復習になりますが、DV01とは、1 bps（0.01％）だけ金利が変化した場合、価格がどの程度動くかを指します。先物価格をP、コンバージョン・ファクターをCF、7年国債の価格をP^{CTD}[33]とすると、$P \times CF = P^{CTD}$が成り立つことを考え、金利感応度を考えるため、先物価格（$P = 1/CF \times P^{CTD}$）を金利（r）で微分します。

$$\frac{\Delta P}{\Delta r} = \frac{1}{CF} \frac{\Delta P^{CTD}}{\Delta r}$$

したがって、1 bps金利が上昇したリスク量である先物のDV01は下記のとおりといえます。

$$\text{DV01} = -\frac{\Delta P}{\Delta r} \times 0.01\% = -\frac{1}{CF} \frac{\Delta P^{CTD}}{\Delta r} \times 0.01\%$$

$-\dfrac{\Delta P^{CTD}}{\Delta r} \times 0.01\%$は7年国債のDV01に相当し、先物のリスク量はこれに$1/CF$を掛けた値であることがわかります。1 bps金利が動いた際のリスク量は（100円当たり）7銭程度になり[34]、補論で説明するとおり、CFは0.7前後の値をとることを考えると、$1/CF$はおおよそ1.4程度の値になることから、先物のDV01は（100円当たり）10～11銭程度になります（したがって、先物のDV01はおおよそ10年国債のDV01に近い値になります）。この際、先物の変化自体は7年国債に連動するものの、先物価格の動きは$1/CF$で拡張された大きさで動く点に注意が必要です。

33　ここでのCTDはチーペスト（Cheapest to Deliver）を指しています。
34　7年国債の場合、デュレーションが7であるとすれば、1 bps金利が動くことで7銭（＝100円×1 bps×7）程度、価格が変化します。

【補論　コンバージョン・ファクターの導出】

　本章で説明したとおり、国債先物では標準物と呼ばれる架空の国債を取引しています。そのため、実際の受渡しにあたっては、標準物の価格を個々の受渡銘柄の価格へ変換する価格調整が必要になります。その調整の役割を果たしているものがコンバージョン・ファクター（CF）です。CFの基本的なアイデアは、仮に標準物の世界のイールドカーブ（6％フラットカーブ）が実現した場合における標準物と受渡適格銘柄の現在価値をそれぞれ計算したうえで、その比較を行うというものです。具体的には、「受渡適格銘柄の現在価値＝標準物の現在価値×CF」という形で係数を掛けることにより価値が等しくなるような調整を行います。すなわち、CFは下記のように定義できます。

$$CF = \frac{受渡適格銘柄の現在価値}{標準物の現在価値}$$

　標準物の現在価値はクーポン6％の架空証券を6％のカーブで評価しているため、標準物の単価は100円になります。この結果を用いれば上記の式は下記になります。

$$CF = \frac{受渡適格銘柄の現在価値}{100}$$

　CFを直感的に理解する際のポイントは、受渡適格銘柄を6％のフラットカーブで割り引いているので、「受渡適格銘柄の現在価値」は実際の受渡銘柄の複利が6％になるような単価を計算していると理解することです。実際、Bloombergなどのツールを用いて受渡銘柄の複利が6％になるような単価を計算し、それを100円で割れば、実際のCFとおおよそ一致する値が得られます。

　現在のように受渡銘柄のクーポンが非常に低い状況であるとCFは0.7程度の値をとります。これはクーポンの低い債券に投資して6％の複利利回りを実現するには、その債券が70円といった低い価格である必要があるからです（この価格を標準物の現在価値である100円で割るためCFは0.7といった値をとり

ます）。受渡銘柄のクーポンが低くなるとCFは低くなりますが、これはクーポンが低いほど６％の複利利回りを実現するために受渡銘柄の価格が低くなる必要があるからです。

　また、年限が短い受渡銘柄のCFは大きくなる傾向もありますが、これも同じように考えることができます。前述のとおり、日本のような低金利下において６％の複利が実現する債券の価格を計算すると100円より低い値になります。もっとも、４章で説明したとおり、年限（デュレーション）が長くなるほど金利の変動に対して価格が感応的になるため、年限が短い７年国債のほうが10年国債より価格の低下幅が低くなります。あるいは、10年国債の場合、投資期間が10年になるため、６％の複利利回りを実現するには価格がより一層大きく低下しなければならないと解釈することもできます。そのため、クーポンが標準物の６％より低い状況であると、年限が短い（長い）国債のCFが大きく（小さく）なる傾向が生まれます。この性質はチーペストを考えるうえで用いる性質です。

　CFを「受渡適格銘柄の現在価値＝標準物の現在価値×CF」と定義しましたが、現在価値を算出するうえで６％のフラットカーブを前提としました。しかし、ここで６％フラットカーブで計算したCFを固定し、「受渡適格銘柄の（現在のカーブでの）現在価値＝標準物の（現在のカーブでの）現在価値×CF」が成立するとします。この際、「標準物の（現在のカーブでの）現在価値」は現在市場で取引されている先物の価格そのものですから、「先物価格（＝標準物の（現在のカーブでの）現在価値）×CF」を計算することで「受渡適格銘柄の（現在のカーブでの）現在価値」を計算することができます。「先物価格×CF」で受渡価格を計算するとは、このような計算をしていると解釈できます。

　ちなみに、日本取引所グループのウェブサイトではCFは下記のように定義されています[35]。

35　https://www.jpx.co.jp/derivatives/products/jgb/jgb-futures/02.htmlを参照ください。
　ここでは「X＝（ii）0.06（長期国債標準物）」のケースを取り上げています。

$$CF = \frac{\dfrac{a}{0.06} \times \left(\left(1+\dfrac{0.06}{2}\right)^{b} - 1\right) + 100}{\left(1+\dfrac{0.06}{2}\right)^{\frac{c}{6}} \times 100} - \frac{a(6-d)}{1200} \qquad \cdots (2)$$

　ここで a は適格銘柄の年利子、b は受渡適格銘柄の受渡決済以降（当該受渡決済期日を除く）に到来する利払回数、c は受渡適格銘柄の受渡決済期日における残存期間（月数）、d は受渡適格銘柄の受渡決済期日から次回利払日までの期間（月数）になります。この式の意味合いを考えるため、CFが下記であるケース[36]を考えてみましょう（(2)の第2項については後述）。

$$CF = \frac{\dfrac{a}{0.06} \times \left(\left(1+\dfrac{0.06}{2}\right)^{\frac{c}{6}} - 1\right) + 100}{\left(1+\dfrac{0.06}{2}\right)^{\frac{c}{6}} \times 100} \qquad \cdots (3)$$

　まず、(3)の分母の100は標準物の現在価値に相当するため、「CF＝受渡適格銘柄の現在価値/100」との対応関係を考えると、「受渡適格銘柄の現在価値」は下記のようになります。

$$\frac{\dfrac{a}{0.06} \times \left(\left(1+\dfrac{0.06}{2}\right)^{\frac{c}{6}} - 1\right) + 100}{\left(1+\dfrac{0.06}{2}\right)^{\frac{c}{6}}} \qquad \cdots (4)$$

　ここで、受渡適格銘柄が生み出すキャッシュ・フローを標準物の世界のカーブ（6％フラットカーブ）で割り引くことで、「受渡適格銘柄の現在価値」が(4)になり、CFが(3)となることを確認しましょう。受渡適格銘柄の利子は a（半年に1度、$a/2$ の利子が発生）です。この銘柄の年限を N 年とすると、6％のフラットカーブで将来のキャッシュ・フロー（クーポン $a/2$ と元

---

[36] (2)の第1項に焦点を当てたうえで、$c=6b$ のケースを考えています。

本100) を割り引くことで、受渡銘柄の現在価値 (P) を計算できます。

$$P = \cfrac{\frac{a}{2}}{1+\cfrac{0.06}{2}} + \cfrac{\frac{a}{2}}{\left(1+\cfrac{0.06}{2}\right)^{2}} + \cdots + \cfrac{\frac{a}{2}}{\left(1+\cfrac{0.06}{2}\right)^{2N}} + \cfrac{100}{\left(1+\cfrac{0.06}{2}\right)^{2N}}$$

上記の式に $\left(1+\dfrac{0.06}{2}\right)^{2N}$ を掛け合わせることで下記のように書き換えます。

$$P\left(1+\frac{0.06}{2}\right)^{2N} = \frac{a}{2}\left(1+\frac{0.06}{2}\right)^{2N-1} + \frac{a}{2}\left(1+\frac{0.06}{2}\right)^{2N-2} + \cdots + \frac{a}{2} + 100 \quad \cdots(5)$$

この右辺は等比級数の公式に加え、日本取引所グループの公式では c が月ベースであることから、この調整（$12N=c$）を用いれば、(5)はさらに、

$$P\left(1+\frac{0.06}{2}\right)^{\frac{c}{6}} = \frac{a}{0.06}\left(\left(1+\frac{0.06}{2}\right)^{\frac{c}{6}} - 1\right) + 100$$

となります。上記の式を P について解けば、(4)が出てきますから、無事に受渡銘柄の現在価値が(4)に一致することが示され、CFの導出が終わりました。

　最後に(2)の第2項について説明しますが、結論的にはこれは経過利子の調整部分です。10年利付国債の償還および利払いのタイミングは先物の限月と同様、3、6、9、12月に設定されているため、経過利子が出ないこともあるのですが、例えば3カ月の経過利子が発生する可能性があります。CFの式(2)における第2項、すなわち、$a(6-d)/1200$ は一見すると複雑にみえるため、見通しをよくするため、仮にクーポンの支払いが（半年に1回ではなく）1年に1回と想定します。この場合、この式は $a(12-d)/1200$ のような形になります。d は次回利払日までの期間（月数）ですから、$d=12$ の場合、利払いが1年後なので経過利子が全く発生せず、(2)の第2項が消えます。一方、$d=0$ の場合、$12a/1200 = a/100$ となり、これは受渡銘柄の1年分のクーポンの値を標準物の現在価値で割っている状況です。このようにみれば、$a(6-d)/1200$ の部分はCFにおいて経過利子を調整している部分と解釈できます。

なお、CFに関する厳密な証明については筆者が記載した「日本国債先物入門：基礎編」（服部, 2020a）における補論を参照してください。

〈参考文献〉
1．東短リサーチ株式会社（2019）『東京マネー・マーケット　第8版』有斐閣.
2．野村證券（1985）「わかりやすい　債券先物取引」商事法務研究会.
3．服部孝洋（2020a）「日本国債先物入門：基礎編」『ファイナンス』650, 60-74.
4．服部孝洋（2020b）「日本国債先物入門―日本国債との裁定（ベーシス取引）とレポ市場について―」『ファイナンス』651, 70-80.
5．服部孝洋（2020c）「日本国債先物入門―先渡と先物価格の乖離を生む要因―」『ファイナンス』652, 37-41.
6．服部孝洋（2022）「金利先物およびTIBOR入門―ユーロ円金利先物を中心に―」『ファイナンス』674, 41-51.
7．服部孝洋（2023）「TONA 3か月金利先物入門」（日本取引所グループウェブサイト）.
8．ブルース・タックマン（2012）『債券分析の理論と実践（改訂版）』東洋経済新報社.

第 **6** 章

銀行と生命保険会社

▌6.1　リスク管理と国債投資

　金融機関は、金利リスクを含め様々なリスクの管理を行っています。金融機関の場合、一般企業とは異なり、ビジネス上の理由だけでなく、金融規制という観点からも適切なリスク管理が求められています。4章で説明したとおり、一般的に、国債の年限が長いほど、金利リスクは高くなります。面白い点は、金融商品そのものの金利リスクが高くても、その投資により金利リスクの削減につながることがある点です。銀行はビジネスの観点で、預金という年限の短い負債を有している一方、生命保険会社は年限の長い負債を有しており、金融機関は資産と負債の年限（デュレーション）が一致するようにリスク管理をしています。これは資産と負債の管理であることから、Asset Liability Management（ALM)と呼ばれています（なぜこのような管理が必要であるかは本章で具体例をあげながら解説します）。このようなリスク管理の視点でみれば、銀行と生命保険会社は、負債との年限を合わせるため、銀行は短期から中期の国債、生命保険会社は超長期の国債を購入するインセンティブがあると考えられます（図表6－1参照）。

　日本国債の運用を行っている投資家として、主に銀行と生命保険会社が話題になる傾向がありますが、その他の重要な投資家として年金基金やアセット・マネジメント、ヘッジファンドなどの外国人投資家も指摘できます。特に、公的年金を運用する年金積立金管理運用独立行政法人（Government

図表6－1　銀行と生命保険会社のALMのイメージ

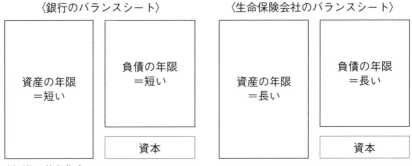

（出所）　筆者作成

Pension Investment Fund, GPIF）は、その運用残高がおおよそ200兆円であり、その25％程度を円債で運用しています。年金基金とアセット・マネジメントは、主に野村BPIと呼ばれる債券インデックスをベンチマークとしており、インデックスとの関係などで話題になることも少なくありません。一方、外国人投資家についてはその売買が大きく、相場を動かす要因として話題になる傾向があります。

　図表6－2が国債の年限ごとの主要投資家のイメージです。前述のとおり、銀行は短期から中期債、生命保険会社は超長期債で運用しています。年金基金や海外投資家は年限に関係なく投資を行いますが、その特徴としては、年金基金は債券インデックスをベンチマークとした運用を特徴とする一方、ヘッジファンドなどは様々な年限についてロングやショートを行います。国債の保有者という観点でみた日銀については、量的・質的金融緩和（QQE）の導入以降、国債買入オペを通じて様々な年限の国債を購入するようになりましたが、イールドカーブ・コントロール（YCC）の導入以降、特に、10年以下のイールドカーブのコントロールに注力しています。

　本章では国債の投資家について取り上げますが、銀行と生命保険会社が国債市場でプレゼンスが高いことから、本書ではこれらを軸に説明を行いま

図表6－2　年限ごとでみた国債の主要投資家のイメージ

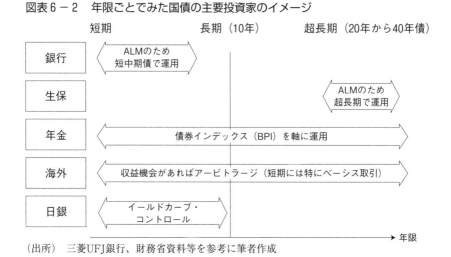

（出所）　三菱UFJ銀行、財務省資料等を参考に筆者作成

す。まずは銀行の運用方法について説明した後、超長期国債の主要な投資家である生命保険会社について取り上げます。最後に年金基金およびアセット・マネジメントの運用について簡潔に説明します。海外投資家については、特に最近は為替スワップや通貨スワップを通じた投資が着目されますが、これについては12章で説明します。また、国債の保有者としての日銀については9章で取り扱います（日銀は国債を購入するうえで入札を実施することから、入札制度を説明した後に説明します）。

■ 6.2　銀　　行

銀行業とは

　そもそも銀行業とは、預金という手段で資金調達し、貸出や有価証券の運用で利益を得るビジネスです。預金とは読者もご存じのとおり、いつでも引き出せるものですから、銀行は短期資金で調達をしているといえます。一方、通常の貸出は中長期に及びますから、資産サイドの年限は中長期であると解されます。このように銀行は資産と負債サイドで年限のミスマッチがありますが、これは満期を変換しているとも解され、これを「満期変換機能」といいます。これはファイナンスのテキストなどで銀行が有する本質的な機能の1つと説明されます。

　銀行における貸出の重要な特徴は、「まず信用ありき」であり、貸出が先行し、その後に預金が生まれる点です。具体的には、銀行が貸出を行う場合、借り手の口座に数値を書き込むことで、その決済がなされます。このように、貯蓄形成に先行して貸出を行うことを「信用創造機能」といいます。信用創造機能については池尾（2010）を参照していただきたいのですが、私たちの社会において、預金が決済手段として機能しているからこそ、預金に数字を書き込むだけで貸出をすることができるといえます。

　このように口座に数字を書き込むことで貸出を行うことができるとすれば、銀行が貸出や国債の購入を無限に行うことができるように思うかもしれませんが、そうではない点に注意が必要です。預金は決済手段であり、私たちはその預金の元本保証を当然視しています。したがって、銀行は、預金という安全な調達手段を負債として抱えているのですが、その一方で、貸出や

有価証券運用などリスクを有する運用をしています。貸出を行う際に、「預金に数字を書き込む」と記載しましたが、仮にその貸出先の企業が返済できないということになると、資産サイドの価値はなく、当該銀行が債務超過に陥ることになります（この場合、預金を返済する原資がなくなることを意味します）。預金者がこれに不安を感じれば、一斉に引き出しに走る可能性があります（事実、読者も自分が預けている銀行が破綻する可能性があると感じたら現金を下ろすでしょう）。これを「取り付け」といいます。銀行業が特に脆弱であるのは、仮に銀行そのものが健全であったとしても、多くの人が何らかの理由で預金を一斉に引き出した場合、銀行は中長期で貸出や運用をしているがゆえ、その引き出しに対応できず、流動性不足により倒産してしまう可能性がある点です。

　取り付けは歴史的には多数発生しています。我が国の有名な事例は、1927年において、当時の大蔵大臣の失言により、東京渡辺銀行に起こった取り付けです。近年でも、例えば、2008年の金融危機や2023年における米国での銀行危機において取り付けは発生しています。

　我が国では、この脆弱性に対処するため、銀行に対し、その健全性を確保するための規制が課されており、これをプルーデンス政策といいます。具体的には、銀行が資産サイドでとりうる最大損失額を見積もったうえで、それ以上の金額を株式等の自己資本で調達しなくてはならないという規制が課されています。株式とは、そもそもリスクをとってよいと考えている投資家が購入するものですから（株式の投資家はリスクテイクをする一方で、高いリターンを求める点に注意が必要です）、その最大損失額が株式の投資家による投資分に収まるのであれば、安全な運営といえます。このように、十分な自己資本の調達を求めることを、バーゼル規制における「自己資本比率規制」といいます。バーゼル規制では、具体的には、銀行がとっているリスク量と紐づくリスクアセットを算出したうえで、「自己資本／リスクアセット」という形で自己資本比率を定義し、自己資本比率が一定以上になるよう規制をしています。

バーゼル規制と金利リスク

　バーゼル規制の全体像については、筆者が執筆した「バーゼル規制入門」（服部, 2022）に譲り、ここでは、国債の運用という観点から議論を深めます。実は、バーゼル規制では銀行が国債を運用したとしても、「自己資本比率」を計算するうえでその値が変化しないという設計がなされています。前述のとおり、「自己資本／リスクアセット」という自己資本比率に規制が課されているのですが、バーゼル規制上、国債は安全資産という取扱いがなされており、リスクアセット（自己資本比率の分母）は国債にいくら投資しても0とされるため、自己資本比率が低下しない制度になっています[1]。

　もっとも、同じ国債に1,000億円投資しているとしても、2年国債に1,000億円投資するのと、40年国債に1,000億円投資するのでは、金利リスクが全く異なります。したがって、バーゼル規制では、自己資本比率規制とは別途、金利リスクに対する規制を課しています。これを「銀行勘定の金利リスク規制」（Interest Rate Risk in the Banking Book, IRRBB規制[2]）といいます（「銀行勘定」が意味することは後述します）。

　現在のバーゼル規制は3つの軸で構成されており、「柱（pillar）」というバーゼル特有の言い回しが用いられます。いわゆる自己資本比率規制などは第一の柱として位置づけられており、「銀行勘定の金利リスク」に関する規制は第二の柱に位置づけられています。第二の柱とは、「金融機関の自己管理と監督上の検証」であり、第一の柱で捕捉できないリスクについて規制当局がモニタリングするものです。第三の柱は「市場規律」（情報の開示）であり、銀行に対して開示を求めることで市場規律を働かせることが企図されています。

　第二の柱に位置づけられる「銀行勘定の金利リスク規制」についても、基本的には、自己資本比率規制と同じ発想で規制が課されています。銀行は、

1　標準的手法では信用リスクアセットの額の算出にあたって、「与信等の額×所定のリスク・ウェイト」という取扱いがなされていますが、日本国債のリスクウェイトは0という取扱いがなされています。

2　IRRBBだけで「銀行勘定の金利リスク」に対する規制を意味することが多いのですが、IRRBBは「銀行勘定の金利リスク」そのものを指すため、本章ではIRRBB規制という表現を用いています。

金利が変化することにより損失を計上する可能性がありますが、その損失額に対して、リスクをとってよいと考える投資家から十分に資金調達をしていれば、安全な経営をしているといえましょう。そこで、バーゼル規制における金利リスク規制では、一定のルールに基づき算出した金利リスク量が、自己資本の一定程度（例えば20％）に収まっているかどうか、すなわち、

$$\frac{金利リスク量}{自己資本} \leq X$$

という規制が課されています。例えば、多くの銀行についてはX＝20％というルールが適用されていますが[3]、この場合、自己資本が1,000億円の場合、金利リスク量はその20％である200億円以下になるように抑えることが求められています。そのうえで、もし仮に金利リスク量が自己資本の20％を超えた場合、規制当局がワーニングを発するという運用がなされています。

　上記をまとめると、銀行は信用創造機能を有していますが、国債については上述の金利リスク規制が課されています。したがって、規制の観点で銀行による国債保有に制限が課されている点に注意してください。

銀行勘定の金利リスク

　ここからもう少し具体的にIRRBB規制について考えていきます。IRRBB規制では、「銀行勘定」と呼ばれる勘定に対して規制が課されています。銀行勘定とは、「伝統的な預貸金取引や投資有価証券取引等を行うための勘定」[4]と定義されており、短期的な売買差益の確保を目的に行うトレーディング勘定に対比した表現です。もっとも、実際には、短期的な国債の売買についても、銀行勘定として取り扱われることがあります（この場合、あくまでトレーディングではなく、ALM上の必要な調整の一環が短期的な売買にみえるという整理になっています）。また、有価証券運用において（資産サイドに係

3　海外に拠点を有する国際統一基準行の場合、自己資本の定義にTier 1資本を用いたうえで、「金利リスク／Tier1資本≦15％」というルールが採用されています。一方、そうではない国内基準行に対しては自己資本に対して、Xを20％としています。Tier 1の定義については服部（2022）などを参照してください。

4　佐藤（2007）のp.201を参照。

る）銀行勘定の金利リスクといった場合、実務家は会計区分である「満期保有目的の債券」と「その他有価証券」で保有する有価証券およびそれに係るスワップ[5]を指す傾向があります。

　筆者がまず強調したい点は、「銀行勘定における金利リスク」といった場合、「銀行の伝統的なビジネスに関し、資産サイドだけでなく、預金などの負債サイドも含めた金利リスクをみている」という印象を持つべきだということです。前述のとおり、金融機関は単に資産サイドだけでなく、負債サイドの金利リスクも考えてリスク管理をしています。そのため、資産サイドの年限（デュレーション）が長いからといって、直ちにバランスシート全体の金利リスクが大きいということにはなりません。銀行の場合、主に預金で調達しているがゆえ、負債サイドの年限が短い構造にありますが、例えば、仮に満期の長い定期預金ばかりで資金調達する銀行があれば、その銀行の負債サイドのデュレーションも長いだろうと予想できます。その意味で、銀行の有する金利リスクを正しく判断するには、資産サイドだけでなく負債サイドのデュレーションも考える必要があるわけです。

　図表6－3は、銀行が伝統的なビジネスを行う際、金利が上昇することに伴う銀行のバランスシートへの影響を示しています。金利が変化することによって、国債などの資産価格が変化することは既に説明しましたが（4章で説明したとおり、金利変化のデュレーション倍価格が動くわけですが）、仮に金利が上昇すると、右図のような形で資産および負債の現在価値が低下することになります。銀行は、基本的に資産サイドのデュレーションが負債サイドのデュレーションより長いため[6]、金利が変化した場合、資産サイドの価格の低下（図表では10％の下落）のほうが、負債サイドの価格の低下（図表では8.3％の下落）より大きく、金利の上昇により資本（図表では「資本の現在価値（経済価値）」に相当）が棄損することになります。

　逆にいえば、資産側と負債側のデュレーションが一致していれば、金利の

5　例えば、アセット・スワップなどで用いられる金利スワップは銀行勘定と整理されます。

6　後述のコア預金の考え方を取り入れた場合には、必ずしもこうなるとは限らない点に注意が必要です（下方パラレルシフトが最大のΔEVEを生むシナリオとなることもありえます）。

図表 6 - 3 金利上昇が銀行のバランスシートに与える影響

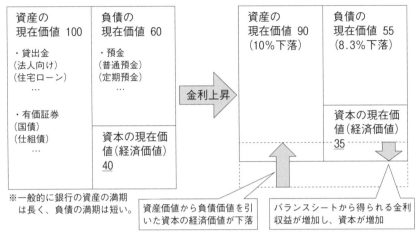

（出所） 金融庁資料より抜粋

（パラレルな）変化に伴う資産と負債の変化は同額になりますから、図表 6 - 3 における資本の現在価値に変化はないということになります。実際には、資産と負債のデュレーションが完全に一致するということはほとんどありませんが、資産と負債のデュレーションのミスマッチから発生するバランスシートの変化に対して、当該銀行が十分な自己資本で調達していれば、金利リスクに対して健全な対応がなされていると解釈することができます。

IRRBB規制では「金利リスク量／自己資本」を一定以下にするよう規制が課されていると説明しましたが、この「金利リスク量」は図表 6 - 3 における資本の現在価値の変化額（金利上昇に伴う自己資本の減少額）に相当します[7]。IRRBB規制ではこの額を金利リスク量としており、ΔEVE（Economic Value of Equity）と呼んでいます（実務家は「デルタEVE」と呼びます）[8]。なお、どのような金利シナリオを想定するかで金利リスク量は異なってきますが、IRRBB規制では 6 つの金利シナリオを用いて金利リスク量を算出し、

---

7 ΔEVEは、銀行勘定の金利リスクのうち、金利ショックに対する経済的価値の減少額として計測されるものと定義されます。

8 IRRBB規制では、ΔEVEだけでなく、ΔNII（Net Interest Income）という概念も用いられていますが、この詳細を知りたい読者は服部（2021a）を参照してください。

その中でも最も大きな金利リスク量を用いるとしています[9]。

銀行の負債サイドのデュレーションの推定：コア預金の考え方

　前述のとおり、銀行勘定の金利リスクとは資産と負債に係る金利リスクでしたが、預金のデュレーションはどのように考えればよいでしょうか。例えば、定期預金のように、年限が決まった預金はデュレーションの算出が簡単ですが、問題はすぐに引き出すことができる預金（流動性預金）の取扱いです。実は銀行の預金の大部分は流動性預金であり、ここのデュレーションの算定が負債サイドのデュレーションを見積もるうえでのポイントになります。素朴に考えれば流動性預金はいつでも引き出すことができるため、デュレーションは0と考えることもできます。しかし、実際にデータをみると、たとえ金利が上昇したとしても直ちに預金が引き出されることはなく、その意味で、流動性預金はある程度の期間滞留する預金とみることもできます。

　バーゼル規制における金利リスク規制では、「コア預金」と呼ばれる概念を導入してこの預金のデュレーションを考えます。コア預金とは「明確な金利改定間隔がなく、預金者の要求によって随時払い出されうる預金のうち、実態としては引き出されることなく長期間銀行に滞留する預金」[10]と定義されています。バーゼル規制の第二の柱では、コア預金を一定の計算式で推定することで、そのデュレーションを算出しています。本章ではコア預金の詳細については立ち入りませんが、バーゼル規制のルールではコア預金を算出するうえで、シンプルな方法（標準的手法）とモデルを使ってデュレーションを推定する方法（内部モデル法[11]）が用いられています[12]。実際には標準的手法と内部モデル法を用いている銀行が併存しているのですが、コア預金の詳細を知りたい読者は日本銀行（2011）などを参照してください。

9　具体的には、⑴上方パラレルシフト、⑵下方パラレルシフト、⑶フラット化（短期金利上昇＋長期金利低下）、⑷スティープ化（短期金利低下＋長期金利上昇）、⑸短期金利上昇、⑹短期金利低下、というカーブの変化を想定しています。この詳細を知りたい読者は服部（2021a）を参照してください。

10　佐藤（2007）のp.205を参照。

11　実務的には、伊藤・木島（2007）のモデル（いわゆるAA-Kijimaモデル）などが用いられています。

銀行の金利リスクテイクの実態

円債市場の投資家は、我が国の国債市場において、銀行のプレゼンスが高いことから、銀行の金利リスクテイクについて細かく分析しています。市場参加者の中で注目を集めているものの1つが、日銀による金融システムレポートです。日銀は、金融システムの安定という観点から銀行のリスクテイクについてモニタリングしており、金融システムレポートを通じて半年に一度、銀行セクターの動向が発信されています。日銀による金融システムレポートは、各種分析が充実していることから、市場参加者の中でも大変注目が高いレポートといえます。

図表6－4が金融システムレポートで示される、大手行・地域銀行・信用金庫が保有する国債の平均残存期間（≒デュレーション）の推移です。図表6－4には、貸出・債券および調達サイドの年限が記載されていますが、どの業態でも調達サイドより資産サイドのデュレーションが長く、期間のミス

図表6－4　業態別の円建て資産・負債の平均残存期間

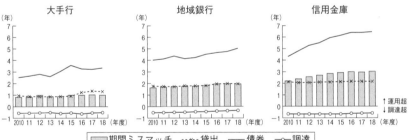

(注)　1.「期間ミスマッチ」は資産と負債の平均残存期間の差。資産の平均残存期間は、貸出、債券、金利スワップ受分の加重平均値。負債の平均残存期間は、調達、金利スワップ払分の加重平均値
　　　2. 2018年度の計数は2018年12月末の値
(出所)　日本銀行

12　金融庁の指針では、「銀行が、銀行勘定の金利リスクを計測する際には、重要性に応じて、いわゆる行動オプション性（流動性預金の滞留、固定金利貸出の期限前返済、定期預金の早期解約、個人向けの金利コミットメントラインの実行等、金利変動に対する顧客の必ずしも経済合理性のみに基づかない行動変化がキャッシュ・フローに与える影響）を、内部モデルの使用又は保守的な前提の反映により適切に考慮することを求めるものとする」としています。

マッチが拡大していることがわかります。このため、各業態の平均でみれば、ALM上、デュレーションは完全にマッチされておらず、一定程度、金利リスクをとっていることがわかります（バーゼル規制では、金利リスク量が自己資本の一定割合以内に収まるように要請しており、デュレーションのミスマッチをゼロにするよう要請しているわけではない点に注意してください）。また、この図表からは大手行が有する債券の年限は、おおよそ3年程度、地域銀行は5年程度、信用金庫は6年程度と、規模が小さくなるごとに金利リスクを増やしている点も確認できます。

　円債市場の投資家は、個別行の金利リスクテイクについても分析しています。メガバンクを中心とした大手行の影響は特に大きいがゆえ、ディスクロージャー誌やインベスター・リレーションズ（IR）資料などを通じて、国債やスワップのポジション等に加え、どの程度、デュレーションを伸ばしているかなどが注目されます。後述する生命保険会社の場合、そもそも株式会社でなく相互会社である主体も多く、開示に制限があります。しかし、上場している株式会社形態をとっている銀行や生命保険会社の場合、株主への情報開示を積極的に行っており、決算資料やIR資料などを通じて、これらの主体がどのような投資を行っているかについて分析が可能です（IR資料の開

図表6-5　投資家の売買を把握するためのデータ・資料

データ	特　　性	短　　所
金融機関決算資料	主に6か月ごと。年限別の国債保有残高等主要参加者の期末時点でのポジションがおおむね把握可能。	公表時期は2か月程度経過後。
投資家別売買動向	毎月。前月の流通市場における各主体の売買動向が把握可能。	発行市場データを含めないことから主にメガバンクについては不十分。
対内対外証券投資	週次データ。本邦に対する海外からの証券投資動向が把握可能。	データの振れが大きいため、ならしてみる必要がある。

（出所）　三菱東京UFJ銀行円貨資金証券部（2012）

示度合いは各行によって異なる点に注意してください）。

　このような個別の開示資料に加え、円債市場の投資家は、日本証券業協会が公表する投資家別売買動向、財務省が公表する対内対外証券投資を参照しています。図表6－5は、こうした場合に使われるデータ・資料の一覧です。

....

BOX 1

日本国債の会計処理：アモチ・アキュム

　金融機関にとって、国債に投資する際の会計処理は非常に大切です。例えば、金融機関によっては、国債の運用から得られる利益が、利息収入であるか、あるいは、売却益であるかを気にすることも少なくありません。したがって、円債市場の参加者は国債や金利デリバティブが会計上どのように取り扱われるかを細かく理解しています。

　特に重要な点は、日本の金融商品会計が保有目的区分別でその処理が異なる点です。銀行が国債に投資する際は、主に「満期保有目的の債券」および「その他有価証券」が用いられています[13]。「満期保有目的の債券」は、売買ができないものの、時価評価の必要がないという特徴を有しています（「満期保有目的の債券」で保有したにもかかわらず売却した場合は「満期保有目的の債券」が一定期間使えないというデメリットを有しています）。「その他有価証券」では時価評価がなされますが、この場合、損益計算書には影響を与えず（PLヒットせず）、資本直入となります。銀行はその目的に応じて保有目的区分を使い分けていますが、ALMの一環で売買することが可能になるなどを理由に、「その他有価証券」が相対的に多く利用されています。

　取得した国債の原価については、「満期保有目的の債券」および「その他有価証券」のどちらにおいても、償却原価法が用いられます。償却原価法のイメージは、国債の原価を、時間を通じてスムーズに100円へと調整していく方法です。例えば、ある銀行が単価80円の10年国債を購入したとしましょう。この場合、満期である10年後には100円になりますが、10年後に20円の

13　生命保険会社の場合、これに加え、「責任準備金対応債券」も用いられています。

利益が生まれるという処理ではなく、毎年、2円分の利息収入が得られるとともに、2円ずつ原価が上がるという会計処理がなされます（1年後、80円の国債の原価は82円、2年後は84円と調整されます）。もちろん、図表6－6に記載しているとおり、国債の時価（単価）はその時の需給等に応じて変化するのですが（この図の動きはあくまで一例である点に注意してください）、その原価については80円からスムーズに調整して最後に100円になるという処理がなされます。

　このような調整をアモチゼーション（アモチ）あるいはアキュムレーション（アキュム）といい、市場参加者はまとめてアモチ・アキュムという表現を使います。例えば、先ほどの事例でいえば、80円の10年国債を購入した場合、1年間で2円分の利息収入がアキュムとして計上されます（逆に、100円を超えるオーバー・パーの国債を購入した場合、アモチ効果が発生する点に注意してください）。

　なお、オーバー・パーの債券はアモチ効果が発生するのですが、特にアモチ効果が大きいオーバー・パーの債券をアモチ玉といいます（かつて発行した際、その利率が高く、その後、金利が下がっていることから単価が大きく100円を上回っている状況です）。アモチ玉は四半期末や年度末に売買がなされると指摘されます。

図表6－6　償却原価法のイメージ

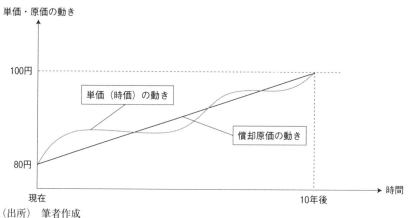

（出所）　筆者作成

128

ここでは会計処理について最低限の説明をしましたが、詳細は金融商品会計のテキストを参照してください。

▌ 6.3　生命保険会社

保険ビジネスとは

保険会社のビジネスは、私たちが日々直面するリスクの補償（ヘッジ）を提供することといえます。私たちにとって身近な保険サービスには、例えば自動車保険がありますが、自動車保険とは、私たちが保険料をあらかじめ支払うことで、事故があったときに補償を受けられるという商品です。これは私たちが、保険料を払うことで、自動車の運転から発生する経済上のリスクをカバーしていると解釈されます。1章では金融の役割として、「資金融通」を紹介しましたが、保険を通じたリスクの管理（移転）は、資金融通に劣らぬ重要な機能といえます。

自動車保険の例をあげましたが、保険は大きく分けて生命保険と損害保険に分けられます。リスクの管理（移転）という観点でみると、生命保険は、人の生死に係るリスクを管理する金融サービスといえます。生命保険の代表例が死亡保険ですが、例えば、ある人が亡くなった場合に、その家族などが一定の保障を受けられるという金融商品です。その一方、損害保険の代表例は自動車保険や火災保険であり、保険料を支払うことで事故があったときの補償を受けられるという商品です。

以下では保険ビジネスの概要を考えるため、身近な自動車保険について、もう少し具体的に考えます。図表6－7が保険ビジネスのイメージですが、まず、自動車保険の加入者が一定の保険料を支払い、保険会社は加入者から受け取る保険料をプールします。加入者の一部が事故にあうため、プールしたお金を原資に、事故にあった人に保険金を支払います。

重要な点は、事故にあう人の割合は、保険に加入する人数を増やすほど、統計的に取り扱いやすい数字になる点です。具体的には、加入者が多くなれば、加入者の○○％は事故にあうという見込みが立ち、したがって、その保険金を支払うために、加入者に事前にどのくらいの保険料を求めればよいか

図表6-7　保険会社のビジネスのイメージ

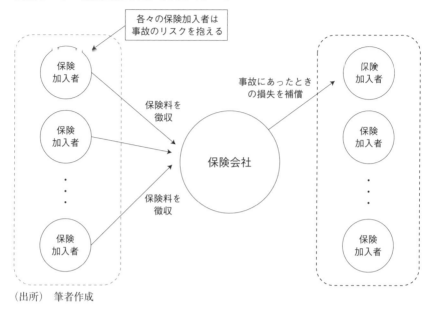

（出所）　筆者作成

という見積もりができます。このような観点でいえば、保険とは統計を用い
たビジネスともいえます（保険ビジネスにはいわゆる逆選択やモラルハザード
といった経済学で習う問題もあるのですが、この点はミクロ経済学のテキストに
譲ります）。

生命保険会社におけるALM

　以上が保険ビジネスのイメージですが、本書では超長期国債の運用という
観点から、生命保険会社に焦点を当てます。というのも、生命保険は後述す
るとおり、その契約が長くなることから、それを提供する生命保険会社の負
債サイドの年限は構造的に長くなります。したがって、ALMの観点では資
産側に年限の長い債券を保有する必要性が生まれます。このことは、自動車
保険のような、契約期間の短い保険にはない特性です（もっとも、日本の損
害保険会社はグループ傘下に生命保険会社を有していることが少なくない点にも
注意が必要です）。

例えば、生命保険の代表例は死亡保険ですが、死亡保険とは、ある人が亡くなった場合、その家族が支障なく生活を継続できるよう、保険会社が保険金を支払うことでその保障をする機能を有しています。また、生命保険会社が取り扱う商品として、年金もあります。年金とは、私たちが高齢になった場合に保険金をもらう商品ですが、想定以上に長生きした場合、より多くの支出が必要になります。年金は、その加入者からみれば、その長寿に伴う支出を保証するという観点では、長寿に伴うリスクに対処する商品ともいえます。

このように生命保険会社が取り扱う商品は、生死や長寿などに関するリスクに対処する商品であることから、その特性上、生命保険の特徴は、加入者が若い時に保険に入り、高齢時に恩恵を受ける傾向が強い商品になります。加入者が歳をとってから保険金をもらえるということは、生命保険会社からすると、数十年後に支払いをする必要がある負債を有するということになります。したがって、生命保険会社の負債サイドの年限はそのビジネスの構造上、長くなります。

大切なことは、保険会社は、保険料に対して一定の利回りを前提とした保険金の計算をしており、それを達成するべく運用をしているということです。したがって、生命保険会社はALMの観点から、負債サイドの支払いに対して、損失が発生することを防ぐべく、資産サイドの年限を合わせるようなリスク管理をする必要が生まれます。

仮に、資産と負債サイドの年限がずれた場合、どういうことが起こるでしょうか。例えば、ある生命保険会社が短期債中心に運用していたとして、金利が長い間、低下することを想定します。現時点が高金利環境とすれば、生命保険会社は、今の契約者に、負債サイドで高い金利の運用を前提とした高額な保険金[14]の約束をすることになります。一方、資産サイドでは短期債に投資しているため、数年後、短期債は償還し、再度投資する必要があります。しかし、金利が低下していく状況では、再投資したときの国債の金利は

14　一般的には保険金額を所与（必要額）として考えるため、「高い予定利率で割引を行い、低廉な保険料を約束する」というほうが実態には即していますが、ここではわかりやすさを重視した説明をしています。

低くなり、金利が低下する前の利回りを得ることができません。このような状況では、資産サイドに対して負債サイドの支払いが大きい逆ザヤの状態になります。

　その一方で、仮に資産サイドと負債サイドのデュレーションがマッチしていれば、負債サイドでは、契約者に高い金利を前提とした保険金の支払いをするところ、同じ年限の債券を運用することで、同じ金利環境下で、資産からの収益と負債に伴う費用を固定することができます（この場合、前述のような再投資の必要性がありません）。このことは将来の金利の変化に伴い、逆ザヤが生まれる状況を防げるという意味で、リスク管理がなされている状態といえます。

生命保険会社のデュレーションの推移

　このように、生命保険会社にとって、金利リスクの管理において資産サイドと負債サイドのデュレーションのマッチングが重要であることがわかりますが、ここから実際の生命保険会社のデュレーションをみてみましょう。図表6－8は生命保険会社における資産および負債のデュレーションの推移を

図表6－8　生命保険会社における資産・負債デュレーションとデュレーション・ミスマッチ

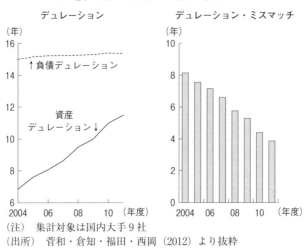

（注）　集計対象は国内大手9社
（出所）　菅和・倉知・福田・西岡（2012）より抜粋

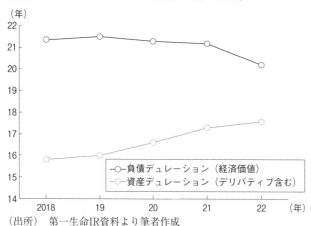

図表 6 - 9　デュレーションの推移（第一生命）

（出所）　第一生命IR資料より筆者作成

示していますが、2000年代前半は負債サイドのデュレーションは15年程度である一方、資産サイドのデュレーションは7年程度であり、その両者は大きく乖離していました。その後、生命保険会社に対する規制などが変化する中、資産サイドのデュレーションが伸びることで、デュレーション・ギャップが縮小していきます（ソルベンシー・マージン規制が導入されたのが1996年ですが、生命保険会社への規制は後述します）。

　デュレーション・ギャップの縮小傾向は、その後も続いています。例えば、図表 6 - 9 は第一生命のデュレーションの推移になりますが、この図をみると、デュレーション・ギャップは近年も縮小傾向にあることがわかります。近年のデュレーション・ギャップの縮小は、規制変化による要因が大きいのですが、その点については後述します。

デュレーション・ギャップの縮小と国債の投資

　上述のとおり、生命保険会社はデュレーション・ギャップを縮小させてきましたが、その重要な要因は超長期国債への投資です。図表 6 - 8 や図表 6 - 9 をみても、負債サイドのデュレーションは比較的安定しているため、デュレーション・ギャップを埋めていったのは資産サイドの長期化だと考えられます。

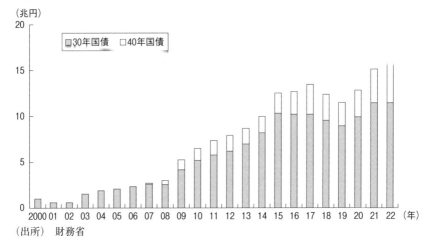

図表6－10　30年国債と40年国債の発行推移

(兆円)

凡例：■30年国債　□40年国債

(出所)　財務省

　生命保険会社が資産サイドのデュレーションを伸ばすのに軌を一にして、財務省も超長期債の発行を増加させていきました。国債発行計画については7章で説明しますが、財務省は生命保険会社などとコミュニケーションをしながら、超長期国債のニーズを把握したうえでその供給量を決定しており、生命保険会社による超長期国債の需要が多い場合、超長期国債を発行するインセンティブが高まります。図表6－10が財務省の30年・40年国債の発行額の推移になりますが、生命保険会社のデュレーションの長期化と同様、2000年以降、超長期国債の発行が増えていることもわかります（ストックおよびフローの観点で国債の平均償還年限が上昇していることは7章で取り上げます）。

規制要因：経済価値ベースのソルベンシー規制

　前述のとおり、生命保険会社は2000年以降、資産と負債のデュレーションのマッチングを進めてきましたが、近年、生命保険会社は規制対応という観点でもALMを強化しています。歴史的には、生命保険会社の健全性を確保するため、1996年に、ソルベンシー・マージン規制が導入されました（ソルベンシー・マージンとは「支払余力」を意味します）。ソルベンシー・マージン規制は、バーゼル規制と同様、保険が有するリスクに対して、一定の自己資

本を求めており、ソルベンシー・マージン比率が低下してきたら、金融庁が
ワーニングするなどの仕組みがとられています。

　現在の制度の特徴は、資産サイドの有価証券の多くは時価評価される一
方、負債サイドの多くは、時価評価がなされない点です（保険商品の場合、
将来の保険金支払いに備えるために、収入保険料の一部を積み立てておくことで、
保険金を安定して支払えるようにしています[15]）。したがって、時価が動くこと
により、資産サイドが変化する一方、負債サイドの変化は起こらないことか
らソルベンシー・マージン比率が変化します（このメカニズムの具体例は後述
します）。

　その一方、今後導入が予定されている経済価値ベースのソルベンシー規制
では、資産および負債を経済価値で評価（すなわち、時価など市場価格に整合
的な手法で資産や負債を評価）し、その差額を経済価値ベースの自己資本とし
たうえで、経済価値ベースのリスク量で割ることでソルベンシー比率
(Economic Solvency Ratio, ESR)[16]を算出します。国際的には、生命保険会社
の規制を設定する主体である保険監督者国際機構（International Association
of Insurance Supervisors, IAIS）においても経済価値ベースの普及の議論が進
み、日本でもその検討が加速しました。我が国では、経済価値ベースのソル
ベンシー規制を導入するためのフィールドテストを継続的に行っており、
2025年度にESRの導入が予定されています。

　ここで、経済価値ベースのソルベンシー規制が入った場合、生命保険会社
による国債の運用に対してどのような影響を与えるかを考えます。まず、
デュレーション・ギャップがある状況で、経済価値ベースのソルベンシー規
制が入っていない場合を考えます（図表6－11の左図を参照）。この場合、有

15　このような負債を「責任準備金」といい、保険業法で責任準備金の積立が求められて
　います。責任準備金については下記などを参照してください。
　https://www.seiho.or.jp/data/publication/tora/pdf/tora_2.pdf
16　ESRの分子に近い概念として、EV（エンベディッド・バリュー）という概念があり
　ます（割引率の設定など細かい点は異なるものの類似した概念です）。ESRは本文で説
　明したとおり、規制上で用いられる概念である一方、EVは企業価値を示す経営指標の
　1つであり、決算開示などで用いられると整理されることもあります。本章ではESRの
　みに焦点を当てていますが、実際には保険経営をみるうえでESRが用いられていること
　がある点にも注意してください。

図表 6 −11　生命保険会社のバランスシート：現状

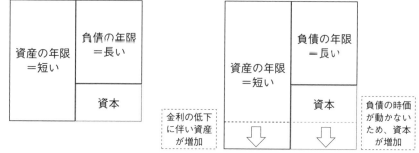

（出所）　筆者作成

図表 6 −12　生命保険会社のバランスシート：経済価値ベースの規制導入後

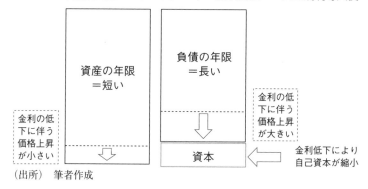

（出所）　筆者作成

価証券を「その他有価証券」で保有すると、資産サイドは時価評価されます（「その他有価証券」についてはBOX 1 を参照）。その一方、負債サイドは前述のとおり、現行では時価評価がされません。したがって、図表 6 −11の右図のように、金利が低下すると資産サイドが増加するにもかかわらず、負債の時価は変わらないため、自己資本が増加します。

　一方、経済価値ベースの規制が導入された場合、負債と資産がどちらも時価評価されることになります。したがって、図表 6 −12のように資産と負債のデュレーションが異なると、金利が低下することで、（デュレーションの長い）負債サイドは大きくなる一方、（年限の短い）資産サイドはそれほど大きくなりません。その結果、資本が圧縮されることになります。

このように経済価値ベースの規制が導入されると、負債サイドも時価評価されることにより、生命保険会社の自己資本にマイナスの影響をもたらす可能性があります。前述のとおり、生命保険会社は2000年以降、デュレーション・ギャップの縮小に努めていますが、ESRの導入に備え、資産サイドと負債サイドのデュレーション・ギャップを縮小させるための努力をより一層しているといえます。

金利変化に伴いESRがどのくらい変動するかについては、金融庁がフィールドテストを実施しています。図表6−13が金融庁のフィールドテストをまとめたものです。この図表は円金利50bps上昇あるいは円金利50bps低下に対してどの程度ESRが動くかを示していますが、生命保険会社の感応度をみると、その値が低下していることがわかります。また、損害保険会社の場合、そもそも金利リスクをとっていないことも確認できます。

このように円金利の感応度をみる限り、生命保険会社のALMの管理は一定の進展をみせているといえます。その一方、現時点でも一定の感応度が残っていることから、超長期国債の購入などにより今後もリスク管理が進む可能性もあります。住友生命は2019年3月8日における「国の債務管理の在り方に関する懇談会」で、「生命保険会社の負債の大部分は、残存期間が非常に長い保険契約準備金であり、この保険契約準備金に対して超長期国債等の買入れによるALMを進めてきたものの、依然として資産と負債の年限および金額のミスマッチ（＝金利リスク）が残っている」としており、「金利リスクは生命保険会社の主要なリスクであり、安定的で良好なESRの確保には金利リスクを抑制していく必要がある」としています。その意味で、今後、

図表6−13　金融庁フィールドテスト：円金利の感応度

	シナリオ	2018年	2019年	2020年	2021年
生保	円金利50bps上昇 円金利50bps下降	＋31pt ▲43pt	＋28pt ▲40pt	＋22pt ▲30pt	＋11pt ▲19pt
損保	円金利50bps上昇 円金利50bps下降	＋0pt ▲2pt	＋0pt ▲2pt	＋0pt ＋0pt	▲1pt ＋0pt

（出所）　金融庁

どれくらい超長期国債の発行が進むかを考える際には、生命保険会社の超長期国債の購入意欲がALMの観点でどの程度残されているかを見極めることも大切だといえましょう。

BOX 2　保険商品が有するコンベクシティ・リスク

　2010年以降、生命保険会社は一時払終身保険（保険料を契約時にまとめて1回で支払う終身保険）の販売を加速させました。生命保険会社からみると、一時払終身保険は金利が大きく上昇すると保険の加入者が解約するリスクが高まりますから、金利が上昇することにより、急に負債サイドのリスク量が低下する可能性を有します。このことをコンベクシティ・リスク[17]といいます（コンベクシティとは金利リスク量（デルタやDV01）が金利に依存することですが、コンベクシティは金利リスクについて取り扱った4章で説明しました）。実際、一時払終身保険の販売が増えたことにより、生命保険会社が有する負債サイドにおける金利リスク量が金利水準に依存する構造が増え、このリスク管理の対応が話題になりました[18]。

　例えば、負債サイドのコンベクシティ・リスクが大きいとしましょう。この場合、仮に現在、資産サイドと負債サイドにデュレーション・ギャップがなかったとしても、金利が低下していくと、負債サイドのデュレーションが長くなります。したがって、生命保険会社はデュレーションだけでなく、コンベクシティ・リスクの管理も求められています。コンベクシティ・リスクのヘッジ方法として、例えば、スワップションを用いた方法があります。スワップションとは、金利スワップのオプションになりますが、詳細を知りた

---

[17]　コンベクシティと呼ばれているものの中には、4章で説明した金利と価格の非線形性だけでなく、キャッシュ・フローにオプション性があるため生まれるコンベクシティがあります。保険のテキストでは後者について「動的解約オプション」などと表現されることも少なくありません。

[18]　生命保険の場合、そもそも期間が長いことに加え、キャッシュ・フローが様々な時点で発生するために、同じデュレーションでも（解約等のオプション・補償性がないとしても）、キャッシュ・フローが（相対的に）満期に偏っている国債などと比べるとコンベクシティが大きいという特徴があり、このこともコンベクシティ・リスクを上昇させています。詳細は服部（2020）を参照してください。

い読者は筆者が執筆した「債券（金利）オプション入門─スワップションについて─」（服部, 2021b）を参照してください。

6.4　年金基金およびアセット・マネジメント

GPIFとインデックス投資

　本章では銀行と生命保険会社に焦点を当てましたが、国債を運用しているその他の主体についても話題になることがあります。その代表例がGPIFですが、そもそもGPIFとは、公的年金の積立金の管理・運用を行う主体です。日本の公的年金は修正積立方式と呼ばれており、人口構成等の関係から多大な積立金が存在します。我が国における年金資産はおおよそ450兆円程度[19]であるところ、GPIFの運用規模は、2022年時点で200兆円強であり、年金基金の半数弱がGPIFの運用になります。GPIFは世界最大規模を誇っており、国債市場で年金基金の運用が話題になる場合、GPIFによる運用を指していることがほとんどです。

　GPIFの運用において重要な点は、アベノミクス以降、基本ポートフォリオの見直しがなされた点です。アベノミクス以前は、基本ポートフォリオの主軸が円建て債券でしたが、アベノミクス以後は、株式や外債の割合が大幅に増えました。例えば、基本ポートフォリオの見直し以前は、GPIFの運用における国内債券の割合は60％でしたが、2014年以降は、一定のレンジを設けているものの、円債の割合は25％になりました。その意味で、GPIFによる国債市場のプレゼンスは低下していると評価することもできます。

　また、GPIFの運用の重要な特徴として、パッシブ運用が主体になっている点もあげられます。そもそも運用会社の運用方法は、アクティブ運用とパッシブ運用に分けられます。アクティブ運用とは、ポートフォリオ・マネージャーが積極的に投資先をセレクションし、ベンチマークを上回るパフォーマンスを目指す運用方法です。その一方、パッシブ運用とは、ベンチマークに対してニュートラルな運用をしてベンチマークのリターンを再現す

19　ここでの数字は2022年3月時点における資金循環統計を参照しています。

るような運用方法です（運用に係るコストが抑えられる点も特徴です）。GPIF
の国内債券についてはパッシブ運用の割合は8割弱であり、大部分がパッシ
ブ運用といえます。

　アクティブ運用もパッシブ運用も、そのベンチマークは野村BPI（野村ボ
ンド・パフォーマンス・インデックス）です[20]。野村BPIは、円債金利につい
て最も普及しているインデックスであり、我が国で発行された公募固定利付
債券の流通市場全体の動向をとらえる指数です[21]（野村BPIの詳細はBOX 3を
参照してください）。GPIFは野村BPIをインデックスとして用いていることか
ら、野村BPIのデュレーションがGPIFのデュレーションの目線になってい
ます（現在のデュレーションはおおよそ10程度ですが、その値は変化する点に注
意してください）。もっとも、デュレーションにおいてBPIをトラックしてい
るとはいえ、あくまでそこに目線があるだけであり、デュレーションの長い
超長期国債に投資することもある点に注意してください。

　GPIFの運用については、株価上昇などによるリバランスも話題になるこ
とが少なくありません。GPIFを含む年金基金は、株式と債券のウェイトを
一定程度とする傾向があることから、例えば、株価が大きく上昇した場合、
ポートフォリオに占める株式のウェイトが増えることになります。したがっ
て、株価が上昇することに合わせて、一定のリバランス・ルールに基づき、
株式を売り、債券を買うというリバランスのための投資が必要になります。
GPIFの場合、ポートフォリオそのものが巨大であることに加え、株価上昇
や下落に伴うリバランスは、GPIFを含む年金基金に共通して発生して起こ
ることから、売買が同じ時期に、そして一方向になります。したがって、こ
のフローがマーケットに影響を与えると指摘されることも少なくありませ
ん。

　なお、物価連動国債はしばしばインフレヘッジのため、年金基金が運用し

20　GPIFが運用を委託している運用会社は、GPIFのウェブサイトで公表されています。
　　また、GPIFでは多くの運用が委託運用されていますが、どのインデックスをトラック
　　しているかも公表されています。
21　ここでの説明は野村BPIの資料を参照しています。詳細は下記の「インデックス構成
　　ルールブック」を参照してください。
　　http://qr.nomura.co.jp/jp/bpi/docs/NOMURA-BPI_RuleBook_202303J.pdf

ていると指摘されますが、GPIFは2兆円程度、物価連動国債を保有しています（円債運用の5％程度に相当します）。

その他年金基金のポイント

　ここまでGPIFにのみ焦点を当てましたが、その他の年金基金ももちろん国債を保有しています。年金運用そのものは、主に公的年金と企業基金に分かれますが、前者の規模が約280兆円であり、そのうち国債の運用規模は45兆円程度になります。一方、企業年金の運用規模は約130兆円であり、そのうち国債は21兆円になります。このように、年金による国債運用の額そのものは小さくありませんが、GPIFとは異なり、個別の年金基金の運用が話題になることは少ない印象です。

　これらの年金基金の多くはパッシブ運用をしており、そのデュレーションについてもBPIのデュレーションが目線になっています。また、BPIが月末に更新されることから、年金基金などBPIをトラックする主体は、月末にBPIのデュレーションに合わせるための投資がなされると実務家は解釈しています。BPIのデュレーションの伸びは、月によって異なり、特に、2・5・8・11月末の入替が大きいことから、このタイミングで年限を伸ばすことを「ビッグエクステンション」と表現します。

アセット・マネジメントの運用

　GPIFや他の年金基金の運用委託という観点では、アセット・マネジメントがその役割を担っています。年金基金と同様、アセット・マネジメントも、BPIなどのベンチマークを設定し、それと連動するパッシブ型あるいはアクティブ型プロダクトが主体です。そのため、BPIの年限が目線になりますが、アセット・マネジメントについても、超長期年限まですべての年限の国債を主要な投資対象としています。

　BPIなどをベンチマークとしているということは、アセット・マネジメントの取引のスタート時点は、ベンチマークと同じ構成の国債を保有している状態といえます。アクティブ運用の場合、見通しなどに応じて、対ベンチマークで特定の銘柄をアンダー・ウェイトやオーバー・ウェイトすることに

なります。具体的な戦略はファンドごとに異なりますが、デリバティブを用いないロングオンリーファンドの場合、銘柄を非保有にすることが、いわば最大のショート・ポジションともいえます。その一方で、ファンドの中には、国債先物、金利スワップなどを利用し、一定程度ショートのポジションを作ることもあります。その意味で、銀行・生命保険会社・年金基金に比べ、様々な年限について、相対的に柔軟な運用を行っているという側面があります（年金基金の場合でも、ショートではなく、ベンチマークに対してアンダー・ウェイトとなる運用等により、一定程度のアービトラージを行います）。

BOX 3　野村BPIと日本国債

　本章で説明したとおり、円債市場において最も普及している債券インデックスは野村BPIになります。図表6－14が野村BPIの体系図であり、そのサブインデックスとして国債も存在しています。パッシブの運用にあたっては、「NOMURA-BPI総合指数」が広く活用されていますが、セクター別（国

図表6－14　NOMURA-BPIの体系図

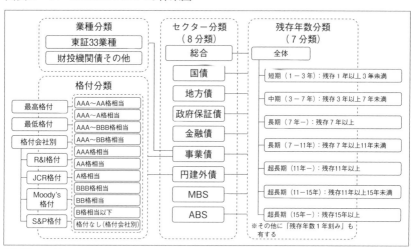

（出所）　野村フィデューシャリー・リサーチ＆コンサルティング株式会社「NOMURA-BPI
　　　　インデックス構成ルールブック」（2023年3月30日）

図表6－15　NOMURA-BPI総合の組入基準

採用基準項目	NOMURA-BPIに含められる債券
発行形態	国内発行の公募債券
通貨	円貨
クーポン	固定
残存額面	10億円以上
残存年数	1年以上
格付	格付基準なし（国債、地方債、政府保証債、金融債）、 A格相当以上（事業債、円建外債、MBS、ABS）
新規発行銘柄の 組入タイミング	国債：確定日までに発行される銘柄 金融債：確定日の前々月末日までに発行される銘柄 その他：確定日の前月末日までに発行される銘柄

（出所）　野村フィデューシャリー・リサーチ＆コンサルティング株式会社「NOMURA-
　　　　BPIインデックス構成ルールブック」（2023年3月30日）

債、地方債、政府保証債、金融債、事業債、円建外債、MBS、ABS）や残存年数
別にもインデックスが作られており、市場参加者は様々なインデックスの活
用が可能になっています。

　野村BPIの採用の基準は、図表6－15のとおりですが、日本国債について
は「残存1年以上」となっていることから、Ｔビル（国庫短期証券）が含ま
れていません。また、固定債が対象になっていることから、変動利付債と物
価連動国債は対象になっていない点に注意してください。

〈参考文献〉
1．池尾和人（2010）『現代の金融入門【新版】』筑摩書房.
2．伊藤優・木島正明（2007）「銀行勘定金利リスク管理のための内部モデル
　　（AA-Kijima Model）について」『証券アナリストジャーナル』45（4）, 79-92.
3．佐藤隆文（2007）『バーゼルⅡと銀行監督—新しい自己資本比率規制』東洋経
　　済新報社.

4．菅和聖・倉知善行・福田善之・西岡慎一（2012）「わが国生命保険会社のバランスシート構造と国債投資」『日銀レビュー』2012-J-16.

5．服部孝洋（2020）「コンベクシティ入門—日本国債における価格と金利の非線形性—」『ファイナンス』661, 66-75.

6．服部孝洋（2021a）「銀行勘定の金利リスク（IRRBB）入門—バーゼル規制からみた金利リスクと日本国債について—」『ファイナンス』667, 60-69.

7．服部孝洋（2021b）「債券（金利）オプション入門—スワップションについて—」『ファイナンス』669, 49-60.

8．服部孝洋（2022）「バーゼル規制入門—自己資本比率規制を中心に—」『ファイナンス』683, 28-39.

9．服部孝洋・日本取引所グループ（2022）「国債先物オプション入門」

10．日本銀行（2011）「コア預金モデルの特徴と留意点—金利リスク管理そしてALMの高度化に向けて—」BOJ Reports & Research Papers.

11．三菱東京UFJ銀行円貨資金証券部（2012）『国債のすべて—その実像と最新ALMによるリスクマネジメント』金融財政事情研究会.

第 **7** 章

国債発行計画と債務管理政策

▊ 7.1 　はじめに

　6章では銀行と生命保険会社などを軸に国債の投資家について説明をしましたが、本章では、日本国債の供給面に焦点を当てて、日本国債市場を考えていきます。日本政府は毎年年末に、翌年度の国債発行額や年限に関する計画を公表しますが、これを「国債発行計画」と呼びます。我が国における国債発行量は右肩上がりであり、直近の発行額は年間100兆円を超える規模になっています。そのため、年末に発表される国債発行計画は、国債市場において注目度が高いイベントになっています。

　日本政府は、翌年、どの程度歳出するか、あるいは、税制の改正を踏まえてどの程度の歳入が見込めるかを考えたうえで、国債発行額を決める必要があります。図表7－1は2023年度における日本の一般会計の歳出と歳入を示

図表7－1　日本における一般会計の歳出と歳入（2023年度）

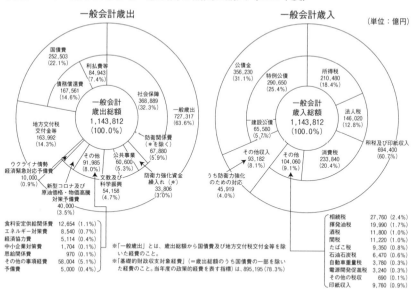

（注1）　計数については、それぞれ四捨五入によっているので、端数において合計とは合致しないものがある。
（注2）　一般歳出における社会保障関係費の割合は50.7％。
（出所）　財務省

していますが、歳出額はおおよそ114兆円であるのに対して、所得税・法人税・消費税などからの税収は80兆円弱であり、両者にはギャップがあります。このように、一般会計の歳出と歳入のギャップを埋めるために新しく発行される国債を「新規国債」といいます（新規国債は建設国債と特例国債で構成されますが、これらの詳細はBOX1を参照してください）。日本の予算編成や税制改正は、例年夏頃から議論が始まり、12月下旬に閣議決定がなされ、政府案が固まります。「国債発行計画」はそのタイミングで、財務省のウェブサイトを通じて公表されます。

日本国債が複雑だといわれる一因は、発行される国債が新規国債だけでないためです。詳細は後述しますが、我が国では60年償還ルールと呼ばれる償還ルールや財政投融資制度を有していることから、「借換債」や「財投債」と呼ばれる国債も発行額として追加されます。事実、一般会計の歳入における国債発行相当部分（図表7－1における公債金）と、実際に発行される国債の金額は全く異なったものになっています（1年間の国債発行額は足元では200兆円を超えており、そもそも一般会計歳出総額を大きく上回っています）。国債市場の投資家は通常、発行根拠法の区分を意識する必要はありませんが、国債発行計画を理解するうえでは、発行根拠法別でみた国債の違いについて正確に理解する必要があります。

国債発行計画の策定においては、発行額だけでなく、金利リスクの供給量も重要なポイントです。金利リスクの考え方は4章で既に説明しましたが、国債の発行量が100兆円であったとしても、そのすべてが1年国債である場合と、20年国債である場合では、市場に供給される金利リスク量は全く異なります。国債の供給量そのものは、一般会計における歳出や歳入などに依存してしまうことを考えれば、国債発行計画の注目点は、どのような年限の国債を発行し、どれくらいの金利リスク量が市場に供給されるかともいえましょう。

本章の流れは以下のとおりです。まず、新規国債以外の国債、すなわち、借換債や財投債、復興債に関する制度的な説明を行います。そのうえで、国債発行計画や債務管理政策の概要を説明し、その具体例を取り上げます。実際の発行計画については予算編成や税制改正等と並行して進み、その中で市

場参加者の期待形成がなされていきます。本章ではこの流れに加え、財投債の発行を定める財政投融資制度の流れも整理します。最後に、60年償還ルールおよび国債整理基金特別会計について説明します。

▌7.2　発行根拠法別でみた国債

前述のとおり、日本の国債発行計画を理解するうえで、「借換債」「財投債」「復興債」の違いを理解する必要があります。以下では、まず借換債を説明した後、財投債、復興債の説明をします[1]。

借 換 債

新規国債（建設国債と特例国債）は、一部は満期のタイミングで返済するものの、残った部分に関しては新たに国債を発行して、借換えを行うことで、最終的に60年かけてすべて返済するという償還ルールを有しています。これを「60年償還ルール」といいます。借換債とは、60年償還ルールに則り、建設国債および特例国債が償還のタイミングで借り換えるために発行された国債を指します。

例えば、一般会計における歳出と歳入のギャップを埋めるため、10年国債を財務省が発行したとします。この国債は現在、財務省が投資家から（単価ベースで考えると）100円調達し、期中金利を支払い、10年後、投資家に100円を返済するというキャッシュ・フローになります。発行された10年国債は、10年後償還を迎えるのですが、その10年国債は一部、一般会計から繰り入れて返済する一方で、残りの部分は再度国債を発行するという形で借り換えていきます。60年償還ルールとは、これを繰り返すことで60年間かけて、当初発行した国債を返済するという償還ルールです。

60年償還ルールは我が国特有の制度とされており、借換債そのものも他国にはない国債といえます。もっとも、国債市場を理解するうえで、この制度の詳細を把握する必要性は増しています。というのも、かつて発行した新規

1　なお、GX経済移行債（仮称）の発行が令和5年度国債発行計画において公表されていますが、その詳細については執筆時点で不明な部分が多いため、本書ではこれは省略します。

国債の発行残高が増加しているため、その借換債の発行も巨額になっているからです。現在、借換債の発行額は、国債発行総額の7割以上を占めています。60年償還ルールについては国債整理基金特別会計とともに、のちほど説明します。

財 投 債

　財投債とは、財政投融資制度によって発行される国債を指します。財政投融資制度とは、図表7−2に記載しているとおり、政府系金融機関などの財投機関がその資金調達をするにあたり、政策的に必要な部分に関して、財務省が代わりに国債を発行して調達する仕組みです。財政投融資制度そのものはしばしば「第二の予算」とも指摘されますが、具体的には、財務省が「財投債」と呼ばれる「国債」を発行して、政府系金融機関などに資金融通がなされます。財投債の発行額については、財政投融資の運用計画である財政投融資計画（財投計画）によって定められます。ちなみに、財投債とは略称であって、正式には「財政投融資特別会計国債」であり、特別会計に関する法律第64条第1項に基づいています。

復 興 債

　復興債とは、2011年度から2025年度まで実施される東日本大震災の復興財源を確保するため、時限的にその使途を明確にして発行される国債です。新規国債は、前述のとおり、一般会計における歳出と歳入のギャップを埋める

図表7−2　財政投融資のイメージ
【財政投融資の流れ（イメージ）】

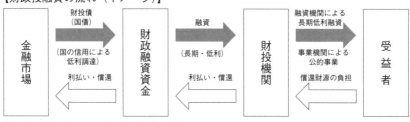

（出所）　財務省「財政投融資リポート」

よう発行される国債であるため、使途は明記されていません。それとは対照的に、復興債とは特定の目的をもって時限的に発行される国債といえます（復興債は上述の観点でいずれ発行がなくなる点に注意してください）。

国債発行総額

　以上のように、国債の供給量は、新規国債に加え、借換債、財投債、復興債の合計になりますから、国債発行総額は下記のとおりになります。

国債発行総額＝新規国債＋借換債＋財投債＋復興債

　新規国債・借換債・財投債・復興債という区分は、法律的な根拠が違うことから、国債発行計画では「発行根拠法別発行額」と整理されています。大切な点は、このように発行の目的が異なる国債が、国債の投資家からみると、全く同じ国債として市場に供給されている点です。事実、投資家が国債に投資する際、新規国債、借換債、財投債、復興債の区別は全くしていませんし、投資家からは、自分が購入した国債がどれなのかは原則把握できませ

図表7－3　国債発行計画の全体像

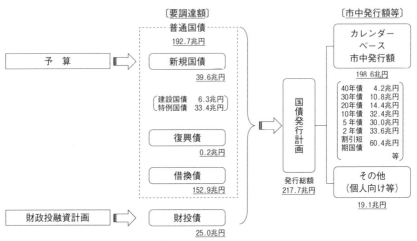

（注1）　計数は令和4年度補正予算ベース。
（注2）　各計数ごとに四捨五入したため、計において符合しない場合がある。
（出所）　財務省理財局「国債発行を取り巻く現状と課題」（2022年6月13日）

ん[2]。もっとも、国債発行総額を考える段になると、発行根拠法別で異なる
ロジックでそれぞれ発行されるため、その理解が必要になってきます。

　図表7－3が国債発行計画の全体像になりますが、この図を左側からみる
と、予算により「新規国債」(39.6兆円)、「復興債」(0.2兆円)、「借換債」
(152.9兆円)、財投計画により「財投債」(25.0兆円)の発行額が決まり、こ
の合計が財務省による国債の発行総額(217.7兆円)になります。

BOX 1 　建設国債と特例国債

　「財政法」第4条第1項は、「国の歳出は原則として公債(国債)又は借入
金以外の歳入をもって賄うこと」としていますが、ただし書により、公共事
業費、出資金および貸付金の財源については、例外的に国債の発行または借
入金により調達することを認めています。この「財政法」第4条第1項ただ
し書に基づいて発行される国債は「建設国債」と呼ばれています[3]。

　その一方、公共事業等以外の不足分を埋めるために発行される国債を特例
国債もしくは赤字国債といいます。特例国債(赤字国債)を発行するときに
は、特例法(特例公債法)の制定が必要です。小村(2016)によれば、「昭和
50年度(補正)以降、特例公債を発行しなかった一時期(平成2年度～平成5
年度)を除き、1年限りの時限立法としてこれまで毎年度国会で法律を制定
してきた。しかし、平成24年度、『ねじれ国会』の中で、政府が提出した特
例公債の発行に係る根拠法案の成立が大幅に遅れた」(p.112～113)としてい
ます。そのため、政治の混乱が予算執行の妨げになる事態を防げることなど
を背景に、当初は単年度立法だったところ、平成24年法においては3党(自
民党、公明党、民主党)の合意に基づく議員修正により2015年度まで4年間、
平成28年法においては3党の合意の枠組みを引き継ぎ、2020年度まで5年間

2　証券会社や銀行などの入札参加者は、指定された国庫口座(日銀)に代金を払い込
　み、政府はその代金を発行根拠法別にそれぞれの会計(一般会計、財投特会、復興特
　会、国債整理基金特会)に振り分けることになります。なお、例外として、発行根拠法
　が1つだけの入札もあります。
3　ここの書きぶりは、財務省のウェブサイトおよび債務管理リポートを参照していま
　す。

については、各年度の国会の議決を経た金額の範囲内で、特例国債の発行が可能となりました。2021年度以降についても、2021年3月26日に令和3年法が成立し、2025年度までの5年間の発行が可能となったところです。

7.3 国債発行計画：財務省はどのように年限を決めているか

債務管理政策とは何か

上述のように国債発行総額が決まりますが、国債発行計画では、その消化のため、10年国債や40年国債など各年限の国債に振り分けることになります。そもそも、国の債務を管理する政策を「債務管理政策」といいますが、国の債務の信用力や安定消化という観点でいえば、適切な国債発行量を考えることが債務管理政策の主軸ともいえます。もっとも、国債の発行量そのものは前述のとおり、歳出の決定や、税制改正、財投計画などに依存し、その意味で、発行総額については財政政策や租税政策等の決定に大きく左右されます。もちろん、発行総額を適切にコントロールすることも重要な債務管理政策ですが、我が国の債務管理政策については、（財政等を通じて決定される）発行量を所与として、どのような年限の国債を発行するかに力点が置かれる傾向があります。財務省は、債務管理政策について、

(1) 確実かつ円滑な発行により必要とされる財政資金を確実に調達すること

(2) 中長期的な調達コストを抑制していくことによって、円滑な財政運営の基盤を確保すること

と整理していますが、上述の観点で、特に(2)について考えていきます。

以下では、国債発行計画を考えるうえでの補助線を引くため、読者が家を買う際に住宅ローンを組むケースを考えてみましょう[4]。読者が例えば、30年間の住宅ローンを組む場合、30年間の固定金利で借入をする方法と、30年間、短い期間の借入を繰り返す（実際の契約では、その時々の金利を支払う変

4　変動金利で借り入れるということは、その時々の金利を支払うため、短期借入を繰り返していると解釈できます。

動金利で借り入れる）という選択肢があります。長い期間の借入ほど高い金利がついているとすれば（イールドカーブが右肩上がりであるとすると）、短い期間の借入だと、短期的には金利負担を低下させることが可能です。もっとも、将来金利が上がれば、借換えのタイミングで金利負担が増えますから、借入に係るリスク（リファイナンス・リスク）があるといえます（変動金利の契約であれば変動金利が上がることになります）。一方、長い借入をすると足元で負担する金利は高くなるものの、再度、借り入れる際に金利が高くなるというリファイナンス・リスクはありません。

　財務省も、長期と短期の借入に係る意思決定を行う際、同様のトレードオフに直面しています。発行当局の視点でみれば、国債を発行する際、年限を長期化することも、短期化することもできますが、図表7－4のように短期化することに伴い、（イールドカーブが順イールドであることを前提とすれば）短期的な金利負担を抑えられますが、前述のとおり、リファイナンス・リスクが増えるというトレードオフを有しています。先ほど、債務管理政策について「中長期的な調達コストを抑制していくこと」と記載しましたが、このことはこのトレードオフの中で、短期的ではなく、中長期的な調達コストが低くなるような選択を行うことを意味しています。

図表7－4　財務省が直面しているトレードオフ

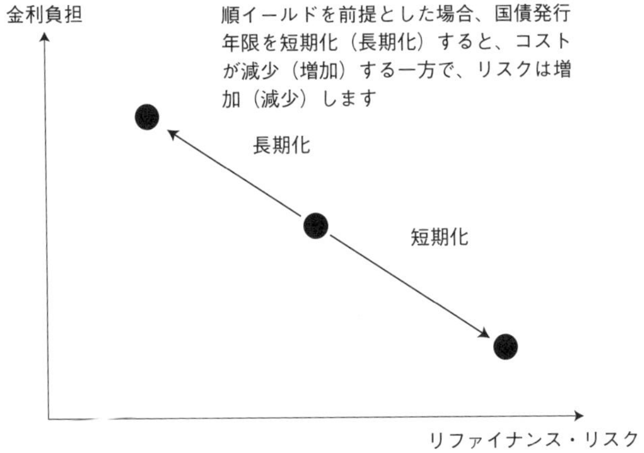

金利負担

順イールドを前提とした場合、国債発行年限を短期化（長期化）すると、コストが減少（増加）する一方で、リスクは増加（減少）します

長期化

短期化

リファイナンス・リスク

（出所）　財務省「債務管理リポート2005」をもとに筆者作成

国債発行計画の実際：市場参加者とのコミュニケーションの重要性

　我が国の国債発行計画は、基本的には前年度の発行年限をベースにして、市場参加者とのコミュニケーションにより、修正を加えるという形で実施されています。生命保険会社は、ALM上、超長期国債の購入が必須となりますが（その詳細は6章を参照してください）、例えば、生命保険会社による投資意欲が高ければ、財務省もそれに応じて超長期国債の発行量を増加させますし、投資意欲が低ければ横ばいとします（コロナ禍など、国債発行計画が大きく変更されることがある点にも注意してください。コロナ禍における発行計画についてはBOX2を参照してください）。

　国債発行計画に関しては、秋頃から市場参加者の中で議論が始まり、実際の発表時にはサプライズがないというのが典型です。筆者は、財務省は市場参加者と十分にコミュニケーションをし、市場参加者にとって予測可能な発行計画を策定していると理解しています（財務省としても市場のサプライズを起こすような発行計画を発表して相場を急変動させるメリットはありません）。

　財務省は常日頃、市場参加者とコミュニケーションをとっています。特にプライマリー・ディーラーには、財務省に対して国債市場の情報提供義務があることから、毎日のようにコミュニケーションをしています。国債発行計画策定の際は、前述のとおり、予算編成や税制改正のプロセスの中で大枠が固まっていくため、おおよそ秋頃から冬にかけて市場参加者とのコミュニケーションをより一層密にしていきます。超長期国債は金利リスク量が大きいため、発行量を決める際、市場参加者とのコミュニケーションが特に重要となります。財務省がコミュニケーションをとる市場参加者は主に、入札において札を集める義務を負っているプライマリー・ディーラーや、生命保険会社や銀行などの最終投資家です。

　財務省は会議を通じても市場参加者とのコミュニケーションを行っています。特に市場参加者の間で注目を集めているのは、「国債市場特別参加者会合」と「国債投資家懇談会」です。「国債市場特別参加者会合」では、プライマリー・ディーラーと、翌年度の国債発行計画に向けたコミュニケーションがなされます。一方、「国債投資家懇談会」では幅広い投資家とコミュニケーションを行います。これらの会議については会議の後、議事録が公表さ

れており、多くの市場参加者はその内容をチェックしています。

　財務省に求められることは、幅広い投資家の意見を聞き、実際の需要を見極めることです。市場参加者は自らの利益を最大化するために動いていることから、自分にとって都合がよい意見を述べることも少なくありません（これをポジション・トークといいます）。財務省は、上記の会議やその他のコミュニケーション、必要に応じて定量的な分析を重ねることにより、市場参加者の需要を把握することが求められています。

　なお、財務省は、発行年限のトレードオフを計算するための定量的なツールも有しています。もっとも、筆者の認識では、現時点の日本国債市場において、このような定量的ツールの分析結果について市場参加者の間で話題になることはごく稀です。その背景には、このようなモデルは、パラメータの設定などで簡単に結果が変化しうる[5]ことに加え、市場参加者とのコミュニケーションの結果を覆すほどの根拠になりにくいなどがあげられます。実際の運用にあたっては、財務省が債務管理リポートなどを通じて定期的にその結果を公表しており、例えば、事後的な検証などに用いられる傾向があります（この定量的なツールの詳細を知りたい読者は、筆者が記載した「コスト・アット・リスク（Cost at Risk, CaR）分析入門」（服部, 2021a）を参照してください）。

▌ 7.4　国債発行計画の実際

　ここから、実際の発行計画をみてみましょう。図表7－5は、令和4年度（2022年度）における国債発行計画の概要を示しています。この図表では、「発行根拠法別発行額」（図表7－5の左図）、「消化方式別発行額」（図表7－5の中図）、「カレンダーベース市中発行額（年限別）」（図表7－5の右図）が示されています。これらの図表は左から右へみてもらいたいのですが、図表7－5の左図に「発行根拠法別発行額」があり、新規国債や財投債、借換債、復興債の合計として国債発行総額が決まっていることがわかります（合計215.0兆円）。これをどのように消化するかを記載したものが図表7－5の中図「消化方式別発行額」であり、その大部分が機関投資家によって購入さ

5　同様の問題が、家計ポートフォリオを決める際のポートフォリオ選択理論でも指摘されることがあります。

図表7－5　2022年度における国債発行計画の概要

発行根拠法別発行額

（単位：兆円）

区　分		令和4年度当初	
		対3年度 当初	対3年度 補正後
新規国債 （建設・ 特例国債）	36.9	▲6.7 (43.6)	▲28.7 (65.7)
復興債	0.2	▲0.0 (0.2)	+0.1 (0.0)
財投債	25.0	▲20.0 (45.0)	+10.0 (15.0)
借換債	152.9	+5.7 (147.2)	+9.3 (143.7)
国債発行 総額	215.0	▲21.0 (236.0)	▲9.3 (224.4)

消化方式別発行額

（単位：兆円）

区　分		令和4年度当初	
			対3年度 補正後
カレンダー ベース市中 発行額（定 期的な入札 による発 行）	198.6		▲13.6 (212.2)
その他 （個人向け 国債等）	16.4		+4.3 (12.2)
合　計	215.0		▲9.3 (224.4)

カレンダーベース市中発行額（年限別）

（単位：兆円）

区　分	令和4年度当初	
		対3年度 補正後
40年債	4.2	+0.6
30年債	10.8	―
20年債	14.4	―
10年債	32.4	+1.2
5年債	30.0	
2年債	33.6	▲2.4
短期債	60.4	▲13.6
10年物価連動債	0.8	―
流動性供給入札	12.0	+0.6
合　計	198.6	▲13.6

（注1）　括弧内の値は年間発行額
（注2）　計数ごとに四捨五入したため、合計において一致しない場合がある
（出所）　財務省

れる「カレンダーベース市中発行額（定期的な入札による発行）」であること
がわかります。図表7－5の右図に「カレンダーベース市中発行額（年限
別）」の記載があり、どのような年限の国債が入札を通じて発行されるかが
記載されています。「発行根拠法別発行額」については既に説明したため、
以下では、「消化方式別発行額」および「カレンダーベース市中発行額（年
限別）」の説明を行います。

消化方式別発行額

　図表7－6が「消化方式別発行額」を示しています。これは、どのような
投資家に国債を販売するかという観点で整理がなされています。マーケット
で（入札を通じて）販売される国債については「市中発行分」になりますが、
その他に「個人向け販売分」と「公的部門（日銀乗換）」があります。前者
は個人向け国債に相当する部分です（2章で説明しましたが、個人向け国債は
途中償還ができるなど、通常の国債と商品性が異なる点に注意してください）。一
方、公的部門は日銀によって保有される部分[6]です。ただし、「個人向け販

（単位：億円）

区　分	令和3年度当初 (a)	令和3年度補正後 (b)	令和4年度当初		
			(c)	(c)－(a)	(c)－(b)
カレンダーベース市中発行額	2,214,000	2,122,000	1,986,000	▲228,000	▲136,000
第Ⅱ非価格競争入札等	82,300	70,319	82,970	670	12,651
年度間調整分	782	859	30,410	29,627	29,551
市中発行分　計	2,297,082	2,193,178	2,099,380	▲197,703	▲93,798
個人向け販売分	41,000	28,405	29,000	▲12,000	595
公的部門（日銀乗換）	22,000	22,000	22,000	—	—
合　計	2,360,082	2,243,583	2,150,380	▲209,703	▲93,203

（出所）　財務省

売分」と「公的部門（日銀乗換）」は、そもそも発行額全体に占めるシェアが少ないことに加えて（図表7－6ではそれぞれ全体の約1％です）、変動も少ないことから、マーケットで注目を受ける部分は「市中発行分」といえます。

　図表7－6における市中発行分の中でも、特に「カレンダーベース市中発行額」が市場参加者の中で注目を集めます。その理由は、金額が大きいことに加え、機関投資家が入札を通じて毎月消化する金額になるからです。図表

6　日銀乗換については債務管理リポートで、次のように説明をしています。「日本銀行が市中から購入した国債が満期を迎える際に、その国債の一部について、国に償還を求める代わりに借換債を引き受けるものです。財政法第5条では、日本銀行による国債の引受けを禁止していますが、上記の日銀乗換は、同条ただし書きにおいて、国会の議決を経た範囲内で認められている例外です。毎年度、財務省が日本銀行に要請し、日本銀行が金融政策上特段の支障が生じないことを確認した上で乗換に応じています。例えば、日銀乗換を増額すれば、通常の入札による市中発行額を減少させることが出来るなど、日銀乗換の額により、年度間の償還額や財政需要の変動が通常の入札による市中発行額の変動に与える影響を平準化することが出来ること等から、財務省では、毎年の国債発行計画等を踏まえて、具体的な要請額を決定しています」。

7－6では、「第Ⅱ非価格競争入札等」と記載されていますが、これは基本的に「カレンダーベース市中発行額」に紐づいた値です（第Ⅱ非価格競争入札そのものや発行計画との関係については8章で説明します）。

　図表7－6における「年度間調整分」は、既に発行して調達している部分（前倒債に相当する部分）です[7]。借換債については、年度間における国債発行の平準化などのため、翌年度に発行する予定の借換債の一部を前倒しして発行することが認められており、これを前倒債といいます。前倒債の主な機能は、各年度の国債発行額を平準化することです。また、付随的な機能として、前倒債を用いることにより、急な財政需要の増減に対し、市中発行額の変動を抑制し、市場への影響を緩和することも可能になります。前倒債の金額によって「カレンダーベース市中発行額」が動くため、市場参加者の間で、前倒債は注目度が高い項目といえます。もっとも、前倒債は非常にテクニカルであるため、詳細を知りたい読者は筆者が執筆した「国債整理基金特別会計および借換債（前倒債）入門」（服部・稲田, 2021）を参照してください。

カレンダーベース市中発行額（年限別）

　国債発行計画のうち、投資家の注目を集めているのが「カレンダーベース市中発行額」と述べましたが、カレンダーベース市中発行額の内訳、つまり、どのような年限の国債が発行されるかは特に注目されます。なぜなら、これまで強調してきたとおり、国債発行計画において発行年限を定めることがその主軸であることに加え、カレンダーベース市中発行額の内訳に基づき、国債の具体的な入札額が決まってくるからです。図表7－7はカレンダーベース市中発行額の内訳を示しています。財務省は2～40年国債に加え、10年物価連動国債、割引短期国債ごとに発行金額や入札頻度等を公表しています。この図表には流動性供給入札という項目がありますが、これは投資家のニーズに合わせてかつて発行した国債を再発行する仕組みです（流動性供給入札については8章で説明します）。

7　前倒債発行の差額のほか、当年度と前年度の「出納整理期間発行」（翌年度の4～6月に特例国債や復興債の一部を発行する仕組み）の差額も含みます。なお、かつてこの項目は「前倒債発行減額による調整分」という名称が使われていました。

図表7－7　カレンダーベース市中発行額（年限別）

（単位：兆円）

区　分	令和3年度当初（1回当たり）				令和3年度当初（年間発行額：a）	令和3年度補正後（1回当たり）				令和3年度補正後（年間発行額：b）	令和4年度当初（1回当たり）				令和4年度当初（年間発行額：c）	(c)－(a)	(c)－(b)
40年債	0.6	×	6	回	3.6	0.6	×	6	回	3.6	0.7	×	6	回	4.2	0.6	0.6
30年債	0.9	×	12	回	10.8	0.9	×	12	回	10.8	0.9	×	12	回	10.8	—	—
20年債	1.2	×	12	回	14.4	1.2	×	12	回	14.4	1.2	×	12	回	14.4	—	—
10年債	2.6	×	12	回	31.2	2.6	×	12	回	31.2	2.7	×	12	回	32.4	1.2	1.2
5年債	2.5	×	12	回	30.0	2.5	×	12	回	30.0	2.5	×	12	回	30.0	—	—
2年債	3.0	×	12	回	36.0	3.0	×	12	回	36.0	2.8	×	12	回	33.6	▲2.4	▲2.4
割引短期国債					83.2					74.0					60.4	▲22.8	▲13.6
10年物価連動債	0.2	×	4	回	0.8	0.2	×	4	回	0.8	0.2	×	4	回	0.8	—	—
流動性供給入札					11.4					11.4					12.0	0.6	0.6
計	221.4					212.2					198.6					▲22.8	▲13.6

（表1）　割引短期国債の年限別発行予定額

年　限	令和3年度当初(a)	令和3年度補正後(b)	令和4年度当初(c)	(c)－(a)	(c)－(b)
1年	3.5 × 12 回 42.0	3.5 × 12 回 42.0	3.5 × 12 回 42.0	—	—
6ヵ月	41.2	32.0	18.4	▲22.8	▲13.6

（表2）　流動性供給入札のゾーン別発行予定額

区　分	令和3年度当初(a)	令和3年度補正後(b)	令和4年度当初(c)	(c)－(a)	(c)－(b)
15.5年超39年未満	3.0	3.0	3.0	—	—
5年超15.5年以下	6.0	6.0	6.0	—	—
1年超5年以下	2.4	2.4	3.0	0.6	0.6

（出所）　財務省

図表7－7をみると、現時点では、基本的には割引短期国債から10年国債にボリュームゾーンがあり、30～40年国債などの超長期国債の発行額は相対的に小さいことがわかります。もっとも、図表7－8は国債の平均償還年限（発行年限）の推移を示していますが、財務省は国債の発行年限を延ばしています。この背景には、6章で説明したとおり、2000年頃から超長期国債の主要な投資家である生命保険会社が、ALMを強化し、超長期国債の購入を積極化していったことなどがあげられます。2020年にフローでみた年限が大幅に低下していることもわかりますが、これはコロナ禍において増発した国

図表7－8　国債の平均償還年限の推移（ストックおよびフロー）

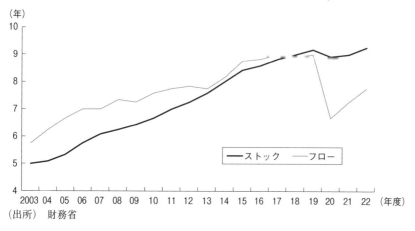

(年)

凡例：
ストック　　フロー

2003　04　05　06　07　08　09　10　11　12　13　14　15　16　17　18　19　20　21　22　(年度)
(出所)　財務省

債を、主に短期債でカバーしたことが理由です（この点についてはBOX 2で説明します）。

■ 7.5　一般会計と新規国債：予算編成および税制改正におけるプロセス

　市場参加者は、予算編成や税制改正の流れを追いながら、国債発行計画に関する期待形成をします。そこで、ここから予算編成および税制改正の流れを確認します。前述のとおり、新規国債の発行は、歳出と歳入を定める予算編成や税制改正に大きく依存します。予算編成と税制改正は夏頃からスタートし、冬に政府案が固まります。また、これと同時並行で、財投計画のプロセスも進むため、財投計画を理解することも大切です（こちらについては次節で説明します）。

予算編成のプロセス

　図表7－9が予算編成のプロセスを示しています。まず6月頃に出る骨太の方針に基づき、7月頃、財務省から、各省庁が財務省に要求する予算の上限の目安を示す「概算要求基準（シーリング）」が出されます。各省庁は、各々が必要とする概算要求書を策定し、8月末に財務省に提出します。その

図表7−9　予算編成の流れ

骨太の方針	決算概要	概算要求基準(シーリング)	各省概算要求書の作成	概算要求締切・提出	各府省から説明聴取・査定(9月〜12月頃)	大臣折衝	概算閣議	国会審議(1月〜)	成立
(6月頃)	(7月上旬)	(7月下旬)		(8月末)		(12月下旬)	(12月下旬)		(3月下旬)

（出所）　財務省資料より抜粋

後、9月から12月頃に各府省と財務省で折衝をし、12月の下旬に政府の予算案が閣議決定されます。その意味では、歳出についてはおおむね9月から12月にかけて、その概要が決まってくると解釈できます。

税制改正の策定

　一方、国債発行額を考えるためには、来年度どのくらい歳入があるかについて見積もる必要があります[8]。重要な点は、その税収は税制制度にも依存するわけですが、秋から翌年の税制を改正するプロセス（いわゆる税制改正の大綱の策定）が始まり、このプロセスも予算編成と似たスケジュールで走る点です。図表7−10に記載されているように、8月末に各省は財務省主税局と総務省自治税務局に税制改正の要望をし、9月から与党税制調査会が各省や業界団体の要望を取りまとめると同時に、財務省および総務省により、税制改正の要望の査定が始まります。その後、与党税制調査会において各部会からの要望なども踏まえて集中的な議論が行われます。その結果、12月に与党が税制改正大綱[9]を発表し、その後、政府が税制改正の大綱の閣議決定を行います。来年度の税収の見積もりは、税制改正を行ったうえでの見積もりにすべきですので、歳出と歳入のギャップを考える際の歳入については、

8　財務省ウェブサイト「租税及び印紙収入予算の説明」などを参照してください。
　　https://www.mof.go.jp/tax_policy/reference/budget_explanation/index.html
　　https://www.mof.go.jp/tax_policy/tax_reform/outline/fy2020/explanation/pdf/
　　p1287-1302.pdf
9　与党は「税制改正大綱」、政府は「税制改正の大綱」と表現しています。

図表 7 － 10　税制改正の流れ

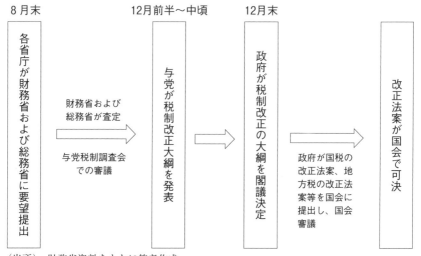

8月末	12月前半〜中頃	12月末	
各省庁が財務省および総務省に要望提出	与党が税制改正大綱を発表	政府が税制改正の大綱を閣議決定	改正法案が国会で可決

財務省および
総務省が査定

与党税制調査会
での審議

政府が国税の
改正法案、地
方税の改正法
案等を国会に
提出し、国会
審議

（出所）　財務省資料をもとに筆者作成

税制改正の内容に立脚した歳入の予想ということになります[10]。

　もちろんこの税制改正自体は非常に注目度が高いものですが、税収の予測という観点では景気による影響も大きいため、景気の動向の予測も重要です。特にリーマン・ショック時は税収が10兆円以上上下振れたなど、景気の変動が大きいときは、その見積もりがより一層重要であるといえます。

　上記のようなプロセスを経て、歳出と歳入については12月末頃に定まることから、国債発行計画の具体的な数字は、予算が閣議決定されたタイミングに出てくることになります（のちほど説明する財投債の金額もこのタイミングで公表されます）。前述のとおり、これらのプロセスにおいて、政府は市場参加者と随時コミュニケーションを行っていき、市場参加者の予測は国債発行計画公表が近づくにつれておおむね収束し、実際の発行計画もそれと近い数字になることが多いといえます。なお、この後、国会での議論があることや、補正予算の規模によってその内容が修正される可能性がある点に注意し

10　ちなみに、政府としての収入は税収だけでなく、日銀納付金、特会受入、手数料などその他収入もありますから、この収入額についても来年度の歳入として見積もる必要があります。

てください（12月時点で公表される発行計画の供給量は、上述のとおり、政府による税収の予測に立脚していることから事後的に多く税収が得られた場合、国債発行量が減ることがありうる点にも注意してください）。

7.6　財政投融資制度および財投債の発行

財投改革とは

　国債発行額を考えるうえで非常に複雑な点は、前述のとおり、財政投融資制度の中で発行がなされる財投債も存在する点です。歴史的には、郵便貯金などの資金が財務省に預託される形で財政投融資の資金調達がなされていました。しかし、財政投融資の規模が肥大化し、効率的な運用が行われていないなどの問題が指摘されました。これを受けて、2001年の財政投融資改革（財投改革）により、郵便貯金などの預託義務が廃止され、全額自主運用（原則、市場運用）される仕組みへと改められました（図表7−11参照）。また、それと同時に、財政投融資に必要な資金については、政府が財投債（国債）を発行することで市場から調達することとなりました。したがって、この財投改革に伴い、財投債の発行が2001年に始まったといえます。

　上記の改革に伴い、財政投融資の規模は大幅に減少しています。図表7−12をみると、かつて418兆円の残高があった財政投融資計画が、直近ではそ

図表7−11　財投改革のイメージ

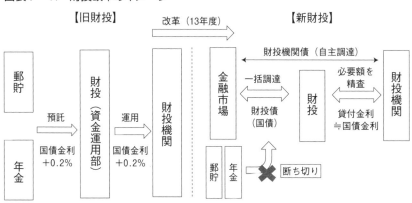

（出所）「財政投融資リポート」より抜粋

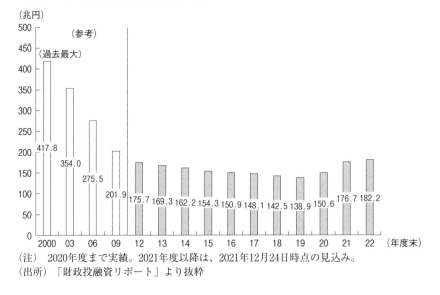

図表 7 −12　財政投融資計画残高の推移

（注）　2020年度まで実績。2021年度以降は、2021年12月24日時点の見込み。
（出所）　「財政投融資リポート」より抜粋

図表 7 −13　財投債を用いたALMのイメージ

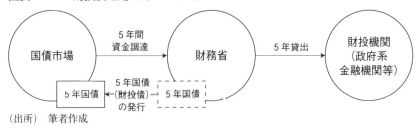

（出所）　筆者作成

の半分以下の180兆円程度になっていることがわかります（直近はコロナ禍の影響で財投機関への貸出等が増えたため微増ですが、トレンドとしては低下傾向が続いている点に注意してください）。

　財投改革により、財務省における金利リスクの管理が厳格になされるようになった点も重要です。郵便貯金から財務省が預金を受け入れ、それを政府系金融機関などに長期で貸し出すと、財務省は短期調達をし、長期貸出をすることから、資産と負債サイドのデュレーションのミスマッチが起こり、財

務省はALM上、金利リスクを負うことになります（金融機関のALMについては6章を参照してください）。その一方、図表7−13のように、例えば、財務省が財投機関に5年間貸出をする必要が生じた場合、5年の国債（財投債）を発行するという形をとれば、調達と貸出の年限が揃い、デュレーションのミスマッチを解消できます。したがって、財投改革により、政府系金融機関が求める借入の年限を参照して、国債を発行することで、政府が財政投融資制度において金利リスクを適切に管理することが可能になる仕組みが確立しました。

財政投融資計画の策定プロセス

　財投改革以降、財投債の発行が始まりましたが、財投債の発行額を定める財投計画についても、これまで説明した予算編成や税制改正に似たプロセスで進みます。図表7−14にその流れを記載していますが、財投計画についても8月末に政府系金融機関などが財政投融資の要求をして、9月から12月にかけてその審査を行います。その間、財政制度等審議会が意見聴取をし、12月末に予算と一体のものとして閣議提出され、1月に国会に提出されます。

図表7−14　財政投融資計画編成の一般的な流れ

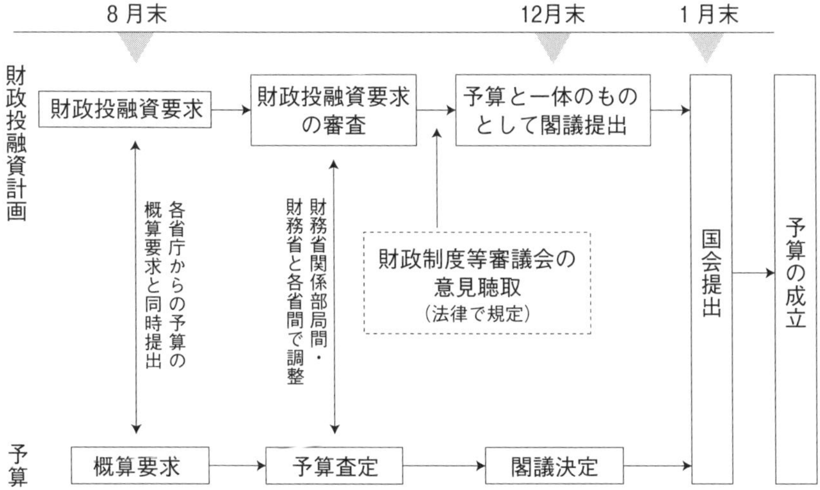

（出所）　「財政投融資リポート」より抜粋

このプロセスを経て政策的に必要とされた金額について、財務省が政府系金融機関などの代わりに、国債（財投債）を発行します（前述のとおり、財投債の発行額は国債発行計画における発行根拠法別発行額の中で明示されます）。図表7－15が財投債発行額の推移ですが、財投改革以降の2001年から発行が始まります。前述のとおり、財政投融資残高は縮小していくため、財投債の発行額も減少していきます。2010年以降、財投債の発行は横ばいですが、コロナ禍に大きく増加しています。これはコロナ禍において、政府系金融機関を通じた融資等を増加させる判断がなされたためです（コロナ禍の国債発行計画についてはBOX 2 を参照）。

　なお、財投債には、60年償還ルールは適用されない点に注意してください。前述の通り、財政投融資における財投債で調達された資金は、政府系金融機関による貸付などの形で提供されており、その貸付金は満期に返済されます。財政投融資を管理する財政投融資特別会計では、ALMに基づくリスク管理がなされており、資産（貸付金）と負債（財投債）の年限がマッチするよう財投債が発行されています。その意味では、60年償還ルールという償還ルールは必要なく、資産と負債の年限が合っていれば、財投債の償還のタイミングで貸付金の返済のタイミングが来ますから、その返済金を用いて償

図表7－15　財投債発行額の推移

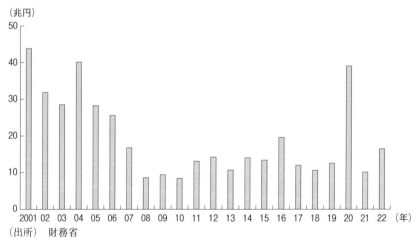

（出所）　財務省

還に対応することができます。ちなみに、財投計画では資産と負債の年限が完全にマッチしていないことから、リファイナンスが必要になることもありえます。この場合、借換債ではなく、財投債を再び発行することでリファイナンスされる点に注意してください。

■ 7.7　借換債と60年償還ルール

60年償還ルールは建設国債と特例国債を償還するためのルール

　前述のとおり、日本国債の発行額には借換債が含まれますが、それは60年償還ルールと呼ばれる償還ルールに基づき発行されています。60年償還ルールは非常にテクニカルであり、日本の国債制度の中で最も複雑なものの1つになりますが、発行根拠法別発行額をみればわかるとおり、（国債発行残高に占める）借換債の発行額が最も大きく、60年償還ルールの理解は国債発行計画を考えるうえで必須になります。そこで以下では、60年償還ルールに加え、国債整理基金特別会計について説明します。

　まず60年償還ルールについて具体例を用いて説明します。例えば、今、政府がインフラを設備するため、10年国債（建設国債）を600億円発行したとしましょう。これらは10年国債であるため、10年後に償還を迎えます。償還を迎えた時点で、日本政府は投資家に対して600億円を返済しなければなりません。60年償還ルールでは、この時点で60年のうち10年が経過しているため、このうち6分の1に相当する100億円については、一般会計からの繰入等を原資として償還する一方、残りの500億円（6分の5相当部分）については改めて国債を発行し、資金を調達して償還します。この際、償還のために発行された500億円の借換債は（60年から10年引いた）50年間かけて現金償還すればよいため、50年を超えない範囲であればどの年限の国債でも発行することができます（ここでは10年国債の発行を繰り返すことを考えます）。この場合、借換債として発行した500億円の10年国債は10年後に再び償還を迎えますから、同じように100億円は一般会計からの繰入等を原資として返済し、残りの400億円については借換債を発行します。図表7－16はそのイメージを示していますが、このプロセスを繰り返すことで、当初の600億円分に関しては、60年後にすべて現金償還が行われることになります。これが60年償

図表7－16　借換債による国債償還の仕組み（60年償還ルール）

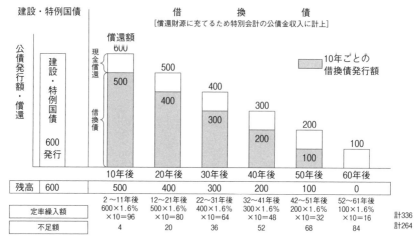

	建設・特例国債	償還額							10年ごとの 借換債発行額

（グラフ部分）

公債発行額・償還　建設・特例国債　600発行

現金償還／借換債

		10年後	20年後	30年後	40年後	50年後	60年後
残高	600	500	400	300	200	100	0
定率繰入額		2～11年後 600×1.6% ×10＝96	12～21年後 500×1.6% ×10＝80	22～31年後 400×1.6% ×10＝64	32～41年後 300×1.6% ×10＝48	42～51年後 200×1.6% ×10＝32	52～61年後 100×1.6% ×10＝16	計336
不足額		4	20	36	52	68	84	計264

（出所）　財務省「債務管理リポート」より抜粋

還ルールのイメージになります。これまで、数多くの新規国債が発行されてきましたが、その1つ1つが60年間かけて（一般会計の資金等を以て）償還されています（政府では1つ1つの銘柄について償還期間が60年を超えることがないよう管理されています）。

国債整理基金特別会計設立の経緯

　借換債と密接な関係を有するのが、国債整理基金特別会計です。そもそも特別会計とは、特定の事業や資金運用の状況を明確化することが望ましい場合に、一般会計と区分して経理するために設けられるものです[11]。前述のとおり、新規国債は60年かけて徐々に借換債によらずに償還がなされていく仕組みがとられていますが、この仕組みがきちんと実施されていることをわかりやすくするために、あえて一般会計とは別の財布で管理しているわけで

11　特別会計の設置要件は、財政法第13条第2項に定められており、①特定の事業を行う場合、②特定の資金を保有してその運用を行う場合、③その他特定の歳入をもって特定の歳出に充て一般の歳入歳出と区分して経理する必要がある場合に限られています。国債整理基金特別会計は③に相当します。

す。

　国債整理基金特別会計は国の債務を返済する制度（減債制度）といえますが、我が国の減債制度は、歴史的には、日露戦争時において外債に依存する中で、海外投資家に対して償還の確実性を説得するために設立した経緯があります。その詳細は筆者が記載した「我が国減債基金制度の変遷―国債整理基金特別会計と60年償還ルール―」（杉本・服部, 2021）に譲りますが、高橋是清が日露戦争の戦費調達のためロンドンに行き、ジェイコブ・シフと交渉した話は有名です。ロスチャイルドらの勧めもあって減債基金を導入した高橋是清は、減債基金があることが、国債の保有者に安心を与えるという、いわば「シンボルとしての減債基金」の重要性を唱えています。現在の減債制度は、その後、様々な改正がなされたのち、1967年度に現在の形が確立しました。1967年度の改正では、建設国債に対して、インフラの効用発揮期間を独自に試算し、推定された60年間で国債を現金償還していく60年償還ルールを確立した点が大きな特徴といえます。

60年償還ルールと国債整理基金特別会計の関係

　ここで先ほどあげた例を用いて、国債整理基金特別会計とマーケット、さらに一般会計の関係をみてみましょう。前述のとおり、政府がインフラを整備するため、600億円の10年国債を新規に発行するわけですが、図表7－17に記載しているとおり、銀行などの投資家がこれを購入することでその資金が政府に流れます。10年後この国債は償還を迎えるため、投資家に600億円返済する必要があります。前述の説明のとおり、まず減債基金である国債整理基金特別会計に一般会計から繰り入れられた資金等を原資に、100億円分を投資家に返済します。残り500億円については、国債整理基金特別会計においてさらに国債（借換債）を発行することで調達し、その資金を用いて既存の投資家に返済をします。国債整理基金特別会計を減債基金と説明しましたが、「基金」と呼ばれる理由は、この特別会計が将来の返済のための基金であるからです[12]。

図表7−17　60年償還ルールと国債整理基金特別会計のイメージ

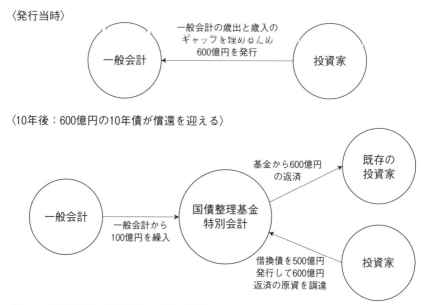

〈発行当時〉

一般会計の歳出と歳入の
ギャップを埋めるため
600億円を発行

一般会計　　　　　　　　　投資家

〈10年後：600億円の10年債が償還を迎える〉

基金から600億円
の返済

既存の
投資家

一般会計

一般会計から
100億円を繰入

国債整理基金
特別会計

投資家

借換債を500億円
発行して600億円
返済の原資を調達

（注）　上記における矢印は資金の流れを示しています。
（出所）　筆者作成

一般会計からの繰入

　これまで，現金償還の原資として一般会計からの繰入があると述べてきま
したが，この一般会計からの繰入は，①定率繰入，②剰余金繰入，③予算繰
入から構成されます。①定率繰入[13]とは，前々年度の国債残高[14]の1.6%を繰
り入れるというものです。これは60年間毎年返済していくとすると，１/60

12　また，基金としての性質として，国債の入札の未達に対応するために最低限必要な流
　動性資金や，翌年度の償還財源となる借換債を前倒し発行したことによる収入金などを
　有している点も指摘できます。
13　定率繰入については，特別会計に関する法律の第42条第２項で「前項の場合におい
　て，国債（一般会計の負担に属する公債及び借入金（政令で定めるものを除く。）に限
　る。以下この項及び次項において同じ。）の償還に充てるために繰り入れるべき金額
　は，前年度期首における国債の総額の百分の一・六に相当する金額とする」という形で
　規定されており，繰入率として60分の１を丸めた値である1.6%が規定されています。
14　正確には「前年度期首国債発行残高」です。

≒1.6%を繰り入れる必要があるという発想に基づいています。しかし、ここでの繰入は（発行当初ではなく）前々年度の残高の1.6%ですから、残高が減っていくと繰入額が自動的に減っていくため、定率繰入だけでは60年間で完全に現金償還することができません（このような制度設計がなされた背景については、前述の杉本・服部（2021）を参照してください）。実際、図表7－16をみると、図表の下に60年かけて償還する際の「定率繰入額」および「不足額」の推移の記載がありますが、600億円の例に対して、定率繰入額は60年で336億円にとどまり、264億円は不足します（つまり、定率繰入額だけだと44%（=264/600）不足します）。

　したがって、この不足分を補うために、②一般会計における決算上の剰余金が発生した場合に、その2分の1以上を繰り入れるほか[15]、③必要に応じて予算で定める金額を繰り入れるという制度的工夫がなされています。これに加え、政府が保有する株式の売却収入など特別会計の収入も用いられます。このような仕組みを有することで、新規に発行された国債をきちんと60年間かけて現金償還する仕組みが担保されているわけです（これらの具体的な数字については「特別会計ガイドブック」等に記載されています。また、定率繰入が停止されていた期間もあります[16]）。

60年償還ルールの適用対象は建設国債と特例国債

　強調しておきたいことは、60年償還ルールはあくまで建設国債と特例国債に適用されるものであり（一般会計からの原資等で償還されるものであり）、財投債や復興債には適用されないということです。前述のとおり、60年償還ルールの60年とは、建設国債の見合いの資産の平均的な効用発揮期間が60年

---

[15]　剰余金繰入については、一般会計における決算上の剰余金が発生した場合においては、財政法第6条第1項により、その2分の1を下らない金額を、発生した年度の翌々年度までに、国債整理基金に繰り入れることとされています（令和2年度版特別会計ガイドブックより抜粋）。

[16]　1982年度（昭和57年度）から1989年度（平成元年度）まで、および、1993年度（平成5年度）から1995年度（平成7年度）まで、毎年度の特別立法によって繰入が停止されていました。小村（2016）は「一般会計の特例公債依存体質からの脱却という財政改革を進めていくためにやむを得ざる措置としてとられたものであり、減債制度そのものを廃止しようとするものではなかった」（p.129）と評価しています。

と解釈されたことから1967年度に導入されたことにあります[17]。それが1980年代の中頃から特例国債にも適用されたわけです。逆にいえば、60年償還ルールが適用されていない他の国債、例えば、財投債の償還は、前述のとおり一般会計からの繰入ではなく、財投機関への貸付の回収金によって賄われています。

　ちなみに、当初、特例国債には60年償還ルールは適用されませんでした[18]。財務省（2004）によれば、1970年代に発行された特例国債が1985年度から本格的な償還を迎える中、当時の財政状況に鑑み全額現金償還で対応することは現実的ではなく、借換債を発行せざるをえない状況だったとしています。そのため、1984年の財政制度審議会の報告で、当時の借換債の発行が60年償還ルールに則っていたことから、特例国債の償還についても60年償還ルールによることとされました。なお、特例国債の借換債が発行されたのは、特例国債に60年償還ルールが適用された1985年度からです。

....

BOX 2 コロナ禍における国債発行計画

　国債発行計画の特に重要な事例は、コロナ禍における国債発行計画です。2020年はコロナが深刻化する中で、例えば、1人当たり10万円を配る特別定額給付金の実施などにより大幅な歳出増となり、財務省は追加的な資金調達が必要となりました。図表7－18は、2020年度の国債発行計画になりますが、コロナ以前の国債発行計画では、国債の発行額が153兆円であったところ、2次補正後には253兆円の発行へと変更されており、約100兆円もの国債が増発されることになりました。その中身をみると、新規国債が33兆円から90兆円に増えていることがわかります。さらに、財投債の発行が12兆円から54兆円へと大幅に増加していますが、これは財投計画を通じてもコロナ対策を実施したことが背景にあります。

17　債務管理リポートで説明されているとおり、戦後の国債発行に際して、建設国債の見合資産（政府が公共事業を通じて建設した建築物など）の平均的な効用発揮期間がおおむね60年であることから、この期間内に現金での一括全額償還を終了するという考え方で採用されました。

18　ここでの記述は主に財務省（2004）に基づいています。

図表 7 － 18　2020年度における国債発行計画（発行根拠法別発行額）(単位：億円)

| 区　分 | 令和2年度
当初
(a) | 令和2年度
1次補正後
(b) | 令和2年度2次補正後 | | |
			(c)	(c)－(a)	(c)－(b)
新規国債	325,562	582,476	901,589	576,027	319,114
建設国債	71,100	94,390	187,380	116,280	92,990
特例国債	254,462	488,086	714,209	459,747	226,124
復興債	9,241	9,241	9,241	—	—
財投債	120,000	214,000	542,000	422,000	328,000
借換債	1,079,818	1,079,818	1,079,818	—	—
うち復興債分	16,932	16,932	16,932	—	—
国債発行総額	1,534,621	1,885,535	2,532,648	998,027	647,114

（出所）　財務省

　コロナ禍で財務省は約100兆円もの国債を増発したわけですが、その調達は主に短期国債の調達に依存しています。図表 7 －19は2020年度のカレンダーベースの市中発行額をみたものですが、割引短期国債が22兆円から83兆円へと大幅に増加しています。その他の年限についても増加していますが、40年国債の発行は横ばいなど、年限の長い国債の供給は抑えられていることがわかります。このように短期債を中心に発行をした背景には、マイナス金利政策を実施していることから、短期金利が上がりにくかったこと、また、短期間での発行計画の策定が求められたことから、長期・超長期国債の場合、銀行や生命保険会社の需要が必ずしも見込めなかった可能性があったこと等が指摘できます。

　もっとも、翌年の2021年度の国債発行計画における国債発行額は224兆円[19]へと低下しました。その背景には、コロナ禍における一時的な歳出増がなくなったことや、税収が増加したことから国債の発行を減らすことができたことに加え、財投債の発行が15兆円へ低下したことも看過できません。

19　令和3年度国債発行予定額（補正後）の値を参照しています。

図表 7 −19 2020年度における国債発行計画（カレンダーベース市中発行額）

（単位：兆円）

区　分	令和 2 年度当初		令和 2 年度 2 次補正後	
	（1回当たり）	（年間発行額：a）	（1回当たり）	（年間発行額：c）
40年債	0.5 × 6 回	3.0	0.5 × 6 回	3.0
30年債	0.7 × 12 回	8.4	0.7 × 3 回 0.9 × 9 回	10.2
20年債	0.9 × 12 回	10.8	0.9 × 3 回 1.2 × 9 回	13.5
10年債	2.1 × 12 回	25.2	2.1 × 3 回 2.6 × 9 回	29.7
5 年債	1.9 × 12 回	22.8	1.9 × 3 回 2.5 × 9 回	28.2
2 年債	2.0 × 12 回	24.0	2.0 × 3 回 3.0 × 9 回	33.0
割引短期国債		21.6		82.5
10年物価連動債	0.4 × 4 回	1.6	0.2 × 4 回	0.8
流動性供給入札		11.4		11.4
計	128.8		212.3	

（出所）　財務省

2020年度において、財投債の発行が12兆円から54兆円へ増加したと指摘しましたが、2021年度以降の財投債発行額はコロナ以前に戻ったと解釈できます。この背景には、コロナ禍で計画されたほど財政投融資が活用されなかったことなどが示唆されます。前述のとおり、財投計画による財投債の発行はあくまで見込み額であり、政府系金融機関などが予定ほど貸出をしなければ、調達した資金の同額が資産サイドに載るだけですので、すぐに返済可能である点に注意してください。

BOX 3　**資金運用部ショックと国債制度改革**

　国債市場ではかつて多くの金利急騰を経験しましたが、特に重要な事例は資金運用部ショックです。資金運用部ショックとは1998年末頃に起こった急激な金利上昇であり、10年国債が約１カ月程度で0.9%から2.0%へと上昇しました。10年国債のデュレーションをおおよそ10とすれば、１%の金利上昇は10%に近い評価損に相当し、いかに激しい金利上昇であったかが想像されます。資金運用部ショックの背景には、まず、橋本内閣から小渕内閣に代わる中で、財政が積極化し、国債の発行量が増加したことがあります。当時、国債の発行に際して、大蔵省資金運用部が一定程度引き受けていたところ、財投改革の過程で、資金運用部の国債買入れ停止の報道等が出たことから、市場参加者の中で国債の需給関係の悪化が認識され、金利の急騰を招きました（図表７−20参照）。

　資金運用部ショックが特に重要である理由は、このショックを契機に、財

図表７−20　資金運用部ショック前後の金利の推移

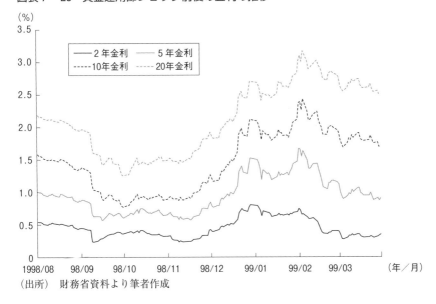

（出所）　財務省資料より筆者作成

務省が市場参加者との対話をより一層重視することとなり、様々な制度改正につながったためです。資金運用部ショック以前は、財務省が投資家等と意見交換を行う会議体はありませんでしたが、資金運用部ショックを経験し、国債市場懇談会などが立ち上がりました。そのほかにも、当時の国債課1課体制から、国債業務課と国債企画課の2課体制（現体制）へ移行するなど、様々な制度改正が資金運用部ショックを契機としています。現在においても、国債利払費の予算額を算定するにあたって、資金運用部ショックの経験も参照されています[20]。資金運用部ショックやそれに係る国債制度改革の詳細を知りたい読者は、齋藤・服部（2023）を参照してください。

　ちなみに、その他の代表的な金利上昇ショックは、2003年に起こったVaRショックです。VaRショックは、VaR（Value at Risk）と呼ばれるリスク手法が金利上昇を招いたイベントとされています。VaRについては服部（2021b）を参照いただきたいのですが、VaRは過去のデータに基づき金利リスク量を推定する点が特徴です。VaRショックでは一部の銀行が国債を売却したことが契機とされています。一時的な金利急騰により、VaRが上昇しますが、銀行等はVaRで算出したリスク量を低下させるため国債を売却することになります。しかし、その売却行為がさらに金利を上昇させ、それがさらにVaRを上昇させるという悪循環を生みました。2003年のVaRショックでは、上述のようなVaRが有する特性が銀行等による国債の売却の連鎖を生み、金利上昇につながったとされています。VaRショックの詳細は服部（2023）を参照してください。

20　2017年3月22日の参議院財政金融委員会において麻生財務大臣は「平成29年度の国債費におきましては、（中略）予算積算金利を、いわゆる日銀が当面長期金利ゼロ％程度で推移するよう長期国債の買入れを行うとしておられますので、低金利環境が続いていることなどを考えまして、過去の金利上昇時の例というのは1.1％、というのは、平成10年度に運用部ショックで、このときは0.9が一挙に2.0まで上がった等々の例がありますので、1.1％程度を総合的に勘案して、前年度の1.6％から1.1％に引き下げた」（国会会議録検索システムより取得）と答弁しています。

〈参考文献〉

1．小村武（2016）『予算と財政法（5訂版）』新日本法規出版.

2．齋藤通雄・服部孝洋（2023）「齋藤通雄氏に聞く、日本国債市場の制度改正と歴史（前編）」『ファイナンス』695, 34-45.

3．杉本健輔・服部孝洋（2021）「我が国減債基金制度の変遷―国債整理基金特別会計と60年償還ルール―」CREPE DISCUSSION PAPER.

4．服部孝洋（2021a）「コスト・アット・リスク（Cost at Risk, CaR）分析入門」財務総研スタッフ・レポート.

5．服部孝洋（2021b）「グリッド・ポイント・センシティビティ入門―日本国債およびバリュー・アット・リスクの観点で―」『ファイナンス』664, 80-88.

6．服部孝洋（2023）「VaRショックについて―2003年における金利急騰時のケース・スタディ―」『ファイナンス』697, 15-24.

7．服部孝洋・稲田俊介（2021）「国債整理基金特別会計および借換債（前倒債）入門」財務総研スタッフ・レポート.

8．財務省財務総合政策研究所財政史室（2004）『昭和財政史―昭和49～63年度〈第5巻〉国債・財政投融資』東洋経済新報社.

第 **8** 章

入札（オークション）

▌8.1　はじめに

　財務省は、入札を通じて、数千億から数兆円に及ぶ金額の国債を発行し、資金調達を行っています。日本国債市場ではいわば、最大級ともいえる規模の入札（オークション）が毎週のように行われているわけです。国債の入札は、その金額が大きいことに加え、入札結果が国債のセカンダリー市場等に影響を与えるがゆえ、注目度が非常に高いイベントといえます。

　国債の入札の特徴は、プライマリー・ディーラーと呼ばれる証券会社が入札に関して応札の義務を負う形で、国債の安定消化に寄与している点です。我が国の入札制度ではプライマリー・ディーラー各社の応札義務の合計は発行額以上となるため、政府としては入札の未達を防ぎ、安定的な消化を可能としています。その一方、プライマリー・ディーラーは流動性供給入札や非価格競争入札への参加の権利等、義務の対価として、一定の権利が与えられています。

　我が国の入札では、コンベンショナル方式とダッチ方式という2つの制度が併用されている点も重要な特徴です。具体的には、40年国債と物価連動国債についてはダッチ方式が用いられ、それ以外の国債にはコンベンショナル方式が用いられています。日銀がオペレーションを行う際も、入札（コンベンショナル方式）が実施されており、入札の方式を理解することは日銀のオペレーションを理解するうえでも非常に重要です。

　本章の構成は次のとおりです。まず、そもそも債券の発行方法には、入札だけでなく、引受方式が存在し、国債についてはかつて引受方式が用いられていたものの、現在は入札が実施されている点を説明します。次に、プライマリー・ディーラー制度を取り上げ、それを踏まえ、日本国債の入札について、できるだけ具体的に解説します。その後、コンベンショナル方式とダッチ方式の詳細を説明し、最後に、非価格競争入札について説明します。

▌8.2　入札と引受

　一般的に、債券を発行する場合、主に①入札に加え、②引受方式（アンダーライティング）があります。実際のところ、現在、国債を除くほとんど

の有価証券が引受で発行されています。引受という方式は、例えば、株式や社債を発行する場合、特定の証券会社が赤字主体（発行体）と黒字主体（投資家）の間に入って、両者が折り合える価格を模索するという方法です（証券会社は有価証券を一時的に在庫として抱え、投資家に販売します）。一方、入札では、投資家が買いたい価格を発行体（国債の場合、政府）に提示し、高い価格で応札された札から順番に落札するという方法です（現在の国債の発行は、図表8－1にあるように、主にプライマリー・ディーラーである証券会社を通じて投資家が札を入れる仕組みがとられています）。

　もっとも、国債についても引受方式がメインで用いられていた時代がありました。歴史的には、戦後、国債が発行されてから長らく、シ団引受と資金運用部引受という2方式がとられていました。シ団引受とは、具体的には1,000を超える金融機関により国債引受のための団体（これをシンジケート団（シ団）といいます）を作り、発行された国債をシ団が引き受ける形をとります。一方、資金運用部引受とは、旧大蔵省（現財務省）における資金運用部

図表8－1　入札と引受のイメージ

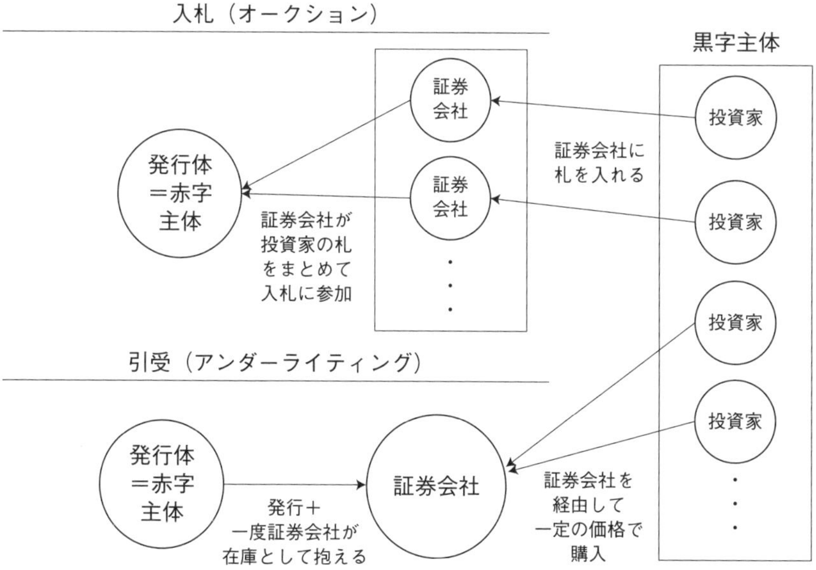

（出所）　筆者作成

資金による国債の引受のことです（資金運用部については7章のBOX 3を参照してください）。

　その後、市場参加者の意見等も踏まえ、1978年には公募入札が導入されたほか、1989年にはシ団引受に部分的競争入札が導入されました。1990年代に入り、国債発行の規模が大きくなる中で、入札方式に対するニーズが投資家の中で高まっていきました。入札方式による消化が順調であったこともあり、財務省は入札方式の発行を徐々に増やしていきます[1]。図表8－2はシ団引受のシェアの推移を示していますが、徐々に競争入札による発行の割合が増えていくことが確認できます。シ団による発行は2006年3月に完全に廃止されています（シ団方式から競争入札への流れの詳細を知りたい読者は、齋藤・服部（2023）を参照してください）。

　読者の中には、「そもそも入札方式と引受方式のどちらがよいのか」という根本的な疑問を持つ人もいるかもしれません。米国のアル・ゴア元副大統領がいうとおり、入札とは、入札にかけられているものを最も高く評価する者を落札者とする仕組みです。その意味で入札を用いて国債を発行することは公平かつ簡明な制度を用いているとも評価できます。もっとも、公平かつ簡明とはいっても、実は入札には様々な方式があり、方式の巧拙により結果も変わってきてしまいます。経済学では入札そのものが1つの分野になっており、学術研究では入札のほうが引受方式より望ましいという意見が多い印象ですが、実際の有価証券の発行をみると、その多くは引受が用いられています。もちろん、有価証券の中には国債以外についても、入札を通じて発行している発行体もあります。例えば、我が国では一部の地方自治体が入札で地方債を発行していますし、Google社が入札により株式を発行したというエピソードもあります。なぜ入札のメカニズムにメリットがあるかについての

1　財務省の「債務管理リポート2006」にもあるとおり、部分的競争入札については、「①導入後も国債の入札は引き続き順調に行われ、また、流通市場も比較的落ち着いた動きを見せていること、②国の債務管理の在り方に関する懇談会、国債市場特別参加者会合、国債投資家懇談会等において意見を聴取したところ、同制度の国債安定消化機能は導入当初に期待された効果をあげており、シ団を廃止しても問題ないとの見解で概ね一致を見たことから、平成17年度末をもってシ団引受を行わないこととしました」（p.47より抜粋）とあります。

図表 8 - 2　シ団引受シェアの推移

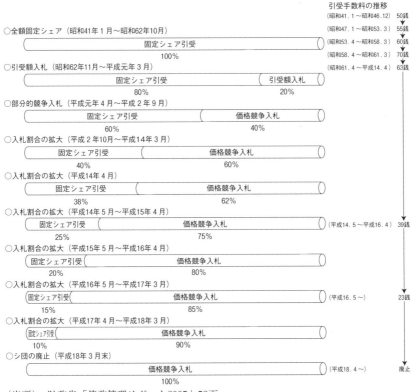

引受手数料の推移

（昭和41.1〜昭和46.12）	50銭
（昭和47.1〜昭和53.3）	55銭
（昭和53.4〜昭和58.3）	60銭
（昭和58.4〜昭和61.3）	70銭
（昭和61.4〜平成14.4）	63銭
（平成14.5〜平成16.4）	39銭
（平成16.5〜）	23銭
（平成18.4〜）	廃止

○全額固定シェア（昭和41年 1 月〜昭和62年10月）
固定シェア引受
100%

○引受額入札（昭和62年11月〜平成元年 3 月）
固定シェア引受　80%　　引受額入札　20%

○部分的競争入札（平成元年 4 月〜平成 2 年 9 月）
固定シェア引受　60%　　価格競争入札　40%

○入札割合の拡大（平成 2 年10月〜平成14年 3 月）
固定シェア引受　40%　　価格競争入札　60%

○入札割合の拡大（平成14年 4 月）
固定シェア引受　38%　　価格競争入札　62%

○入札割合の拡大（平成14年 5 月〜平成15年 4 月）
固定シェア引受　25%　　価格競争入札　75%

○入札割合の拡大（平成15年 5 月〜平成16年 4 月）
固定シェア引受　20%　　価格競争入札　80%

○入札割合の拡大（平成16年 5 月〜平成17年 3 月）
固定シェア引受　15%　　価格競争入札　85%

○入札割合の拡大（平成17年 4 月〜平成18年 3 月）
固定シェア引受　10%　　価格競争入札　90%

○シ団の廃止（平成18年 3 月末）
価格競争入札　100%

（出所）　財務省「債務管理リポート2005」58頁

経済学的な議論については、ミクロ経済学のテキストや「日本国債入門—ダッチ方式とコンベンショナル方式を中心とした入札（オークション）制度と学術研究の紹介—」（石田・服部, 2020）などを参照してください。

■ 8.3　プライマリー・ディーラーと国債の入札

　国債の入札において重要な役割を果たすのは、プライマリー・ディーラー（Primary Dealers, PD）と呼ばれる証券会社[2]です[3]。財務省は国債を販売す

2　我が国のプライマリー・ディーラー制度では一部の銀行も含まれている点に注意が必要です。

ることで資金調達をするわけですが、プライマリー・ディーラーは入札に義
務をもって参加し、国債を最終投資家に販売するという意味で、国債の販売
を担う証券会社です。例えば、プライマリー・ディーラーは直近2四半期の
入札において落札義務や応札義務を負っています。もちろん、証券会社は最
終投資家ではなく、直接金融を成立させるためのいわば媒介ですから、その
応札義務や落札義務を果たすために、投資家に、国債の販売を積極的に行う
必要があります。また、応札義務については、プライマリー・ディーラーの
応札額を合計すると発行額を超えるように配分されており、各証券会社が応
札義務を果たすことで、入札の未達を防ぐ仕組みになっています（BOX1を
参照）。

　プライマリー・ディーラーは、落札義務や応札義務等を果たす代わりに、
いくつかの権利を有しています（図表8－3参照）。プライマリー・ディー
ラーになることの特に重要なメリットは、非価格競争入札と流動性供給入札
へ参加できることです。プライマリー・ディーラーにとって、なぜこれらの
入札への参加にメリットがあるかについてはのちほど説明します。

図表8－3　プライマリー・ディーラーの主な義務と権利

義務

応札責任：すべての国債の入札で、相応な価格
　で、発行予定額の100/n％以上の相応の額を
　応札すること（nはPD数）。
落札責任：直近2四半期中の入札で、短期・中
　期・長期・超長期の各ゾーンについて、発行
　予定額の一定割合（短期ゾーン0.5％、短期
　以外のゾーンは1％）以上の額の落札を行う
　こと。
流通市場における責任：国債流通市場に十分な
　流動性を提供すること。
情報提供：財務省に対して、国債の取引動向等
　に関する情報を提供すること。
（出所）　財務省ウェブサイトより筆者作成

権利

国債市場特別参加者会合への参加資格：財務省
　と意見交換等を行うことができること。
第Ⅰ非価格競争入札および第Ⅱ非価格競争入札
　への参加資格：通常の競争入札と同時に行わ
　れる第Ⅰ非価格競争入札および競争入札後に
　行われる第Ⅱ非価格競争入札に参加できるこ
　と。
流動性供給入札への参加資格：国債市場の流動
　性の維持・向上等を目的として実施される流
　動性供給入札に参加できること。
買入消却入札への参加資格：買入消却のための
　入札に参加できること。

3　欧米主要国において導入されている、いわゆる「プライマリー・ディーラー制度」を
　参考として、2004年10月に、「国債市場特別参加者制度」（日本版プライマリー・ディー
　ラー制度）が導入されました。

ちなみに、プライマリー・ディーラーは、金融機関自身がメリットがないと判断すれば、脱退することもできます。実際に、かつて三菱東京UFJ銀行（当時）がプライマリー・ディーラーから抜けるなど、脱退する事例は散見されます。また、通常の投資家による国債の入札への参加は、プライマリー・ディーラーを経由しなくても可能です。

BOX1 国債市場特別参加者制度（いわゆるプライマリー・ディーラー制度）の改正

　2022年3月末に、プライマリー・ディーラー要領が改訂され、各プライマリー・ディーラーに課せられる応札責任の内容に変更が加えられました。具体的には、それまでは各入札において発行予定額の5％以上の応札を行うことが要領上定められていたところ、改訂後は発行予定額の「100÷プライマリー・ディーラーの数（n）」％以上の応札が求められることになりました。

　過去には、応札責任割合をプライマリー・ディーラーの数の分だけ合計した「応札責任による発行予定額のカバー率」が、100％に満たなかった時期があります。これは理屈上、極端に国債の需要が乏しい場合には、制度上「札割れ」（応札が100％に満たない状態）が生じうることを意味していました。また、各プライマリー・ディーラーの第Ⅰ非価格競争入札の枠（応札上限）などは、プライマリー・ディーラーの数に応じて増減しうる一方、プライマリー・ディーラーの各入札における責任の重さは、プライマリー・ディーラーの数によらず固定されているものでもありました。こうした事情を踏まえ、2022年において、今後、仮に様々な事情でプライマリー・ディーラーの数が増減しても、基本的には制度を都度改正することなく、常に発行予定額の100％以上の応札額が確保されるように改正されました[4]。

4　最低限応札しなければならない額の計算を単純にし、事務リスクを低減する観点から、100÷nの割り算の結果に1未満の小数が発生する場合は、小数第一位の切り上げをすることとしています。また、改正前後のプライマリー・ディーラーの数は20社で不変ですので、制度改正のタイミングで実質的なプライマリー・ディーラーの負担（100÷20＝5％）に変更はありませんでした。

■ 8.4　入札の流れ

　ここから財務省が実施する入札の流れを説明します（以下では、参加者が価格ないし金利で応札する競争入札を前提に議論していきます[5]）。図表8－1が10年国債の入札のイメージを示していますが、図表8－4の左側に記載しているとおり、財務省が10年国債を、例えば、2兆円分発行するとします。財務省はもちろん調達コストを低下させたいため、この入札において、多くの投資家に高い価格で応札してほしいと考えています。入札の前から、プライマリー・ディーラーを中心とする証券会社は、投資家に10年国債の営業を行います。読者が最終投資家であれば、プライマリー・ディーラーである証

図表8－4　10年国債入札のイメージ

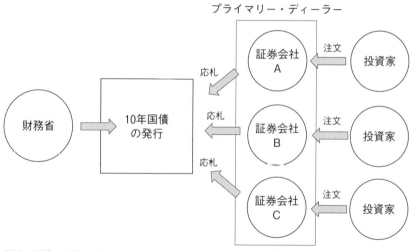

（注）　国債の入札にはプライマリー・ディーラーを経由せず購入することもできますが、この点は省略しています。
（出所）　筆者作成

5　国債の入札は、価格で応札するか、金利で応札するかの違いがあるものの、金利と価格は一対一の関係であり、本質的に同一であることから、本章では両者を区別せず入札と記載する点に注意してください（本章で入札と書いた場合、価格競争入札あるいは金利競争入札を指す点に注意してください）。

図表8－5　入札当日のタイムライン

	10：30	11：50	12：35
	利率などの	入札の	入札の
	入札情報の開示	応募締切	結果発表

（出所）　財務省資料に基づき筆者作成

　券会社Aに、例えば、単価100円で10億円の札、単価101円で5億円の札とい
う形で、注文を入れます（読者はプライマリー・ディーラーを介さずに入札に
参加することもできますが、実際、大部分がプライマリー・ディーラーを経由し
て購入しているため、プライマリー・ディーラーを経由して参加することを前提
に説明します）。証券会社は最終投資家から多くの注文を集めて、それを集約
したうえで、日銀ネットを通じてその注文を出します。財務省は、高い価格
（低い金利）で発行したいため、高い価格で応札されたものから順番に落札
していき、目標の発行額である2兆円に達するところで落札を終え、それ以
下の価格の札を落札せず、とします。

　図表8－5が入札当日のタイムラインです。10時30分に国債の利率（クー
ポン）などがアナウンスされます（ここでは利付国債を前提にしています[6]）。
入札の締め切り時間は11時50分ですから、投資家はこの時間までに証券会社
などを通じて注文をします。投資家は、前述のとおり、単価100円で10億円
の札、単価101円で5億円の札などという形で、基本的には価格で注文を出
します。これを指値注文といいます（財務省は平均価格で購入する非価格競争
入札も実施していますが、これについては後述します）。入札結果は12時35分に
財務省のウェブサイトを通じて発表されます。

　年間のスケジュールのイメージについても説明します。7章で説明したと
おり、国債の発行量全体や各年限の発行額については、12月末頃の国債発行
計画でおおよそ固まります（補正予算や税収増等により変化しうる点には注意
してください）。40年国債など発行量が少ないものを除き、基本的には毎月、

6　Tビルについてはタイムラインが異なる点に注意してください。詳細は「債務管理リ
　ポート」等を参照してください。

各年限の国債が発行されます。また、各年限の国債は定例的におおよそ同じタイミングで発行されます。例えば、10年国債は月初、2年国債は月末などが定例であり、投資家は各年限の入札のタイミングをおおむね認識しています。

▍8.5　銘柄統合（リオープン）

国債の入札で気をつけるべき点は、必ずしも新しい国債が発行されるとは限らない点です。基本的に、多くの国債は毎月入札がなされていますが、実は、既発債を再発行するという入札も実施されています。これはかつて発行した銘柄に統合して発行するという意味合いから、銘柄統合（リオープン）と呼ばれています（リオープンをタップと呼ぶこともあります）。

リオープンの主な目的は、市場に流通する国債の種類を減らすことで、各銘柄の流動性を向上させることにあります。仮に、毎月新しい10年国債を発行していくと、1カ月年限が違う国債が年間12銘柄発行されることになります。そうなると1銘柄の発行額が小さくなり、売買も分散することから、流動性が低くなります。一方で、例えば、先月発行した国債と同じものを追加的に発行するという形をとれば、一銘柄の発行量が増えることになり、そこに投資家の売買が集中します。実際、多くの投資家にとって、満期までの期間がちょうど10年である10年国債と、先月発行した10年国債（残存約9.9年債）との違いはほとんどないといえるでしょう。それであれば先月と同じ国債（残存約9.9年債）を発行したほうが流動性に寄与するといえます。

どの程度の頻度でリオープンを実施するかは、国債の年限ごとに異なります。現時点では、10年国債の場合、3カ月に1回、新しい国債を出す形になっている一方、40年国債の場合は年1回です。これは10年国債の発行量が多い一方で、40年国債はまだ発行額が小さいことなどが考えられます。また、リオープンは、相場が安定しているときに実施されることが前提とされている点も特徴です。仮に年限が近くても、クーポンが大きく異なれば、商品性が一定程度異なってくるともいえます。例えば金利が大きく動いた場合、同じ銘柄を発行するというより、今の金利実勢に合わせた利率で国債を発行するメリットが高まってくるともいえます（この仕組みは入札において原

則、100円に近い（パーに近い）発行を実施しているとも解釈できます[7]）。したがって、10年国債などでは、金利と利率が大きく乖離しなければリオープン、解離した場合は、3カ月以内でも新しい銘柄を発行するという制度になっています（2年国債については年限が短く、1カ月の違いが持つ意味が大きいため、リオープンを実施していない点に注意してください）。

　ちなみに、直近発行銘柄をカレント銘柄（オン・ザ・ラン銘柄）といい、直近発行でない銘柄を非カレント銘柄（オフ・ザ・ラン銘柄）といいます。例えば、本日、10年国債（370回債）が発行された場合、この370回債はカレント銘柄です。この国債はしばらくカレント銘柄ですが、3カ月後に新たな10年国債（371回債）が発行された場合、3カ月前に発行された370回債（9.75年債）はオフ・ザ・ラン銘柄になります（371回債がカレント銘柄になります）。カレント銘柄という観点でいえば、リオープンは、カレント銘柄を追加発行して、流動性を向上させる政策と解釈されます。

▌ 8.6　流動性供給入札

　リオープンは、流動性を向上させるための制度的な工夫といえますが、日本では直近のカレント銘柄（オン・ザ・ラン銘柄）だけでなく、非カレント銘柄（オフ・ザ・ラン銘柄）を追加発行することで流動性を改善させる入札も実施されています。これを流動性供給入札といいます。流動性供給入札とは、構造的に流動性が不足している既発債を追加発行する制度です。例えば現在、7年国債（3年前に発行した10年債）の流動性がない場合、プライマリー・ディーラーは流動性供給入札を通じて、7年国債の追加発行を求めることができます。これはかつて発行した銘柄を追加供給するという観点では、リオープンと似た制度と解釈することができます[8]。ちなみに、リオー

7　前述のとおり、パーとは、100円で償還される債券の価格が100円である状態です。国債が発行された後、例えば金利が大幅に低下すると、単価は100円より高い値になります。このような中で、リオープンを実施した場合、100円から大きく乖離した価格の国債が発行されることになります。したがって、金利が大きく変化した場合にはリオープンを実施せず、クーポンを実勢に合わせて国債を発行することで、単価が100円に近い発行が可能になります。なお、100円以下（以上）の価格で国債が発行された場合、発行当局が当初予定した金額より少なく（多く）調達することになるという問題がある点に注意してください。

プンは他の先進国でも広く用いられていますが、投資家のニーズに応じて幅広い既発債を供給する流動性供給入札は、筆者が把握する限り、他の先進国にはない我が国特有の制度といえます。

　流動性供給入札では、具体的には、残存1年超5年以下・5年超15.5年以下・15.5年超という形で、年限を区切り国債供給を行っています。例えば、2023年5月19日に、5年超15.5年以下について約5,000億円の流動性供給入札が実施されていますが、このことは残存年数が5年から15.5年の既発の国債について、市場実勢に合った価格で約5,000億円分、既発債が追加供給されたことを意味しています。図表8－6がそのイメージになりますが、通常の10年国債入札であれば10年国債のみが発行されるところ、流動性供給入札では、例えば5年から15.5年の年限についてニーズに応じて既発債が追加発行されます。なお、入札方式については、プライマリー・ディーラーが発行を求める既発債について価格で応札し、前営業日比ベースで割高な国債から順番に発行していくという形がとられています（この詳細は日銀のオペレーションの入札を説明する9章のBOXで説明します）。

　流動性供給入札の重要な特徴は、この入札がプライマリー・ディーラーの

図表8－6　流動性供給入札のイメージ

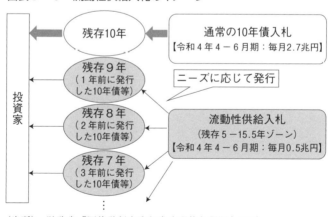

（出所）　財務省「国債発行を取り巻く現状と課題」12頁

8　ちなみに、筆者の研究（Hattori, 2019）では流動性供給入札が流動性を改善させたという結果を得ています。学術研究に関心がある読者は同論文を参照してください。

権利になっており、証券会社等がプライマリー・ディーラーになることの重要なメリットになっている点です。すでに3章で説明しましたが、マーケット・メイクを行う主体である証券会社のトレーダーは、在庫がない中で、希少な銘柄を売らなければいけない可能性を有しています。この場合、在庫に当該国債がないため、例えば、その国債を借りてきて投資家に受け渡すことになるのですが、これはショートのポジションを作っている状況といえます（図表8－7の上図）。そのショートのポジションを解消するためには、トレーダーが何らかの形で当該銘柄を購入してくることが必要になりますが、セカンダリー市場ではその銘柄に流動性がないかもしれません。その場合、流動性供給入札により、当該銘柄を追加発行してもらうことで、そのショートのポジションを解消することが可能になります（図表8－7の下図）。

　ここでは紙面の関係上、流動性供給入札の説明は以上になりますが、流動性供給入札についてより詳細に知りたい読者は、「流動性供給入札入門」（服

図表8－7　流動性供給入札を用いたマーケット・メイクのイメージ

①証券会社が国債を借り入れて国債をショート

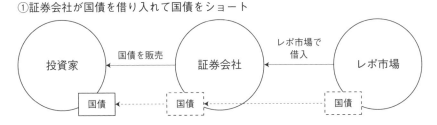

②流動性供給入札でショートした銘柄を取得してショートをカバー

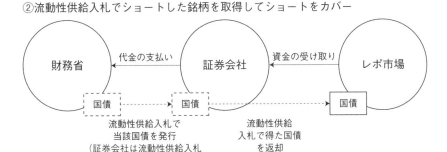

（出所）　筆者作成

部・齋藤, 2023）を参照してください。

8.7　コンベンショナル方式とダッチ方式

　ここからは国債の入札方法について具体的に考えていきます。発行体である財務省の立場に立って入札の実施を考えてみましょう。発行体（財務省）としては、その調達コストを下げるために、できるだけ高い価格（低い金利）で発行したいと考えます。そのため、財務省は、例えば、10年国債を発行するうえで、多くの人に「高い価格で多くの札を入れてください」と呼びかけます。財務省としては、調達コストを抑えるため、集まった札の中から、高い価格で応札された札から順番に落札・販売していき、目標となる金額で落札を終えます。目標額に達する価格以上で応札した人は落札、それ以下の価格で応札した人は落札できず、ということになります（図表8－8参照）。

　この入札方式では、同じ国債でも違う価格で購入するという特徴を有します。例えば、読者が10年国債に対して、101円で応札して、私が102円で応札したとします。ちょうど発行額に達する価格が100円であれば、私も読者も落札ということになりますが、同一の10年国債を買うにもかかわらず、読者は101円で購入して、私は102円で購入するという形になります。財務省としては高い価格で応札した人は高い価格で買ってもらうという入札になります

図表8－8　国債入札のイメージ

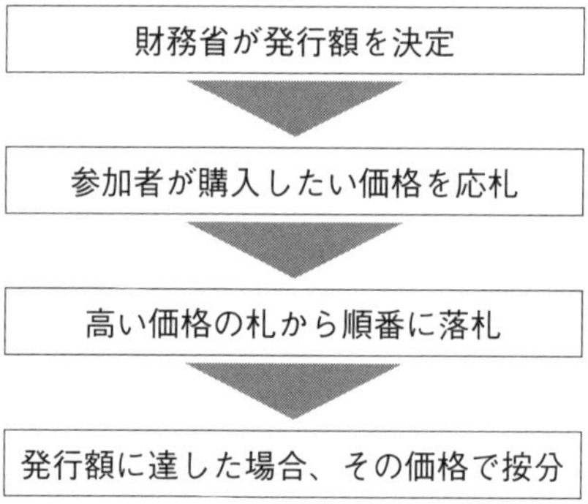

財務省が発行額を決定

参加者が購入したい価格を応札

高い価格の札から順番に落札

発行額に達した場合、その価格で按分

■入札の参加者が低い（高い）価格で落札できた場合、低い（高い）価格で国債を調達できるため、入札の参加者の利益は高い（低い）。

■財務省は高い価格で投資家に販売できれば資金調達コストを抑えることが可能になる。そのため、高い価格で応札された札から順番に落札する。

■応札した価格で落札する方法が「コンベンショナル方式（discriminatory）」。

■発行額に達した価格で全員購入するのが「ダッチ方式（uniform）」。

（出所）　筆者作成

が、このような方法は「コンベンショナル方式」と呼ばれ、現在、大部分の国債（40年国債と物価連動国債以外）がこの方式で発行されています（参加者が異なる価格で購入するため、英語ではdiscriminatory auctionといいます）。

　先ほどのように、読者が101円で応札して、私が102円で応札し、ちょうど発行額に達する価格が100円であるとします。この場合、私も読者もこの国債を同じ価格の100円で落札するという入札方法もあります。これをダッチ方式といい、現在、40年国債と物価連動国債の入札がこの方式に基づいています。この入札ではすべての人が同じ価格で落札するという点が特徴です（全員が同じ価格で買うため、英語ではuniform auctionといいます）。

　直感的には、財務省としては、投資家が高い価格で応札したなら、その高い価格で発行したほうがメリットがあるようにみえるため、コンベンショナル方式がよさそうにみえます。しかし、入札に参加する立場に立ってもらえば、高い価格で応札した場合、高値でつかまされることになることから、それを避けるために、コンベンショナル方式ではそもそも入札に消極的に参加するかもしれません（入札において落札者が結果的に割高で購入することを「勝者の呪い」といいます）。一方、ダッチ方式であれば、全員同じ価格で購入することから、参加者は積極的に応札し、結果的に、そのことが落札価格を引き上げて調達コストの低下に寄与するかもしれません。

コンベンショナル方式とダッチ方式のメリットとデメリット

　経済学的には、コンベンショナル方式とは、図表8－9の左図のような形で、需要曲線の形に沿って国債を販売していく方式です（価格が低ければ買いたい人が多くなるため、需要曲線は右肩下がりの曲線です）。政府の収入を考えると、コンベンショナル方式では、高い価格で応札した投資家は高い価格で購入するため、図表8－9の左図でハイライトされている部分が政府の収入になります。一方、ダッチ方式とは、右図のような形で、全員同じ価格で購入するため、政府の収入はmarket clearing priceと供給量の積で決まります。

　実は学術的な理論研究では、コンベンショナル方式とダッチ方式のどちらがよいかに関し、必ずしも統一的な意見があるとはいえません（筆者の理解

図表 8 - 9　需要曲線と供給曲線の観点でみたコンベンショナル方式とダッチ方式

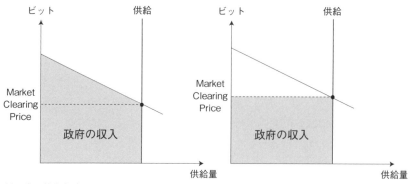

（出所）　筆者作成

ではコンベンショナル方式のほうがよいという意見が優勢です[9]）。詳細は、石田・服部（2020）などに譲りますが、理論的には各方式のメリットとデメリットについて、下記の点が指摘されています。

コンベンショナル方式のメリットとデメリット

〈メリット〉

・情報優位にある投資家はその優位性を活かせる

・落札に成功した暁には入札額が落札額となるので、制度の理解はしやすい

・（十分な投資家がいる場合）共謀が起きづらい[10]

〈デメリット〉

・optimal bidding（どのような入札額に設定するのか）を考えることがむずかしい

9　Pycia and Woodward（2021）などを参照してください。

10　もっとも、実証研究の中にはコンベンショナル方式における共謀がありうるという結果も示されています。例えば、Umlauf（1993）を参照してください。

ダッチ方式のメリットとデメリット

〈メリット〉

・マーケットで情報劣位にある（小規模）投資家であっても簡単にビッドで
　きる

・すべての人が同じ価格で買うという意味で公平

・投資家も自らが買いたい価格で入札すればよい[11]ことから比較的楽

〈デメリット〉

・（共謀により）収入が低くなる均衡が存在するなど、複数の投資家が通謀す
　ることによるmanipulationに対して脆弱である可能性あり

　もっとも、理論だけではどちらが優れていると言いがたいことから、様々
な国のデータを用いて実証分析がなされています[12]。筆者も日本国債のデー

図表8－10　各国で実施される入札方法の比較

コンベンショナル方式		ダッチ方式	両方	その他
バングラデシュ	リトアニア	アルゼンチン	ブラジル	オーストリア
ベルギー	北マケドニア	オーストラリア	カナダ	フィンランド
カンボジア	マルタ	コロンビア	ガーナ	ルクセンブルク
キプロス	モーリシャス	韓国	イタリア	フィジー
エクアドル	モンゴル	ノルウェー	メキシコ	アイルランド
フランス	パナマ	シンガポール	ニュージーランド	
ドイツ	ポーランド	スイス	シエラレオネ	
ギリシャ	ポルトガル	トリニダード・トバゴ	スロベニア	
ハンガリー	ソロモン諸島	アメリカ	イギリス	
イスラエル	スウェーデン			
ジャマイカ	トルコ			
ラトビア	ベネズエラ			

（注）　詳細な定義はBrenner et al.（2009）をご参照ください。また2005年時点の入札を
　　　ベースとしている点に注意してください。なお、日本については割愛しています
（出所）　Brenner et al.（2009, p.269）より筆者和訳

11　厳密に理論的にいえば、ダッチ方式でも自らの入札が落札価格に影響を与えうるた
　　め、理論的に得られる投資家の最適入札価格は自らが買いたい価格とは若干異なりえま
　　す（shading factorと呼ばれます）。
12　Ausubel et al.（2014）は "determining the better pricing rule is, therefore, an em-
　　pirical question"（p.1391）と指摘しています。

タを用いた実証研究をしており、コンベンショナル方式が望ましいという結論を得ています（Hattori and Takahashi, 2021）。米国ではダッチ方式が用いられていますが、1990年代に買占め（ショート・スクイーズ）が起こったことを受け、コンベンショナル方式からダッチ方式にシフトしたという歴史があります。図表8－10が各国で実施されている入札方法ですが（時点が2005年である点に注意してください）、コンベンショナル方式が多いものの、ダッチ方式も用いられていることがわかります。我が国では流動性が低かったり、金利リスクが相対的に高いと考えられる物価連動国債や40年国債についてダッチ方式が用いられています。

コンベンショナル方式とダッチ方式の具体例

　コンベンショナル方式とダッチ方式が入札結果にどのように影響を与えるかは、実務的にも非常に重要であるため、数値例を用いて応札と落札の関係を確認します[13]。図表8－11に示しているとおり、財務省が1,000億円分の国債を入札で発行しようと考えており、プライマリー・ディーラーであるAとBが応札するとします。この際、現在のマーケット環境に鑑み、プライマリー・ディーラーAは100.02円、100.01円、100.00円、99.99円でそれぞれ200億円分応札する一方、プライマリー・ディーラーBは100.01円、100.00円、99.99円でそれぞれ200億円分応札しているとしましょう。

　この場合、1,000億円に達するまで、財務省は自らにとって利益のある高い価格から落札していきます。この例では100円の札までであれば、プライマリー・ディーラーAとBの応札額合計が1,000億円に達するため、100円までの札が落札されます。一方、プライマリー・ディーラーAとBは99.99円で200億円ずつ応札していますが、この札も含めると発行額である1,000億円を超過してしまうため落札されません。ここまではコンベンショナル方式もダッチ方式も同じです。

　コンベンショナル方式とダッチ方式の異なる点は、購入する際の価格で

13　ここでは入札方式の制度的な違いを理解することを目的としているため、入札方式によってプライマリー・ディーラーが応札を変えないと想定している点に注意してください。

図表 8－11　コンベンショナル方式とダッチ方式の事例

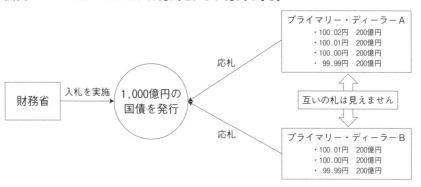

〈入札の結果〉

1．コンベンショナル方式（応札した価格で落札）

プライマリー・ディーラーA	プライマリー・ディーラーB
・100.02円　200億円 ・100.01円　200億円 ・100.00円　200億円	・100.01円　200億円 ・100.00円　200億円

2．ダッチ方式（1,000億円に達した入札金額である100円で落札）

プライマリー・ディーラーA	プライマリー・ディーラーB
・100.00円　600億円	・100.00円　400億円

（注）　ここではわかりやすさを重視した図になっています。実際の入札ではプライマ
　　　　リー・ディーラーが3社以上存在する点などは捨象しています
（出所）　筆者作成

す。コンベンショナル方式の場合、プライマリー・ディーラーAとBはそれ
ぞれ自分が応札した価格で落札します。すなわち、プライマリー・ディー
ラーAは100.02円、100.01円、100.00円でそれぞれ200億円ずつ落札し、プ
ライマリー・ディーラーBは100.01円、100.00円で200億円ずつ落札しま
す。一方、ダッチ方式では、1,000億円に達する価格、すなわちそれぞれ落
札できた金額分（プライマリー・ディーラーAは600億円、プライマリー・ディー
ラーBは400億円）をすべて一律の価格である100.00円で落札します。

　なお、この例では応札額がちょうど1,000億円になる事例にしています
が、実際には発行額を超過することがあります。例えば、このケースにおい
てプライマリー・ディーラーAが100円で（200億円でなく）300億円を応札し
ていた場合、応札額は100.01円の累計（600億円）では1,000億円に達しませ

んが、100.00円では応札額（累計）が1,100億円となり、発行額である1,000億円を超過します。このようなケースでは超過した分が発行額に収まるようにするため、「『オファー額』と『案分価格帯の一段上までの累計』との差分」を「案分価格帯に応札した金額」で除することによって比率（案分比率14)）を作り、これを用いて案分します。この場合、100.00円で応札したAの300億円とBの200億円の合計（500億円）が、残り400億円に収まるようにするため、「400/500＝0.8」が案分比率となります。

··

BOX 2　イールド・ダッチ方式

　前述のとおり、多くの利付国債は入札日の10時30分に利率（クーポン）が決定され、価格で応札されます。一方、現在、40年国債については、入札前に利率が定まっておらず、複利の利回りで応札するイールド・ダッチ方式が採用されています。これは40年国債の入札において、もしクーポンを定めて応札した場合、デュレーション（金利が変化した際の価格感応度）が大きいため、入札の結果、単価が100円から大きく乖離する可能性があるからです。前述のとおり、100円以下（以上）の価格で国債が発行された場合、発行当局が当初予定した金額より少なく（多く）調達することになるという問題があるところ、複利で応札してから利率を定めるイールド・ダッチ方式であれば、100円（パー）に近い発行が可能となり、発行体からみれば安定的な調達が可能になります。

　なお、40年国債がダッチ方式で発行されている理由として、40年国債の投資家が限定的であり、かつ、金利リスクが大きいことから投資家が勝者の呪い等を懸念し、消極的に応札する可能性があるためです。30年国債が当初発行されたときは、ダッチ方式で発行されましたが、その後、一定の期間を経て、コンベンショナル方式へスイッチした歴史を有しています。30年国債の入札において、当初、イールド・ダッチ方式が採用された背景を知りたい読

14　案分比率の計算方法：（オファー額－第Ⅰ非価格競争－足切り価格の一段上の応札額累計額）÷（足切り価格の応札額）×100

者は、齋藤・服部（2023）を参照してください。

8.8　入札結果の見方と解釈

　国債の入札結果は、市場参加者が注目するイベントの1つです。そこで、入札結果の見方および解釈についても整理します。図表8−12は10年国債の入札結果の一例を示していますが、財務省は国債の入札結果として「応募額」「募入決定額」「募入平均価格」「募入最低価格」「募入最低価格における案分比率」を発表しています。「応募額」はその入札についてどれくらい札が集まったか、「募入決定額」は応募があったうち、どのくらいの金額を落札したか、「募入平均価格」は落札者は平均的にどのような価格で落札したか、「募入最低価格」は、発行額に達するギリギリの札の価格を示しています[15]（「募入最低価格における案分比率」については前述のとおりです）。

　入札が順調であったかどうかは、入札結果の予測との乖離で判断されます。例えば、落札価格がマーケットで100円と予測されている場合、実際の落札価格が100円であれば予測どおりの結果とみなされます（マーケットのプライスを決める募入最低価格の予測がなされる点に注意してください）。一方、落札価格が101円であれば予測より高い価格（低い金利）なので強い結果、99円であれば弱い結果と解釈されます。

　前述のとおり、国債市場についてはセカンダリー市場が存在するため、その価格にも影響を受ける点に注意してください。特にリオープンであれば、入札にかけられる国債の価格がみえたうえでの入札になるため、その水準が予測価格になるともいえます（そもそも参加者としては、入札を通じて国債を買うこともできますが、入札当日に、証券会社に同じ国債や似た年限の国債を注文して購入するという選択肢もある点に注意してください）。また、国債の入札では、When-Issued（WI）と呼ばれる予約取引があり、事前にWIの価格が観察できるため、その価格も入札において参照されます（WIの価格はフォ

15　10年国債の入札はコンベンショナル方式であることから、図表8−12では平均価格と最低価格の両方が記載されていますが、40年国債入札の場合、ダッチ方式であり、皆同じ価格で購入するため、最低価格のみが記載されます。

図表 8−12　10年利付国債の入札結果の例

10年利付国債（第369回）の入札結果

令和 5 年 3 月 2 日

財務省

　本日、10年利付国債（第369回）の価格競争入札、非競争入札及び国債市場特別参加者・第 I 非価格競争入札について、下記のように募入の決定を行いました。

記

1．名称及び記号　　　　　　利付国庫債券（10年）（第369回）

2．発行根拠法律及びその　　特別会計に関する法律（平成19年法律第23号）第
　　条項　　　　　　　　　　46条第 1 項及び第47条第 1 項

3．表面利率　　　　　　　　年0.5パーセント

4．発行日　　　　　　　　　令和 5 年 3 月 3 日

5．償還期限　　　　　　　　令和14年12月20日

6．価格競争入札について
　　⑴応募額　　　　　　　　16兆9,594億円
　　⑵募入決定額　　　　　　 2 兆2,462億円
　　⑶募入最低価格　　　　　100円00銭
　　　（募入最高利回り）　　（0.500％）
　　⑷募入最低価格におけ　　30.8365％
　　　る案分比率
　　⑸募入平均価格　　　　　100円00銭
　　　（募入平均利回り）　　（0.500％）

7．非競争入札について
　　⑴応募額　　　　　　　　 4 億5,500万円
　　⑵募入決定額　　　　　　 4 億5,500万円
　　⑶発行価格　　　　　　　100円00銭
　　　　　　　　　　　　　　（0.500％）

8．国債市場特別参加者・第 I 非価格競争入札について
　　⑴募入決定額　　　　　　4,524億円
　　⑵発行価格　　　　　　　100円00銭
　　　　　　　　　　　　　　（0.500％）

（出所）　財務省

ワード価格といえますが、フォワードについては 5 章を参照してください）。

テールと応募倍率

　市場参加者はその入札の結果を解釈する際、予測との乖離以外に、「テール」や「応募倍率」が用いられます。「テール」とは「募入平均価格」と「募入最低価格」の差になります。入札に際し、投資家が応札した札の分布（横軸に応札価格、縦軸に応札した金額）がありますが、財務省は、その分布そのものは公表しないため、市場参加者は平均価格と最低価格から分布を推測します。もし投資家の意見が似通っていれば、多くの札が分布の中心付近に集まります。この場合、テールは小さく、参加者の意見に相違が少ない入札と解釈可能です。一方、分布が中心に寄っていない場合、分布の平均から大きく外れた札も落札されることから、テールは大きくなります。この場合、参加者の意見に相違が大きかった入札と解釈できます（しばしば市場参加者はテールが大きい入札を「流れた」と表現し、入札結果が不調であったと解釈する傾向があります）。ダッチ方式では、参加者が一律の価格で購入するため、募入平均価格に相当する概念がなく、テールは計算できない点に注意が必要です。

　「応募倍率」は「応募額／募入決定額」で計算し、発行額に対して、どの程度応募があったかをみるもので、数量の面でどれくらい投資家が積極的に入札に参加したのかを把握することができます。なお、前述の案分比率も札の入り方を推測するうえで、1つの指標として用いられることもあります。

　ちなみに、プライマリー・ディーラーなど各金融機関がいくら落札したかについて財務省は公表していませんが、民間のベンダーがプライマリー・ディーラーに落札額をヒアリングしています。もっとも、すべての金融機関をカバーしているわけではないため、「落札者不明分」が存在します。落札者不明分は外資系金融機関のプライマリー・ディーラーの割合が大きいこと等を理由に、海外投資家による需要などの形で市場参加者によって解釈される傾向があります。

▋ 8.9　非価格競争入札

　ここまでは主に、競争入札について説明してきましたが、我が国では、非価格競争入札と呼ばれる方式でも国債を発行しています。非価格競争入札と

は、前述の価格競争入札のように、入札の参加者が応札した価格ではなく、競争入札により形成された平均的な価格で発行するというものです。コンベンショナル方式では、例えば、読者が高い価格で応札した場合、割高な価格で購入するリスクがありますし、低い価格で応札した場合、そもそも購入できないリスクもあります。それに対し、非価格競争入札では、プライマリー・ディーラーは、あらかじめ与えられた枠内で、その入札における平均的な価格で国債を購入することができます。

　このような非価格競争入札が実施されている理由の1つとして、投資家に、入札において平均的な価格で購入したいというニーズがあることがあげられます。例えば、読者が金融機関に勤める日本国債のプロフェッショナルの投資家であれば、入札の際にどのような価格で応札すべきかについて、一定の意見があるはずです。しかし、例えば読者が多様な運用資産を有しており、日本国債の割合がごく一部である場合、毎日のように日本国債のマーケットを細かく分析することは困難でしょう。また、海外の投資家にとって日本国債の入札が行われる時間は夜中になりうるなど、入札直前のマーケットを確認することがむずかしい可能性もあります。

　そのような中で、読者が国債を購入するという方針を持っているとすれば、入札における平均的な価格で購入したいというニーズが生まれます。したがって、競争入札のみの場合には国債を購入しないであろう投資家の潜在的なニーズを、非価格競争入札によって掘り起こすことができるとも考えられます。非価格競争入札は、通常の競争入札の結果に基づき発行されるため、あくまで通常の競争入札の補完的な役割を果たします。

　図表8−13は非価格競争入札が競争入札の結果に与えるイメージを示しています。図表8−13の左図では、非価格競争入札がなかった場合における国債の需要曲線が示されており、供給量と一致する点で価格が決まります。その一方、非価格競争入札がある場合、図表8−13の右図のように平均で買いたい需要があり、非価格競争入札によって需要が増えるのであれば、その分、入札結果を押し上げる効果が予測されます。

　非価格競争入札に関して非常に重要な点は、この制度は前述の流動性供給入札と同様、プライマリー・ディーラーに与えられた権利（オプション）で

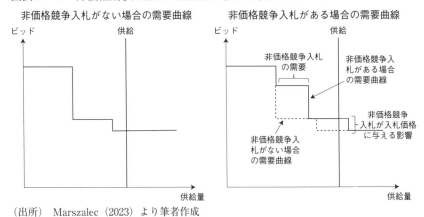

図表 8 −13　非価格競争入札が入札結果に与える効果のイメージ

（出所）　Marszalec（2023）より筆者作成

ある点です。プライマリー・ディーラーは国債の入札において投資家に対して国債の営業を行いますが、前述のように、投資家の中には平均価格で買いたいというニーズが存在しうるため、平均価格で購入できる枠があらかじめ付与されていれば、プライマリー・ディーラーにとってその注文に対応することが容易になります（ちなみに、このように平均価格で買いたいという注文を、実務ではしばしば「アベレージの注文」や「アベ注文」といいます）。したがって、財務省は、プライマリー・ディーラーが果たすべき責任の対価として、このオプションを付与しているととらえることができます。

　なお、各プライマリー・ディーラーには、過去の落札の実績に比例して、事前に利用できる枠が与えられます（詳細な計算式は「非価格競争入札入門―基礎編―」（服部・石田・早瀬・堀江, 2022a）を参照してください）。また、プライマリー・ディーラーにとって非価格競争入札はあくまでオプションであり、必ずしも行使しなくてもよい点に注意してください。

第Ⅰ非価格競争入札と第Ⅱ非価格競争入札

　非価格競争入札は、前述のとおり、競争入札により形成された平均価格を適用した入札ですが、具体的には、競争入札と同じタイミングで実施する「第Ⅰ非価格競争入札」と、競争入札の後に実施する「第Ⅱ非価格競争入

札」に分かれます[16]。第Ⅰ非価格競争入札は、競争入札と同時に応募が行われ、発行予定額のうち一定割合（現在は20%）を発行限度額とし、競争入札における平均価格を発行価格とするものです。この入札の特徴は、非価格競争入札に参加する時点で、自分が購入する具体的な価格はわからないものの、「競争入札の平均価格」であることはわかっている点です。競争入札と第Ⅰ非価格競争入札は10時30分から11時50分までに応札し、12時35分時点でコンベンショナル方式に基づき、平均価格が決まります（タイムラインは図表8－14を参照してください）[17]。第Ⅰ非価格競争入札に参加したプライマリー・ディーラーは、競争入札で定まった平均価格で国債を購入することになります（前述のとおり、プライマリー・ディーラーには事前にその枠が付与されており、その枠の範囲で応札します）。

第Ⅱ非価格競争入札は、競争入札が終わった後に実施される入札です。競争入札の平均価格を前提として、14時から14時30分の間に、プライマリー・ディーラーがそれぞれの限度額の範囲で応札を行います（図表8－14参照）。もし、後場に、入札対象銘柄の価格が上昇していれば、平均価格がその時点の市場価格より割安になるため、プライマリー・ディーラーはその権利（オ

図表8－14　競争入札および非価格競争入札のタイムライン

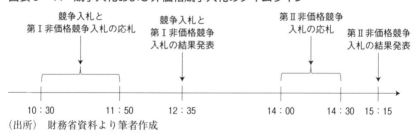

（出所）　財務省資料より筆者作成

16　なお、財務省は、競争入札と非価格競争入札以外にも、2・5・10年国債について「非競争入札」と呼ばれる入札を実施しています。これは、小規模の投資家が競争入札の平均価格で購入できる制度であり、前述の第Ⅰ非価格競争入札と類似したものです。もっとも、この入札は実施される年限が限定されていることに加え、プライマリー・ディーラーの権利ではなく、小規模の投資家に配慮した入札であるという違いがあります。現時点での発行限度額は発行予定額の10%であり、応募限度額は各入札参加者につき10億円です。

17　ここでは利付国債を前提にしています。

プション）を行使するメリットを有しています（第Ⅱ非価格競争入札のオプションを行使して、市場で売ることができれば、キャピタル・ゲインを得られます）。逆に、後場、入札対象銘柄の価格が低下していれば、わざわざ平均価格で購入する必要がないため、第Ⅱ非価格競争入札へ参加して国債を買うインセンティブは乏しいと考えられます。なお、第Ⅱ非価格競争入札については、過去の応札実績に加え当日の落札状況に基づいて、各プライマリー・ディーラーに利用可能な枠が与えられます（この点についても詳細は服部・石田・早瀬・堀江（2022a）を参照してください）。

第Ⅰ非価格競争入札は、コンベンショナル方式により発行されている国債のみ実施されています。逆にいえば、ダッチ方式が用いられている40年国債および物価連動国債については実施されていません。そもそも、ダッチ方式では、全員が同じ価格で購入することが前提であるため、同方式においては、平均価格で購入するというニーズは発生しないと考えられます。一方、第Ⅱ非価格競争入札への参加は、後場の状況によって判断されるため、入札方式によらず実施されています[18]。

なお、非価格競争入札は日本以外でも実施されています。詳細が知りたい読者は、服部・石田・早瀬・堀江（2022b）をご参照ください。

．．

BOX 3 **国債発行計画における非価格競争入札の取扱い**

図表8−15は、令和5年度（2023年度）における消化方式別でみた国債発行予定額です。これによると、令和5年度（2023年度）における発行予定額は約206兆円であり、市中発行額は約200兆円になります。この200兆円のうち、第Ⅱ非価格競争入札等[19]の金額は7兆円程度であり、3.5％程度にとどまります。第Ⅱ非価格競争入札は前述のとおり、後場の市場動向次第で行使されるかどうかが変わるため、この金額はあくまで発行計画時点における想定である点に注意が必要です。

18　ただし、現在、物価連動国債では実施されていません。また年限が1年以下である国庫短期証券については、第Ⅰ非価格競争入札は実施されていますが、第Ⅱ非価格競争入札は実施されていません。

図表 8 −15　国債発行計画：消化方式別

（単位：億円）

区　　分		令和4年度当初(a)	令和4年度2次補正後(b)	令和5年度当初		
				(c)	(c)−(a)	(c)−(b)
カレンダーベース市中発行額		1,986,000	2,031,000	1,903,000	▲83,000	▲128,000
第Ⅱ非価格競争入札等		82,970	78,473	69,630	▲13,340	▲8,843
年度間調整分		30,410	106,989	30,173	▲237	▲76,816
市中発行分　計		2,099,380	2,216,462	2,002,803	▲96,577	▲213,659
個人向け販売分		29,000	36,200	35,000	6,000	▲1,200
公的部門（日銀乗換）		22,000	22,000	20,000	▲2,000	▲2,000
合　　計		2,150,380	2,274,662	2,057,803	▲92,577	▲216,859

（出所）　財務省

　本章で紹介した第Ⅰ非価格競争入札は、図表8−15では「カレンダーベース市中発行額」に計上されています（本章では注記のみで説明しましたが、財務省は非競争入札も実施しており、これもこの部分に含まれています。非競争入札を知りたい読者は、服部・石田・早瀬・堀江（2022a）を参照してください）。入札における競争入札の発行額は、発行予定額から第Ⅰ非価格競争入札、そして非競争入札を振り分けた後の残りの額となります（第Ⅰ非価格競争入札と非競争入札におけるオプションがどの程度行使されるかには不確実性がありますが、発行予定額は安定しています）。

19　財務省のウェブサイトによると、「第Ⅱ非価格競争入札等として、第Ⅱ非価格競争入札に係る発行予定額のほか、カレンダーベース市中発行額と実際の発行収入金との差額の見込みを計上している」とされています。また、近年、利付国債のクーポンに下限があることからマイナス金利下では恒常的にオーバー・パーが発生するという現象が発生しており、その分多めに調達できる構図が生まれていますが、その部分もここに含まれています。

〈参考文献〉

1．石田良・服部孝洋（2020）「日本国債入門―ダッチ方式とコンベンショナル方式を中心とした入札（オークション）制度と学術研究の紹介―」PRI Discussion Paper Series（No.20A-06）.

2．齋藤通雄・服部孝洋（2023）「齋藤通雄氏に聞く、日本国債市場の制度改正と歴史（前編）」『ファイナンス』695, 34-45.

3．服部孝洋・石田良・早瀬直人・堀江葵（2022a）「非価格競争入札入門―基礎編―」『ファイナンス』682, 14-23.

4．服部孝洋・石田良・早瀬直人・堀江葵（2022b）「非価格競争入札入門―海外編―」『ファイナンス』684, 10-21.

5．服部孝洋・齋藤浩暉（2023）「流動性供給入札入門」『ファイナンス』694, 22-29.

6．Lawrence, Ausubel., Peter, Cramton., Marek, Pycia., Marzena, Rostek., Marek, Weretka（2014）"Demand reduction and inefficiency in multi-unit auctions" *Review of Economic Studies* 81 (4), 1366 – 1400.

7．Menachem, Brenner., Dan, Galai., Orly, Sade（2009）"Sovereign debt auctions: Uniform or discriminatory?" *Journal of Monetary Economics* 56 (2), 267-274.

8．Daniel, Marszalec（2023）"Non-standard features in auctions for shares and their implications for structural econometric methods" Working paper.

9．Takahiro, Hattori（2019）"Do liquidity enhancement auctions improve the market liquidity in the JGB market?" *Economics Letters* 183, 108516.

10．Takahiro, Hattori., Shogo, Takahashi（2021）"Discriminatory versus uniform auction: Evidence from JGB market" PRI Discussion Paper Series（No.21A-08）.

11．Marek, Pycia., Kyle, Woodward（2021）"Auctions of Homogeneous Goods:A Case for Pay-as-Bid" Working Paper.

12．Steven, Umlauf（1993）"An empirical study of the Mexican Treasury bill auction" *Journal of Financial Economics* 33 (3), 313-340.

第 **9** 章

国債の保有者としてみた日銀

▌9.1 日銀の金融政策と公開市場操作（オペレーション）

　金融政策とは、日銀のウェブサイトで説明されているとおり、物価の安定を図ることを通じて国民経済の健全な発展に資するため、日銀が通貨および金融の調節を行う政策です[1]。例えば、マクロ経済学のテキストでは、金融政策について、インフレが高い場合や景気に過熱感がある場合には短期金利を上げる一方、低インフレ時や景気の悪化時には短期金利を下げるなどと説明されます。金融政策はそれだけで1冊の書籍になるような内容ですので、その概要についてはアセモグル・レイブソン・リスト（2019）など、マクロ経済学のテキストを参照してください。

　本章の特徴は、金融政策の中でも、日銀が国債を購入する側面に焦点を当てる点です。日銀は、短期金利や長期金利を操作するにあたり、資産の売買や貸付を行っており、これを「公開市場操作（オペレーション）」といいます。日銀が国債など金融資産を購入するオペレーションを「買いオペ」と呼び、国債などを売却するオペレーションを「売りオペ」と呼んでいるのを、どこかで聞いたことがあると思います。国債を買い入れるオペレーションは、国債買入オペと呼ばれますが、日銀が国債を売買するオペを実務家は「輪番オペ」と呼ぶことも少なくありません。これはかつて金融機関の輪番制でこのオペが実施されてきたことが由来とされています。

　上述のとおり、日銀は国債の売買等をしていますが、近年の国債市場の動向を議論するうえで、市場参加者が最も重要視している点は日銀のオペレーションといっても過言ではありません。その背景には、日銀が量的・質的金融緩和（Quantitative and Qualitative Monetary Easing, QQE）を実施するにあたり、多大な国債を購入していることが背景にあります。QQE以降、いわば国債市場の最大の投資家は日銀ともいえるため、日銀の投資行動を知るためには、日銀のオペレーションを細かく理解する必要があります。本章では市場参加者が重視している点に焦点を当て、日銀がどのように国債を購入しているかを解説します。

1　https://www.boj.or.jp/about/education/oshiete/seisaku/b26.htm

本章の構成は次のとおりです。まず、QQEの全体像を説明した後、QQE
とマネタリーベースの関係を整理します。その後、通常の国債を買い入れる
オペレーションを説明し、どのように入札を実施しているかを解説します。
2016年9月から実施されているイールドカーブ・コントロール（Yield Curve
Control, YCC）以降、10年国債の金利（10年金利）をコントロールするために
指値オペが導入されましたが、指値オペについても具体例をあげながら説明
します。最後に、日銀が実施するレポ・オペレーションについて説明しま
す。

▎9.2　量的・質的金融緩和の概要

　国債の保有者としての日銀を考えるうえで、2013年から実施されたQQE
について触れざるをえません。金融政策やオペレーションの説明という観点
で、いきなりQQEを説明するのは少々バランスが悪いと思う読者もいるか
もしれません。しかし、2013年以降の国債市場を考えるうえで最も重要な政
策はQQEともいえます。本書は国債市場に係る実務家や政策担当者を主な
読者としていることから、最初にQQE以降の金融政策の概要について説明
したうえで、オペレーションの詳細を説明するという形をとります。

　日銀は、インフレ率を2％にすることを目標に[2]、2013年4月からQQEを
実施しています。QQEはその名前のとおり、「量的緩和」および「質的緩
和」で構成されます。まず、「量的緩和」とは、それまでにない規模の国債
を購入することを意味します。量的緩和そのものは、2001年に日銀が実施す
るなど2013年以前にも実施されたことがある政策ですが、2013年4月以降、
それまでにない大規模な国債の購入に踏み切りました。具体的には、（2013
年4月当初）マネタリーベース[3]が年間約60兆〜70兆円増加することを目標
に、長期国債の保有残高が年間約50兆円増加するよう、国債を購入すると公
表しました。この大規模な緩和により、日銀は国債市場の最大の保有者とな
りました（現在、日銀による日本国債の保有率は50％程度[4]です）。

　その一方、「質的緩和」とは、それまでに購入していなかった資産の購入

2　2013年1月の政府と日銀の共同声明により2％のインフレ目標が導入されました。
3　マネタリーベースは「日本銀行券発行高」「貨幣流通高」「日銀当座預金」の合計です。

を意味します。国債に関していえば[5]、QQEを実施する以前は、日銀は短期・中期国債を中心に購入しており、購入対象の国債の年限についてはおおよそ平均3年弱の年限までとしていました。しかし、質的緩和が導入された2013年4月時点では、平均7年と大幅に購入年限を伸ばすとともに、40年国債まですべての年限の国債を購入するようになりました[6]。4章で長い年限の国債は金利リスク（デュレーション）が大きいという話をしましたが、質的緩和とは、日銀が自らとる金利リスク量を増やす政策と整理できます。

QQEの目標はマネタリーベースの増加

QQEでは、前述のとおり、マネタリーベースを増やすことを目標にしており、それを実現するため、国債を購入するとしています。したがって、最初に、マネタリーベースと国債購入の関係を確認しておきます。図表9－1は日銀と民間銀行のバランスシートを示しており、民間銀行は資産サイドに国債を持っているとします（ここでは日銀による国債の購入に焦点を当てたいため、貸出などその他は捨象している点に注意してください）。

この状態で日銀が民間銀行の有する国債を一定程度（この図でいえば民間

図表9－1　オペレーション前の日銀と民間銀行のバランスシート

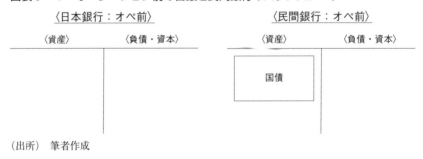

（出所）　筆者作成

4　この数字は日本銀行「資金循環統計」（2022年9月時点）を参照していますが、日銀の保有割合は国債で50.3%、国債および国庫短期証券で44.9%です。
https://www.mof.go.jp/jgbs/reference/appendix/breakdown.pdf
5　質的緩和では、国債以外の資産である、ETFやJ-REIT、CPの購入を大幅に増やしている点も特徴です。
6　https://www.boj.or.jp/mopo/mpmdeci/mpr_2013/k130404a.pdf

図表9-2　オペレーション後の日銀と民間銀行のバランスシート

（出所）　筆者作成

銀行が有する国債の半分程度）、買うとします。日銀が民間銀行から国債を購入するのですから、日銀の資産側に国債が計上されるとともに、同額の国債が民間銀行のバランスシートから減ります（図表9-2参照）。その一方、民間銀行が有する日銀口座（日銀当座預金）で支払われるため、日銀のバランスシートの負債サイドに、購入した国債と同額の当座預金が計上されます。民間銀行の資産サイドには、日銀によって購入された国債と同額の当座預金が計上されます。

　図表9-2をみれば、日銀が民間銀行から国債を購入することで、マネタリーベース（日銀当座預金）と国債が両建てで増えることがわかりますが、QQEにおける「マネタリーベースが年間約60兆～70兆円増加することを目標」とは、図表9-2におけるマネタリーベースが約60兆～70兆円というペースで年間、増加していくように国債の購入等を実施していくことを意味しています。なお、日銀のQQEは、マネタリーベースの増加を目標としているという意味では、日銀の負債サイドに注目した政策であるとみることができます。このように、マネタリーベースの増加を目標としていることを「マネタリーベース・コントロール」と表現することもあります[7]。

　日銀は、当初2年で2％のインフレ率を実現すると想定していたところ、その実現が困難であることから、追加的な緩和により国債の購入量を増加さ

---

[7]　QQE導入時に、日銀は「マネタリーベース・コントロールの採用」という表現を用いています。
　　https://www.boj.or.jp/mopo/mpmdeci/mpr_2013/k130404a.pdf

せます。例えば、2014年10月に、それまでマネタリーベースの増加を60兆～70兆円程度としていたところ、年間80兆円増加するという形で追加緩和を行いました。また、購入する国債の平均残存期間も7年程度から7～10年程度と、日銀がより大きな金利リスクをとることを決定しました（この追加緩和をしばしばQQE2といいます）。

その後、日銀は2016年1月にマイナス金利政策を導入します。具体的には、日銀の当座預金を3つに分けたうえで（これを「三層構造」といいます）、その一部（政策金利残高）に－0.1％の金利を付利する政策が導入されます（三層構造についてはBOX1を参照してください）。その後、2016年9月には、10年金利もコントロールするYCCが導入されましたが、YCC以降の流れについてはのちほど詳細に議論します。

金融政策決定会合

日銀の金融政策は金融政策決定会合で決定されます（金融政策決定会合を英語でMonetary Policy MeetingということからMPMと略す市場参加者も少なくありません）。したがって、市場参加者は日銀の政策の大枠に変更があるかを見定めるため、毎回、決定会合の結果に注目しています。決定会合は、現在、年間8回実施されています。もっとも、オペレーションの細かい内容については決定会合以外でも必要に応じて変更される可能性がある点に注意してください（「金融政策」は決定会合で決めており、オペレーションの実務を担う日銀の金融市場局はそのディレクティブに沿って、実務的な判断をしています）。

BOX 1　補完当座預金制度における三層構造

本章では、マイナス金利政策の導入による、いわゆる補完当座預金制度における三層構造については捨象しました。三層構造とは、当座預金を「基礎残高」（＋0.1％）、「マクロ加算残高」（0％）、「政策金利残高」（－0.1％）に分け、それぞれ異なる金利を付す政策です（図表9－3参照）。この三層構造の導入は特に短期金融市場に影響を与えるとともに、日銀はマイナス金利が適用されないマクロ加算残高の増減を行うなど、その後の金融政策の運営に

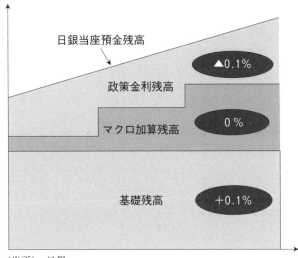

図表 9 - 3　三層構造の概要

日銀当座預金残高

政策金利残高　▲0.1%

マクロ加算残高　0 %

基礎残高　+0.1%

(出所)　日銀

　大きな影響をもたらしました。本書では紙面の関係上、短期金融市場の説明
を最低限にしていますが、三層構造による金融市場の影響を知りたい読者は
日銀のウェブサイトや筆者のウェブサイトによる解説等を参照してくださ
い。

9.3　日銀が実施するオペレーションと入札

国債購入の量と金額、スケジュール

　QQE以降、国債の購入を増加させている日銀ですが、ここからは具体的
に、日銀がどのように国債を購入しているかを考えていきます。まず、市場
参加者が一番気にしているのは、日銀による国債の購入量そのものです。大
切な点は、国債の購入額はQQEの枠組みで規定されている点です。例えば、
2013年 4 月については「長期国債の保有残高が年間約50兆円に相当するペー
スで増加するよう買入れを行う」という形で、おおよその購入量が定められ
ています（後述するとおり、この目標は2020年 3 月に撤廃されています）。これ
は国債発行計画において財務省が年末に国債の発行量（およびその年限）の

大枠を示すイメージに近いといえます。

　具体的な購入額という意味では、市場参加者は四半期末に公表される、日銀の国債購入に関するスケジュールに焦点を当てています[8]。すなわち、日銀は月間で購入する国債について、その規模・年限・タイミングを事前に公表しており、市場参加者はその情報をベースに日銀の購入についての期待形成をしています。このスケジュールは日銀のウェブサイトを通じて公表され

図表9－4　長期国債買入れ（利回り・価格入札方式）の四半期予定（2023年3月末公表）

	残存期間 Residual maturity	1回当たりオファー金額 Purchase size per auction （単位：億円） (100 million yen)	オファー回数 Frequency of auction	オファー日程 （4～5月分） Scheduled dates (April-May)
利付国債 JGBs with coupons	1年以下 Up to 1 year	1,500	月1回 Once a month	－
	1年超3年以下 More than 1 year and up to 3 years	3,500～6,500	月4回 Four times a month	4/5、10、14、21 5/8、12、18、24
	3年超5年以下 More than 3 years and up to 5 years	4,250～7,250	月4回 Four times a month	4/5、14、21、27 5/8、18、24、29
	5年超10年以下 More than 5 years and up to 10 years	4,750～8,750	月4回 Four times a month	4/10、14、21、27 5/12、18、24、29
	10年超25年以下 More than 10 years and up to 25 years	1,000～5,000	月4回 Four times a month	4/5、10、21、27 5/8、12、24、29
	25年超 More than 25 years	500～3,500	月3回 Three times a month	4/10、14、27 5/12、18、29
物価連動債 Inflation-indexed bonds		600	月1回 Once a month	－
変動利付債 Floating-rate bonds		300	四半期に1回 Once every quarter	4/14

（出所）　日銀

8　四半期での公表開始は2021年7月以降であり、それ以前は毎月月末に公表がなされていました。

ており、市場参加者はしばしばこれを「オペ紙<ruby>紙<rt>がみ</rt></ruby>」と呼んでいます。図表9－4は2023年3月末時点で公表されたオペ紙ですが[9]、向こう3カ月における国債購入のタイミングや購入のレンジを設けていることがわかります。

　日銀はQQEを開始して以降、大規模な国債購入を実施してきたわけですが、オペ紙を通じて、購入頻度の調整など、マーケットとコミュニケーションをしてきた歴史があります。具体的には、QQE以降、オペレーションを実施するタイミングや、購入年限のレンジを月ベースで示すことで、日銀はオペレーションに関する不確実性を減らすなどの対応を行ってきました。なお、日銀はオペ紙で提示されていないタイミングでも、臨時でオペレーションを実施することがあることに注意してください（これを市場参加者は臨時オペと呼びますが、例えば、金利上昇がみられた2022年は臨時オペが多数実施されました）。

国債の購入は入札（オークション）により実施

　ここから、より具体的に日銀がどのように国債を購入しているかについて議論していきます。日銀は国債を購入するにあたり、入札を実施しています。国債発行時に実施される入札については8章で説明しましたが、財務省が国債を発行するため入札を実施するのに対して、日銀は国債を購入するために入札を行うという違いがあります（以下では、日銀が長年購入のみを行っていることから、売りオペではなく買いオペを事例とした説明をしていきます）。

　国債購入に際し、日銀が実施する入札のイメージは図表9－5です。日銀が購入量および購入の年限（レンジ）を通達し、オペに参加できる金融機関が応札します。例えば、日銀が5年から10年国債を5,000億円購入したいとします。日銀としては安く買いたいので、安い価格で応札された札から順番に落札し、購入したい額に達したら落札を終えます。

　これは国債の発行における入札と逆の流れであるものの、その本質は同一である点に注意してください。8章ではオークションの方法として、コンベンショナル方式とダッチ方式の2つの方法を説明しましたが、日銀のオペで

9　https://www.boj.or.jp/mopo/mpmdeci/mpr_2023/mpr230331c.pdf

図表 9 - 5　日銀が国債を買い入れる際に実施する入札のイメージ

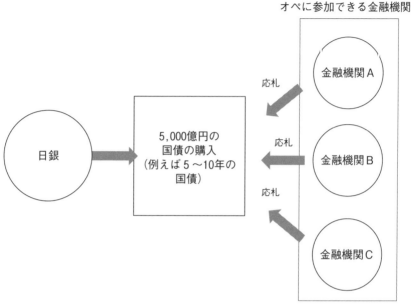

オペに参加できる金融機関

応札

応札

応札

金融機関A

金融機関B

金融機関C

5,000億円の
国債の購入
（例えば5～10年の
国債）

日銀

（出所）　筆者作成

は、安い価格（高い金利）で応札された国債から順番に買っていくコンベン
ショナル方式が採用されています（コンベンショナル方式とダッチ方式のメ
リットとデメリットについては8章を参照してください）。

　日銀は安い価格で応札されたものから購入していき、目標額まで購入する
ため、金融機関としては保有している国債を市場実勢より高く応札すること
もできます。実勢価格より日銀に高く売ることができるのであれば、金融機
関は基本的に日銀のオペレーションに応札するメリットがあるため、国債購
入オペの札割れは起こりにくいといえます（実際、QQEの実施以降、札割れは
起こっていません）。もし札があまり集まらなかった場合、日銀は相対的に高
値で国債を購入するため、想定より金利が低くなる、という効果が予測され
ます。

　なお、米国ではオペレーションに際し、やはりコンベンショナル方式で国
債を購入していますが、経済モデル（ただし、その中身は非公表）に基づき、

割安な銘柄から順番に購入するという仕組みがとられています。このように、中央銀行が国債を購入する際、別の購入方法がありうる点に注意してください[10]。

国債購入に関する入札の具体例

　ここから日銀がどのように入札を実施するか具体例を用いて説明します。例えば、日銀は5～10年の国債を5,000億円購入することを通達したとします。読者はこれに応札することを考えていたとしましょう。

　読者としては、残存年数が5～10年の国債であれば、どのような価格でも札を入れることができます。読者としては高い価格で売りたいですが、日銀としては安く買いたいと考えています。読者は、例えば、7年国債、8年国債、9年国債についてそれぞれ下記のように応札したとしましょう。

　①　7年国債について10億円@1％で応札（前営業日の金利は1.01％）：応札する金利差は−1bps

　②　8年国債について20億円@1.1％で応札（前営業日の金利は1.1％）：応札する金利差は0bps

　③　9年国債について5億円@1.2％で応札（前営業日の金利は1.19％）：応札する金利差は1bps

　まず、日銀の入札は（前営業日比の）金利差で応札する点に注意してください。例えば、7年国債の応札を考えており、この銘柄の金利は、前営業日、1.01％であったとします。そのうえで、本日、1％の金利で応札したいとすれば、前営業日対比、すなわち、−1bpsで応札します（高い価格で応札するとは、低い金利で応札することを意味している点に注意してください）。

　日銀は、前営業日の金利[11]（価格）に比べて、高い金利（安い価格）で購入していくので、読者が応札した札については、日銀はこの場合、③→②→①という順番で落札していきます。もちろん、この日銀の入札には、読者以外

10　我が国において経済モデルを用いて国債購入の入札を実施する場合、例えば、セカンダリー市場においてある時点における公正な価格が観察できるかなど、実務的な問題がありえます。

11　この計算にあたっては日本証券業協会の売買参考統計値を用います。

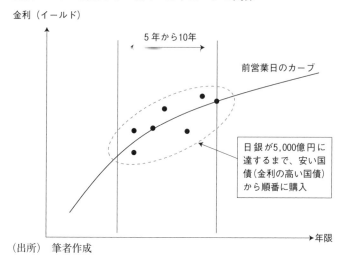

図表 9 － 6　日銀のオペとイールドカーブの関係

金利（イールド）

5 年から10年

前営業日のカーブ

日銀が5,000億円に
達するまで、安い国
債（金利の高い国債）
から順番に購入

年限

（出所）　筆者作成

　にも多数の金融機関が参加しています。日銀はオペの入札に参加するすべて
の札を集約して、5,000億円に達するまで安く応札された国債から購入して
いきます。仮に②と③の札までで5,000億円という日銀の目標額に達した
ら、読者にとって②と③は落札される一方、①は落札されず、ということに
なります。

　日銀が実施する入札について、イールドカーブの関係でみた図が図表 9 －
6 です。金利と価格が逆の動きをすることを頭に入れると、日銀は金利が高
い（価格の低い）銘柄を購入したいと考えます。その際、前営業日のカーブ
対比でみて、金利が高いものを購入していくことになります。したがって、
図表 9 － 6 のように前営業日カーブに対し、5 ～10年の国債について、高い
金利の国債から順番に落札していきます（5,000億円に達したらそこで落札が
終わります）。

オペレーションの対象金融機関

　オペレーションの対象は金融機関です（オペレーションの参加者を実務家は
「オペ先」といいます）。オペ先になるには、日銀に申請する必要があります

が、白川（2008）に記載されているように、日銀はオペ先の選定基準として、自己資本の充実などを採用しています。オペ先となる金融機関は、どのようなオペレーションを実施するかによって異なります（どの金融機関がどのオペレーションに参加できるかについては、日銀のウェブサイトに具体的な金融機関名が公表されています[12]）。国債の購入という観点でいえば、銀行、証券会社、短資会社など60弱の金融機関が対象になっています。

　財務省による国債発行の入札と決定的に異なる点は、プライマリー・ディーラーという形で証券会社が応札義務を負って注文を集めるということはしていない点です。もっとも、オペ先になっていない金融機関については、例えば証券会社に応札してもらうという形でオークションに参加できる可能性があります。

オペの結果の見方と解釈

　国債の入札と同様、オペの結果の見方や解釈についても整理します。日銀のオペの結果は、日銀のウェブサイトを通じて発表されます。図表９－７がその一例ですが、5～10年について応札総額が1兆3,550億円、それに対して落札総額が6,265億円であることがわかります。応札した金利に係る結果は「平均落札レート」と「按分レート」です。「平均落札レート」とは、日銀の当該オペで、日銀が平均的にどのくらいの価格で買えたか（対前営業日の金利比）を示しており、図表９－７をみると、平均的には、（前営業日に比べて）－0.012％だけ金利が低く（価格は高く）購入したということがわかり

図表９－７　日銀が実施する国債買切オペの入札結果

（単位：億円、％）

種類	応札総額	落札総額	按分レート	平均落札レート	按分比率
国債買入れ（残存期間5年超10年以下）	13,550	6,265	－0.014	－0.012	62.8

（出所）　日銀

12　https://www.boj.or.jp/mopo/measures/select/index.htm

ます（オペに参加する金融機関サイドからみると売却である点に注意してください）。一方、「按分レート」とは按分になる金利、すなわち、落札の対象になるギリギリの金利（需要と供給が一致する金利）ですが、この場合、前営業日に比べて−0.014％金利が低く買われていることがわかります。平均レートに比べて、0.002％だけ低い金利で買われているので、落札の対象になるギリギリの札は平均より高い価格で買われていることが確認できます。

日銀のオペの結果の評価は、国債発行の入札と同様、その時のマーケットにおける予測価格との乖離により評価されます。予測価格より高い価格（低い金利）で日銀が買った場合、入札結果は強い結果であり、逆に予測価格より低い価格（高い金利）で買った場合、弱い結果といえます。国債の入札と同様、「按分レート」と「平均落札レート」を用いてテールを計算することができます（国債買入オペの入札でも弱い結果の入札を「流れる」といいます）。なお、国債の入札では金融機関のアナリストがレポートなどで必ず入札結果の予測を行いますが、筆者の知る限り、日銀のオペについてはそのようなレポートは定期的に出されていません（もっとも、実務家はオペに関する予測およびその分析は行っています）。

BOX 2 流動性供給入札の入札方法

本章では日銀による買いオペの入札について説明しましたが、流動性供給入札を実施する際の入札も、1回の入札で多数の既発債を入札の対象にするという意味では、類似的な仕組みとみることができます。流動性供給入札とは、財務省が、例えば5年超15.5年以下の国債を対象に、既発債を発行する入札ですが、前営業日の価格をベースに、財務省からみて高く応札された国債を発行予定額まで順次落札していくという入札を実施します。流動性供給入札の場合、日銀のオペとは異なり、財務省は高く売りたいため、高く応札された札から順番に発行していくという違いがありますが、年限を区切ってそのレンジで応札を求めることや、財務省や日銀にとって有利な札から（予定額まで）落札していくこと（コンベンショナル方式が使われていること）など、基本的なルールは類似しています。図表9−8が流動性供給入札のイ

図表 9 - 8　流動性供給入札で実施される入札のイメージ図

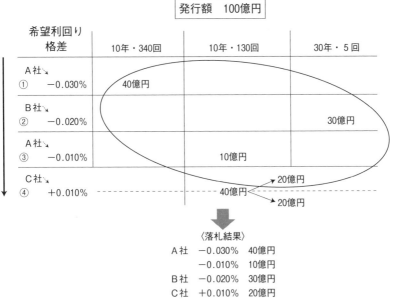

（出所）　財務省「債務管理リポート」

メージになりますが、詳細に関心がある読者は服部・齋藤（2023）を参照し
てください。

9.4　YCCと指値オペ

指値オペとは

　前述のとおり、日銀は2016年 9 月からYCCを導入しましたが、ここから
YCCに伴い導入されたオペレーションについて考えていきます。マクロ経
済学のテキストなどで説明される伝統的な金融政策は、短期金利をコント
ロールする政策であり、短期金利の低下を通じて、長期金利を低下させるこ
とで、実体経済へ影響を与えることが企図されています。もっとも、日銀に
よるYCCの大きな特徴は、明示的に10年国債の金利をゼロ近傍（長期金利の
変動幅を上下に、例えば0.5％程度）に誘導するとしたうえで、それを実現す

るために新たなオペレーションを導入した点です。このオペレーションを指値オペといいます（正式名称は「国債買入オペ（固定利回り方式）」です。一方、前節まで説明してきた買入オペを「国債買入オペ（利回り入札方式）」といいます[13]）。特に、2021年3月には毎営業日、指値オペを実施する『連続指値オペ』という政策が導入され、2022年春以降、10年国債に指値オペが毎営業日、発動されていました（ただし、2023年10月の決定会合により、「毎営業日、実施」という表現が削除されました）。

　前述のとおり、YCCでは、10年金利をコントロールするため、指値オペと呼ばれる新しいオペレーションを導入しましたが、そもそも指値注文とは、価格を指定してある金融商品を購入する注文方法です。読者が国債先物において指値注文をするとは、例えば、150円という特定の価格を指定して、先物を1枚購入する注文を出すという方法です。この注文は、その価格以下で売りたいという投資家がいれば、その取引が成立しますが、セカンダリー市場で150円より高い価格で取引がなされていればこの注文は成立しません（指値注文に対し、価格を指定せず、今の市場実勢で購入する方法を成り行き注文といいます）。

　指値オペとは、10年金利を誘導するにあたり、日銀が10年国債の買い手として、指値注文（指値買い）をする、すなわち、10年国債を一定の金利（価格）で買う注文を出すというオペレーションです。例えば、10年金利の上限を1％にしたいとして、10年国債の1％に相当する単価が101円であったとします。仮に、日銀が101円で国債を無限購入するとすれば、日銀は国債の価格の下限を101円、つまり、金利の上限を1％にとどめることができます。

　注意が必要なのは、日銀が毎営業日、10年国債を実際に購入していたわけではない点です。日銀はあくまで1％などで購入するという指値注文を出していただけであり、日銀が金利を1％以下に誘導できている限りは、誰も日銀に割安で売る必要がないため、応札しない（札割れ）ということになりま

13　日銀のウェブサイトでは「国債買入オペの主な買入方式には、『利回り入札方式』と『固定利回り方式』の2種類があります。利回り入札方式では、より高い金利（低い価格）で入札されたものから順に買い入れていく競争入札を行います。一方、固定利回り方式では、日本銀行が予め指定した金利で、金額無制限または予め定めた額まで買入れを行います」と説明しています。

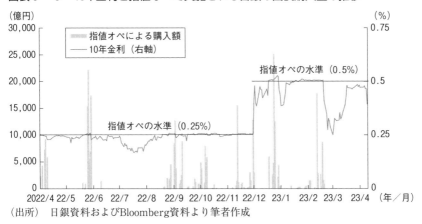

（出所）　日銀資料およびBloomberg資料より筆者作成

す。先ほどの例をいえば、1％に相当する価格が101円であり、セカンダリー市場において102円（つまり、1％より低い金利）で取引されていれば、読者もわざわざ日銀に101円という安い価格で売る必要はなく、セカンダリー市場で102円で売ったほうが得といえるでしょう。

　日銀が指値オペを実施したとしても、市場参加者は日銀の指値の水準で売却するメリットがあればこの入札に応札して、メリットがなければ（すなわち、セカンダリー市場でもっと高い価格で売れるなら）、応札しないという行動になります。したがって、指値オペは毎営業日発動されていたものの、原則、札割れであり、金利が指値オペのターゲットである水準にヒットした場合、実際の購入がなされるという特徴があります。図表 9 － 9 が10年金利の推移と指値オペによる購入額を示しています。2022年春から連続指値オペが実施されていますが、実際に日銀が購入しているタイミングでは、金利が指値の水準であることがわかります。

10年国債以外の国債に対する指値オペ

　日銀は10年金利を誘導目標にしているため、指値オペの主体は10年国債になりますが、10年国債以外についても指値オペを発動することがあります。これはイールドカーブをコントロールするうえで、10年金利を主軸にしてい

るものの、他の年限の金利についてコントロールする必要が生じた場合、他の年限の国債に対しても指値オペを発動しています。例えば、2022年6月には、外国人投資家による先物のショートに対応するため、7年国債に指値オペを実施しました（BOX 4を参照）。また、7年国債以外にも、2022年末にはイールドカーブ全体が上昇する局面があり、それをケアするため、2年国債、5年国債、20年国債について指値オペが発動されました。

BOX 3　オーバーシュート型コミットメント

　2016年9月の決定会合において、日銀は、指値オペの導入と同時に「オーバーシュート型コミットメント」と呼ばれる政策も導入しました。これはインフレが2％を超えるまで緩和政策を続けるというコミットメントです。前述のとおり、QQEを実施するうえでインフレ目標として2％を掲げましたが、可能性をいえば、日銀は2％にインフレ率がタッチした場合、すぐに緩和政策をやめるということも考えられます。「オーバーシュート型コミットメント」は、短期的にインフレ率が2％を超えたとしても、すぐに緩和を解除するわけではない、というコミットメントであり、緩和的な政策を継続させるための見方を示したといえます（米国における平均インフレ率政策と実質的に似た政策と解釈できます[14]）。なお、現在だけでなく将来の行動についてもコミットメントを行う政策をフォワード・ガイダンスや時間軸政策ということもあります。

14　例えば、「『点検』補足ペーパーシリーズ」として出された論文（川本・中島・三上, 2021）においても、「この『オーバーシュート型コミットメント』は、インフレ率が景気の変動などを均してみて平均的に2％となることを目指す観点から、インフレ率の実績について目標値からの下振れが続いた場合には、その一部をインフレ率の実績の目標値からの上振れによって相殺することを予め約束する、いわゆる『埋め合わせ戦略』の考え方を実践したものと言える」としています。

BOX 4

7年国債に対する指値オペの実施と先物市場の暴落

2022年春頃から国際的にインフレが加速する中、2022年5〜6月頃、市場参加者の間で、YCCの限界論が議論されていました。YCCが撤廃されるとすれば、金利の上昇が予測されますから、国債をショートすれば利益が得られるといえます。そのような文脈で、当時、外国人投資家を中心に、国債先物を通じてショートのポジションが増加していたとされています。YCCの維持という観点では国債先物の価格の維持も必要と解釈できますが、日銀が国債先物を購入することはできないため、国債先物のチーペストである7年国債に対して指値オペを実施しました。その結果、国債先物と7年国債の裁定関係が崩壊して国債先物が一時的に暴落したことから、市場で大きな話題になりました。

9.5 YCC以降の国債購入

次に、YCCの導入以降、日銀による国債の購入がどのように変化したかについて整理します。国債の保有残高の推移は図表9−10になります。2013年4月からQQEがスタートして、国債の保有残高の増加ペースが上がります。2014年10月に購入ペースがさらに上がりますが、QQE2による追加緩和によるものです。もっとも、2016年9月からYCCが導入されて、国債の購入ペースが鈍化します。

YCCを導入して以降、国債の購入ペースが低下した理由は次のようなものです。YCCを導入する前は、年間の国債購入量の大枠が定まり、月ベースで購入量を決めて国債購入を実施していったため、まず購入量が決まり、その結果、金利が決まっていたといえます。一方、YCCでは10年金利をコントロールするために国債を購入する政策といえるため、その意味で、国債の購入量を決めて長期金利が動くというより、長期金利を決めて、それが実現するように国債の購入量の調整がなされる必要があります（筆者の論文（Hattori and Yoshida, 2023）はYCCをこのような政策と定義し、YCC前後でその

図表 9 −10　日銀による国債保有残高の推移

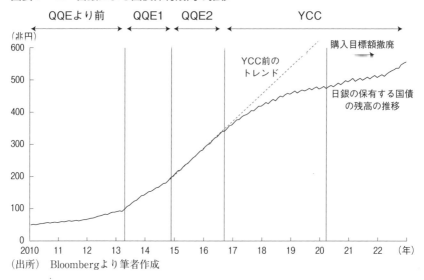

（出所）　Bloombergより筆者作成

図表 9 −11　YCC前後でみた10年金利の推移

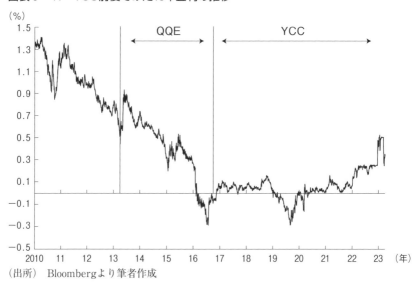

（出所）　Bloombergより筆者作成

ような変化が起こったことを実証しています[15]）。図表9－11をみると、YCC前
は金利にマイナスのトレンドがあったことから、このままのペースで購入す
ると金利にはマイナストレンドが残り、ゼロ近傍で推移しなくなるといえま
す。したがって、金利を０％近傍に誘導するためには、購入量を減らす必要
があり、その結果、2017年以降、購入ペースが落ちたと解釈されます。

　日銀がYCCを導入して以降、国債の購入量を減らしていることは、市場
参加者はすぐに気づいていましたが、日銀が明示的に購入量を減らすとアナ
ウンスしたわけではありません。中央銀行が国債の購入を減らすことをテー
パリングということから、この期間をステルス・テーパリングと表現する市
場参加者もいます。決定会合時の表現に注目をすると、YCC導入時に「概
ね現状程度の買入れペースをめどとしつつ、金利操作方針を実現するよう運
営」という表現となり、さらに、2018年７月会合における「強力な金融緩和
継続のための枠組み強化」で、「弾力的な買入れ」という表現を追加するこ
となど、マネタリーベースの増加というより金利に応じて購入量を変化させ
るスタンスを明確にしたともいえます。2022年は金利上昇局面であったこと
から、図表9－10をみると、日銀は国債の購入を加速させていますが（この
間、指値オペによる国債の購入が増加しました）、これも金利の水準に応じて国
債の購入量を決めているというストーリーと整合的です。

　なお、日銀の国債購入に関する目標額が明示的に撤廃されたのは、2020年
３月の新型コロナウイルス感染症流行のタイミングです。日銀はコロナ禍で
国債の購入量の上限を撤廃しましたが、図表9－10からわかるとおり、国債
の購入量を加速させているわけではなく、YCC以降のペースを維持してい
ます。

YCCにおける金利レンジの調整

　YCCの重要な特徴は、10年金利を±0.5％に誘導するなどという形で、誘
導する10年金利にレンジが設けられており、YCCにおける運用の見直し[16]
は、例えば±0.25％から±0.5％という形で、そのレンジの変更でなされる

15　同論文では指値オペが実際に導入された日の日中データを用いて、日銀が10年金利を
　意図する方向にコントロールできた点も実証しています。

点です。レンジ幅が小さいということは、より厳密に10年金利をコントロールすることを意味しますから、レンジが狭いとはYCCの政策が強く実施されていると解されます。一方、レンジ幅を拡大することは、10年金利の変動について一定の許容をするということですから、YCC解除の方向に向かっていると解釈されます。

　実は、2016年9月におけるYCC導入時、市場参加者は、日銀が金利を0％周辺にコントロールすると理解しているだけで、明示的なレンジは認識していませんでした。市場参加者にそのレンジが明らかにされたのは、2018年7月に実施された決定会合後の会見であり、YCC導入以降の変動幅である±0.1％の倍程度、すなわち±0.2％程度、変動することを想定していることが示されました[17]。その後、日銀は金融政策の点検を行い、2021年3月に±0.25％で推移するようレンジを修正・拡大しました。2022年後半にはインフレが進むことや国際的な金利上昇により、10年金利が0.25％の上限にヒットすることが増え、2022年12月には±0.5％へ拡大しています。

　日銀は2023年7月の決定会合にて、YCCの運用の柔軟化を実施しました。そのイメージは図表9－12に記載されていますが、長期金利の変動幅はそれまでと同様、±0.5％を目途としつつも、指値オペを1.0％の水準で発動することを公表しました。このことで、金利の変動幅が図表9－12の右図のような形で、0.5％から1.0％のグラデーションで動く一方、指値オペにより1.0％の上限を維持する方針を示しました。

　日銀は、2023年10月の決定会合において、さらなるYCCの柔軟化を行いました。具体的には、図表9－12の下図のとおり、指値オペによる1.0％の上限をなくしたうえで、10年金利の上限の目途を1.0％とする方針が示されました（2022年春以降、10年国債に指値オペが毎営業日発動されていましたが、この会合で指値オペを毎営業日実施するという表現が削除されました）。

16　ここでは日銀の公式資料である「イールドカーブ・コントロール（YCC）の運用の見直し」の表現を用いています。
　　https://www.boj.or.jp/mopo/mpmdeci/mpr_2022/rel221220h.pdf
17　2018年7月会合後会見において、「長期金利の変動幅については、『イールドカーブ・コントロール』導入後の金利変動幅、概ね±0.1％の幅から、上下その倍程度に変動し得ることを念頭に置いています」と発言しています。

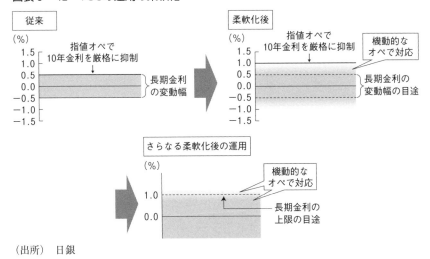

図表9－12　YCCの運用の柔軟化

（出所）　日銀

■　9.6　レポ・オペレーション

　ここまで、日銀による国債購入という観点で日銀のオペについて説明してきました。もっとも、日銀のオペはこのような国債購入以外に、レポ・オペレーションも実施しています。レポとは、5章で説明したとおり、国債を担保に資金を融通することですが、日銀によるレポ・オペとは、図表9－13のように、日銀が定める資産を担保（適格担保）として金融機関から受け取り（差し出し）、短期的に金融機関に資金を貸し出す（受け取る）オペレーションです。

　日銀によるレポ・オペは、これまで説明してきた国債買入オペ（輪番オペ）のように、10年金利などに影響を与えるというよりは、短期金利のコントロールに用いられるオペレーションといえます。現在、日銀によりQQEが実施されており、国債買入オペが市場参加者の主な関心事項になっていますが、短期金利の誘導という観点では、レポ・オペの知識は必須となります。例えばFRBによる利上げを実施する際は、レポ・オペも用いて短期金利のコントロールをしています（米国におけるレポ・オペについては筆者が執

図表 9 −13　日銀によるレポ・オペレーションのイメージ

日銀が適格担保を差し出すケース

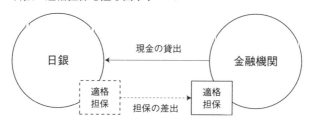

日銀が適格担保を受け取るケース

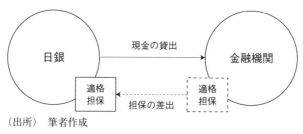

（出所）　筆者作成

筆した「米国MMF（マネー・マーケット・ファンド）入門」（服部, 2022a）や「フェデラル・ファンド（FF）市場およびFFレート（FF金利）入門」（服部, 2022b）を参照してください）。

　白川（2008）によれば、そもそも、オペレーションは「一時的オペ（短期）」と「永続的オペ（長期）」に分類されます。同書では、一時的オペとは、「銀行券要因や財政要因に基づく当座預金の短期的な増減に見合って実行されるオペレーション」とする一方、永続的オペは、「経済成長に伴う銀行券の趨勢的な増加に対応して実行されるオペレーション」として整理しています[18]。その観点では、国債買入オペ（輪番オペ）は永続的オペと整理できる一方、レポ・オペは一時的オペとして整理されます。

　本節では、レポ・オペの中でも、現在の国債市場において重要である共通

---

[18]　白川（2008）のp.153〜154を参照してください。

担保オペおよび補完供給オペの説明をします（ごく稀に発動される現先オペについてはBOX5で取り上げます）。詳細は後述しますが、共通担保オペは金融機関のファンディング（資金調達）を助けるオペレーションである一方、補完供給オペは国債の個別銘柄の需給に影響を与えるオペレーションと整理できます。5章ではGCレポとSCレポの説明をしましたが、同じレポ・オペでも、共通担保オペはGCレポの色彩が強い一方で、補完供給オペはSCレポの色彩が強いオペレーションと整理できます。したがって、以下ではGCレポに類似する共通担保オペを説明し、その後、SCレポに類似する補完供給オペの説明をします。なお、これらのオペは実務家にとっても理解が難しいオペとされているため、できるだけ具体例を用いた説明を行います。

共通担保オペ

　共通担保オペとは、ファンディングのニーズがある金融機関が日銀に適格担保を出して、日銀から一定期間資金を借り入れるオペレーションです。共通担保オペは、日常的に行っているオペレーションの一つであり、基本的には、短期間（オーバーナイトと2週間）の資金供給を行います。金利についてはレートが固定されている固定金利方式が主体ですが、入札で決定する入札方式も併用されています（詳細は日銀のウェブサイトを参照してください）。

　共通担保オペでは、社債など国債にとどまらない資産を担保として使える点も特徴です。例えば、我が国では日本国債以外の債券（地方債や財投機関債、社債など）のレポ市場がないことから[19]、これらのセカンダリー市場のマーケット・メイクを行ううえで、ファンディングが問題になります。共通担保オペでは国債以外の資産も担保として使えることから、トレーダーが地方債などを担保に出して日銀から短期的にファンディングするということが可能になります。

　共通担保オペは、基本的に短い期間の資金繰りについて定期的に実施されているオペレーションですが、金利上昇時など特殊な場合に、例外的に長めの貸出を行うこともあります（シグナルオペと呼ばれることも少なくありませ

19　日本証券業協会などを中心に社債のレポ市場の創設などを試みていますが、現時点でもレポ市場の形成には至っていません。

ん）。例えば、2013年4月や2022年末など、短中期の金利が上昇した際、日銀は、共通担保オペにより、1年超など長めの期間、0％などの低い金利で貸出を行っています（2023年以降のシグナルオペでは入札方式が活用される傾向があります）。シグナルオペが金利上昇を抑えるイメージは、図表9－14のとおりですが、共通担保オペを利用する金融機関は、日銀から低金利で資金を引っ張ってきて、それを用いて、（証券会社から）国債を購入することができます。そのため、金融機関としては、相対的に低い金利でファンディングができれば、共通担保オペを使ってファンディングして国債を購入するメリットがあり、このことは国債を買い支える効果として機能します。

　シグナルオペにおいては、金利リスクをとることなく、金融機関が国債を購入できる点も重要です。例えば、通常のレポで借りた場合、基本的には短期間の借入であることから、その資金で国債を購入した場合、資産と負債におけるデュレーション・ミスマッチが生まれます。その一方、共通担保オペであれば、5年などの期間で借り入れることができるため、5年国債の購入であれば金利リスクをとることなく購入することができます[20]。ただし、このシグナルオペは日常的に発動されるわけでなく、例外的に発動される点に注意が必要です[21]。

図表9－14　共通担保オペを用いた裁定取引

（出所）　筆者作成

20　日銀は従来1～2年のシグナルオペを実施していましたが、2023年に5年の共通担保オペを実施しています。なお、5年など年限の長いシグナルオペでは、金利入札方式が用いられています。

補完供給オペ

　補完供給オペとは、一定のコスト（品貸料）を求めることで、日銀が保有している国債を金融機関に貸出するオペレーションです。具体的には、図表9－15のように日銀が国債を保有しており、それを1営業日（オーバーナイト）で金融機関に貸し出すオペレーションです。共通担保オペが証券会社等のファンディングを助けるオペであるのに対し、補完供給オペは、特定の国債のニーズに応えるためのオペレーションといえます。前述のとおり、共通担保オペはGCレポの色彩が強い一方で、補完供給オペはSCレポの色彩が強いオペレーションといえます。

　補完供給オペの重要な特徴は1営業日の貸借である点です。例えば、読者が補完供給オペを用いて特定の銘柄を借りる場合、日銀から欲しい銘柄を受け取る一方、対価を日銀に渡します。補完供給オペは1営業日の取引であるため、この取引の翌営業日、読者は日銀に当該銘柄を返して、（補完供給オペを用いる際求められるコストを控除した）対価を受け取ります。もし読者が、翌営業日以降も同じ銘柄を日銀から借り続けたいのであれば、同じ取引を再度その日にも行う必要があります（これをしばしば「ロールする」といいます）。補完供給オペでは、ロールしていくことで一定期間、日銀からその銘

図表9－15　補完供給オペのイメージ

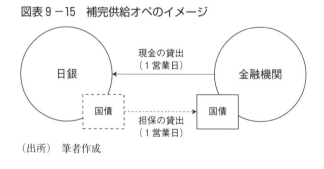

（出所）　筆者作成

21　共通担保オペでファンディングして、金利スワップ（OIS）を受ける、という方法もありえます。この場合、共通担保オペで受け取った資金は日銀の当座預金に預けることで、付利を得る一方、TONAを支払うことになります（OISについては11章を参照してください）。共通担保オペを用いて国債を購入した場合、その国債を日銀の担保に入れることができる一方、金利スワップの場合は担保の調達が必要になる点など、一定の違いがある点に注意をしてください。

柄を借り入れることが可能ですが、何日間連続してロールできるかというロールの上限が定められています。また、借り入れる金額の上限も定められています。

　補完供給オペの重要性は近年、上昇しています。というのも、QQE以降、日銀が大量に国債を保有することから、市中で流通する国債が減り、市場流動性が低下するという問題が指摘されているからです。国債市場は証券会社が在庫を持って市場を形成していますが、日銀が大量の国債を保有した場合、トレーダーにとってマーケット・メイクがしにくくなると想像されます。例えば、あるトレーダーがある銘柄をショートしているところ、日銀の大量保有により市場でその銘柄が手に入らず、銘柄の受渡しができなかった場合（フェイルが起こった場合）、そのペナルティとして証券会社に多大なコスト（フェイル・チャージ）が発生します（フェイルおよびフェイル・チャージについてはBOX 6を参照してください）。そうであれば、そもそも証券会社が取引に積極的に応じないということが起こりえ、このことは国債市場の流動性の低下に寄与します。

　そこで、日銀は補完供給オペを通じて、保有する国債を証券会社等に貸し出すことで、この問題に対処しています。例えば、あるトレーダーがある国債を販売した後、その国債を確保することが困難である（ショートのカバーが困難である）としましょう。仮にレポ市場で調達できなかった場合、フェイルになるところ、補完供給オペがあれば、日銀から借り入れることでフェイルを回避することができます。このような措置があれば、トレーダーは安心してマーケット・メイクをすることができます。この文脈では、補完供給オペは、証券会社がセカンダリー市場に流動性を与えるためのバックストップ的な措置であるとも解釈できます。

　補完供給オペにより一時的に銘柄を借り入れるうえで、投機的な目的で用いてはいけないとしている点も重要な特徴です。前述のとおり、補完供給オペの目的は、証券会社等がマーケット・メイクを行うために用いるなど、国債市場の流動性に寄与することです。そのため、証券会社等が補完供給オペを用いる際は、その都度、日銀の目的に合致しているかについて日銀による審査が存在します。補完供給オペは、当日決済（T＋0決済）であることか

ら、その日中に、審査も含めた事務を完結させなければならず、利用者としてもミスすることができないため（ミスしたらフェイルになりえます）、大変緊張感がある業務とされています。

　補完供給オペのコストは、SCレポの水準も勘案し、GCレポより少し高い水準（GCレポレート－品貸料（0.25％））[22]に設定されている点も重要な特徴です。具体的には、GCレポをベースに、借り手が、0.25％だけ、品貸料としてコストを負担するという仕組みです。

　YCC以降、特に日銀による国債の保有が進む中で、日銀は補完供給オペを強化しています。例えば、利用上限を増加させたり、補完供給オペの品貸料を低下させるほか、ロールが可能になる借入期間も長期化しています。

BOX 5　現先オペ

　本章では共通担保オペと補完供給オペの説明をしましたが、日銀が実施するレポ・オペとして、現先オペも存在します。5章で説明したとおり、現先の経済性は担保付きのローンと同じであり、現先オペもレポ・オペの一種といえます。現先オペの場合、その対象が「国債」である点が特徴であり、国債を担保として用いて、一定期間、金融機関と資金の貸借を行うオペレーションといえます。

　現先オペは、「買現先オペ」と「売現先オペ」に分かれ、その政策目的が異なります。買現先オペは、日銀が国債を担保に資金を一時的に供給するオペレーションである一方、売現先オペは、市場に国債が枯渇しているときに国債を一時的に供給するオペレーションといえます。現先オペは例外的に発動されるオペであることから、現先オペを理解するためには、これまでどのようなタイミングで現先オペを実施したかというケーススタディが必須になります。

22　補完供給オペのコストは、原則として「東京レポ・レート（トムネ物）を勘案した水準－最低品貸料」とされていますが、日銀のウェブサイトに記載されるとおり、「東京レポ・レート翌日物金利と市場におけるSCレポ取引の品貸料の推移等を勘案して、市場参加者が本制度に過度に依存することがないようなもの」とされており、SCレポの水準も勘案している点に注意してください。

例えば、日銀が一時的に資金を供給する買現先は2021年12月に実施されましたが、当時、いわゆる積み期間に伴うテクニカルな要因で、資金の出し手が少なくなり、GCレポレートが上昇していました[23]。そもそも、民間銀行は、日銀の当座預金において一定の準備金を積んでおくことが求められています。ある月の積立期間は、その月の16日から翌月の15日までの間とされており、このような積立の期間を積み期間といいます。民間銀行が早めに準備金を積み立てた場合、資金の出し手が相対的に少なくなり、GCレポレートが上昇するということがレポ市場では起こります。そのような中、日銀は、マイナス金利政策（－0.1％）を実施しているため、短期金利が－0.1％よりプラス方向へ大きく乖離してくることを防ぐ必要があります。そこで、2021年12月に、日銀は、買現先オペをオファーし、国債を担保に資金を供給することで、GCレポレートを低下させました。

　一方、日銀が一時的に国債を供給する売現先オペについては、典型的にはレポ市場が締まっているときに、日銀が国債を短期金融市場に供給するオペレーションです。一般的に四半期末や年度末には、レポ市場において国債を受け取りにくい（これをレポ市場で「レポが締まる」といいます）傾向にあります。これは四半期末や年度末に、レポ市場の出し手である銀行などが決算を固めたいことなどが理由です。2020年3月はコロナの影響もあり、債券市場の流動性が特に低下したとされており、レポ市場も締まりやすい状況でした。そこで、日銀は売現先オペを実施して、国債を十分に供給するという形で、年度末に向けたレポ市場のケアをしました。

共通担保オペと補完供給オペとの違い

　現先オペは上記のような特徴を有しますが、共通担保オペと補完供給オペとの違いを整理します。共通担保オペの場合、社債など国債にとどまらない資産を担保として使える特徴がありますが、現先オペの担保は国債のみです。現先オペの場合、共通担保オペとは異なり、（社債などではなく）国債市

23　GCレポレートは、資金の出し手と借り手の綱引きで決まるため、資金の出し手が相対的に少なくなり、借り手が多くなれば、その調達コスト（GCレポレート）が上昇します。

場のみに直接影響を与えたいオペであると理解することもできます。

　日銀から国債を借りてくるという観点では、現先オペが補完供給オペに類似しているように感じられるかもしれませんが、現先オペは、マーケットの需給を緩和するために日銀が例外的に打つ措置であり、金融機関にとってのコスト面でも、実施の頻度も、補完供給オペのそれとは大きく異なります。金融機関が利用の際に感じるコスト面については、補完供給オペの場合、前述のとおり、GCレポレートに0.25％の品貸料が上乗せされており、GCレポより割高といえます。一方、現先オペでは市場実勢より市場参加者にとってメリットがあるレートになるという特徴があります。また、頻度についても、現先オペの場合、需給要因で短期金融市場が想定以上に動くときに、マーケットの需給を緩和するため、ごく稀に実施される措置です。その一方、補完供給オペや共通担保オペは定期的に実施されています。

BOX 6 　フェイルとは

　フェイルとは、国債の売買をした際、決済時において対象となる国債の受渡しがなされない状況です。例えば、トレーダーがある銘柄（370回債）を持っていない中、Ｔ＋１決済で売却したとしましょう。この場合、翌営業日に370回債を渡さなければならないため、370回債を調達してくる必要がありますが、その調達ができなかった場合、370回債を受け渡せないことになり、フェイルとなります。

　上述のフェイルに対し、決済予定日までに債券の受渡しが行われていなくても、そのことのみをもって債務不履行とはせず、これを容認することをフェイル慣行といいます[24]。フェイル慣行の定着は、市場流動性の維持・向上の観点や、災害・システム障害の発生などの緊急時への備えとして、極めて重要とされています。フェイル慣行は、国債におけるRTGS決済（2001年）の導入等を契機に、我が国において導入されました。2008年の金融危機時に

24　この段落での表現は日銀のウェブサイトの説明を参照しています。

フェイルが多発することでレポ市場において流動性が低下したことや、海外主要市場では既に確立していること等に鑑み、日銀や日本証券業協会等により、フェイル慣行を普及させる努力がなされてきました。もっとも、筆者の理解では日本国債市場において未だフェイル慣行は定着していません。

　本章でフェイル・チャージについて言及しましたが、フェイル・チャージとはフェイルに関するペナルティであり、下記の式で計算されます。

$$\sum \frac{1}{365} \times \max(3\% - 参照レート, 0) \times 受渡金額$$

　現在、参照レートは0％とされているため、上記の式は、「3％（年率）/365×受渡金額（取引金額）」を、フェイルした期間、（受け渡せなかった相手に）支払うことを意味しています。

〈参考文献〉

1．川本卓司・中島上智・三上朝晃（2021）「マクロ経済モデルを用いたオーバーシュート型コミットメントの分析」日本銀行ワーキングペーパーシリーズ．

2．白川方明（2008）『現代の金融政策―理論と実際』日本経済新聞出版社．

3．ダロン・アセモグル，デヴィッド・レイブソン，ジョン・リスト（2019）『マクロ経済学』東洋経済新報社．

4．服部孝洋（2022a）「米国MMF（マネー・マーケット・ファンド）入門―ホールセール・ファンディングと金融危機以降の規制改革について―」『ファイナンス』677, 30-39.

5．服部孝洋（2022b）「フェデラル・ファンド（FF）市場およびFFレート（FF金利）入門―金融危機以降のFF市場および「最後の貸し手」機能の変遷について―」『ファイナンス』678, 10-20.

6．服部孝洋・齋藤浩暉（2023）「流動性供給入札入門」『ファイナンス』694, 22-29.

7．Takahiro, Hattori., Jiro, Yoshida（2023）"Yield Curve Control" *International Journal of Central Banking* 19（5）, 403-438.

第 **10** 章

イールドカーブの決定要因

▌10. 1　期待仮説

　ここまで様々な形で国債の金利と年限の関係（イールドカーブ）について議論してきましたが、本章ではそもそもイールドカーブはどのようなメカニズムで決定されているかについて深掘りします。イールドカーブの決定要因に関し、債券のテキストでは、まず、期待仮説と呼ばれる仮説が紹介されます。期待仮説の直感的なメッセージは、長期金利は将来にわたる短期金利の期待によって決まるという考え方です。例えば、10年債の金利には、向こう10年間にわたる短期金利の期待が集約されていると解釈します。

　以下では、このメカニズムを考えるため、読者が100円を持っており、2年間の投資をしたいと考えているとしましょう。その選択肢として、まず、2年債の購入があります。最初に100円支払って、期中金利を受け取り、2年後に金利と100円を受け取ることになります[1]。この投資のキャッシュ・フローは図表10−1のとおりです。

　もっとも、2年間の投資をする場合、まずは1年債を買ったうえで、1年後に100円が戻ってくるわけですが、その100円を再度1年債に投資するという方法もあります[2]。いわば1年債の投資をロールするわけです。このキャッシュ・フローを示したものが図表10−2です。

図表10−1　2年債のキャッシュ・フロー

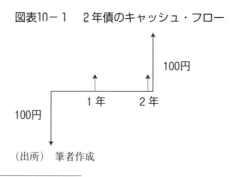

（出所）　筆者作成

1　厳密にいえば、商慣行では半年に一度金利を支払うことになりますが、単純化のため、年1回の金利として説明しています。
2　厳密には、1年後に100円に加え、金利を受け取るため、1年後は100円だけでなく金利の再投資を考えるべきですが、ここでは直感的な説明を行うため、この点を捨象しています。

図表10－2　１年債をロールすることで得られるキャッシュ・フロー

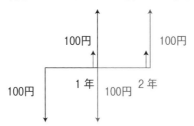

（出所）　筆者作成

　このように読者が100円を持っており、２年間国債で投資したいとしても、年限の長い国債に投資することと、短い国債でロールしていくという２つの選択肢があるわけです。大切な点は、①２年債に投資することと、②１年債に投資して、１年後に１年債に再投資すること（１年債のロールをすること）は、日本政府が発行する国債に対して、２年間投資しているという点では何も変わらない点です。したがって、①と②は、結局、日本政府にお金を２年間貸し付ける行為という意味で同じであると考えれば、両者のリターンは同じになるべきだ、と考えることもできます（この点についてはのちほど再度議論しますが、ひとまず以下ではこの想定を前提に進めます）。

　もし、仮に①のほうがリターンが高ければ、読者は２年債に投資しますし、②のほうがリターンが高ければ、１年債のロールが合理的です。前者の裁定行動が活発に進めば２年債の価格が上がり（金利が低下し）、①と②のリターンが均等化されますし、後者の裁定行動が活発に進めば、１年債の購入が進み、結局、①と②のリターンが均等化します。したがって、投資家が①と②が類似した投資であると考える限りにおいて、①と②のリターンが同じになることが予想されます。

　大切な点は、図表10－２における１年後の１年金利は読者による現時点での予測である点です。前述のとおり、読者は①と②の比較を行い、裁定取引を行うわけですが、その比較を行っている時点では、１年後の１年金利は当然、現時点での市場では観測できません。したがって、この裁定を行うためには、読者は自ら１年後の１年債の金利（１年後スタート１年金利）を予測したうえで、①と②の裁定取引を行うことになりますから、等しくなるリター

ンは①2年債のリターンと②1年債をロールすることの予測リターンの平均
ということになります。

　上記を踏まえれば、①と③の間の裁定行動により、①と②のリターンが等
しくなることで、

2年金利＝2年間における1年金利の予測の平均

が成立することになります。

　このロジックを発展させて、読者は100円を用いて、10年間の投資を考え
ているとしましょう。この場合、100円を用いて、①10年債へ投資すること
と、②1年債を10年間ロールしていく、すなわち、今年1年債を100円投資
して、1年後100円償還されたら、再度1年債に投資するという投資を繰り
返していくという選択肢を比較します。この2つの投資機会が類似的なもの
であると想定すれば、先ほどと同じロジックでその両者の間に裁定が働き、
リターンは等しくなります。その結果、10年債の金利は、1年債を10年間
ロールしたときの平均リターンと同じになるべきだ、といえるわけです。気
をつけていただきたい点は、先ほどの事例と同様、読者にとって、1年後や
2年後スタートの1年金利は現時点では直接みえないため、将来にわたる1
年金利を予測したうえで、裁定取引をしている点です。このことを意識すれ
ば、①と②のリターンが裁定により等しくなり、

10年金利＝10年間における1年金利の予測の平均

が成立します。したがって、冒頭で指摘したとおり、10年債の金利には、向
こう10年間にわたる短期金利の期待が集約されていると解釈することができ
るわけです。

　ここまで説明の便宜上、例えば、①2年債の投資と、②1年債のロールを
考えましたが、①2年債の投資と、③0.5年債の投資を4回ロールするとい
う裁定関係を考えてもよいですし、①2年債の投資と、④0.25年債の投資を
8回ロールするという形で裁定関係を考えることもできます。このことは、
上記の10年債の事例でも当てはまります。したがって、上記の関係を一般的
に書けば、

名目長期債利回り＝予測短期金利の平均

という形で一般的に記載することができます。この考え方は、短期金利の期待により、様々な年限の金利、すなわち、イールドカーブが決まることを意味することから、期待仮説と呼ばれます。

▌10. 2　期待仮説はどれくらいもっともらしいか

　それでは、この期待仮説が実際のイールドカーブをどの程度説明できるでしょうか。残念ながら、期待仮説ではイールドカーブの変動を十分に説明することができません。実際、期待仮説がイールドカーブの動きを十分に説明できると考えている人は、実務界でも学術界でもほとんどいないといえましょう[3]。むしろ、円債市場の市場参加者の多くは期待仮説が成立しないということを実務上の経験で知っているともいえます。

　なぜ市場参加者は期待仮説が現実を説明できないと知っているのでしょうか。ここで、それを考えるための補助線を引くために、「フォワード・レート」を考えてみます。先ほどは①２年債の投資と②１年債のロールを比較しました。ここからはより具体的に議論をするため、例えば、２年債の金利を２％、１年債の金利を１％としましょう（これらの金利は現時点で観測できる点に注意してください。また、この例では２年金利（２％）が１年金利（１％）より高いため、イールドカーブが右上がりの形状（順イールド）になっている点にも注意してください）。

　期待仮説が成立し、①と②のリターンが同じであるとするならば、結論的には、１年後の１年金利は３％程度でなければなりません。例えば、読者が100円の資金を持っており、①の運用を行う場合、金利２％の２年債で２年間運用するため、２年間でおおよそ４円（＝２％×100円×２年）の収益を得ることができます（図表10－３参照）。一方、②の場合、最初の１年目は、金

3　米連邦準備制度理事会（Federal Reserve Board, FRB）の副議長を務めたアラン・ブラインダー教授の表現を借りるなら、「金利の期間構造に関する期待仮説を現実のデータで証明できないということは、疑いを差し挟む余地のない事実」（ブラインダー（2008）, p.145）といえます。

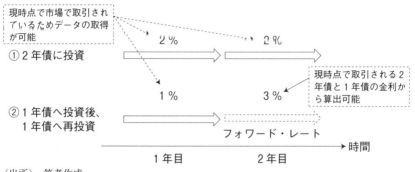

図表10-3　期待仮説とフォワード・レートのイメージ（順イールドのケース）

現時点で市場で取引されているためデータの取得が可能

① 2年債に投資　　　2％　　　　2％

現時点で取引される2年債と1年債の金利から算出可能

② 1年債へ投資後、　1％　　　　3％
　　1年債へ再投資　　　　　フォワード・レート

→ 時間

1年目　　　　2年目

（出所）　筆者作成

利1％の1年債で運用を行うため、1円のリターンしか得られません。したがって、先ほど想定したように①と②のリターンが同じになるためには、1年後、3％程度の金利が得られる1年債に投資できなければ（すなわち、1年後、1年債の運用で3円得られて、2年間で合計4円の金利が得られなければ）、①と②のリターンは同じにはならないことがわかります。

　このように、期待仮説が成立することに立脚して、将来の短期金利の予測金利を計算することがフォワード・レート[4]の考え方です。先ほどの例の場合、1年先の1年債のフォワード・レートが3％程度ということになります。この例ではイールドカーブが順イールドになっていますが、フォワード・レートを市場参加者の予測金利と解釈するならば、将来の短期金利は現在の1％から3％へと上昇するという予測が立つと解釈できます。言い換えれば、順イールドであれば、足下の金利は「短期金利＜長期金利」であるがゆえ、将来、短期債の金利が上がらなければ、「短期債のロール」と「長期債の投資」のリターンが等しくならないと理解できます。

　例えば、図表10-4のように、現時点での2年金利が1％であり、1年金利が2％という逆イールドの場合、どうでしょうか。先ほどと同じロジックで考えれば、この場合、1年先の1年債のフォワード・レート（1年先の1

4　フォワード・レートに対して、現時点の金利を表す際、スポット・レートという表現が使われることもあります。もっとも、スポット・レートという表現は、割引債の利回り（ゼロ・クーポン・イールド）を指すこともあるため注意が必要です。

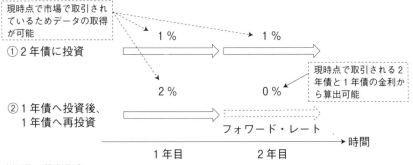

図表10-4　期待仮説とフォワード・レートのイメージ（逆イールドのケース）

（出所）　筆者作成

年金利）は0％程度になっていなければ、①2年債に投資した場合と②1年債をロールした収益が一致しません。言い換えれば、「短期金利＞長期金利」という逆イールドであれば、将来、短期の金利が下がらなければ、「短期債のロール」と「長期債の投資」のリターンが等しくならないわけです。

　このようにフォワード・レートは、順イールドであれば短期金利は上昇、逆イールドであれば短期金利は低下という予測が立つことがわかりますが、大切な点は、フォワード・レートは期待仮説が成立することを前提として算出されている点です。したがって、期待仮説がどれくらいもっともらしいかは、フォワード・レートが実際どれくらいもっともらしいかを確認することで一定程度検証することができるともいえます。

　残念ながら、フォワード・レートは実際の動きを全く説明できないことが広く知られています。そもそも、日本のイールドカーブは、1990年代前半など一時的な期間を除き、基本的には、順イールドが続いてきました。したがって、順イールドを前提にすれば、先ほど確認したとおり、フォワード・レートでみた短期金利は将来上昇するという予測が続いていたことを意味します。もっとも、1990年以降、日本国債の金利は基本的に低下しており、フォワード・レートとは真逆の動きをしています。このような事実から、実務家は検証するまでもなく、フォワード・レートが予測力を持たないという感覚を持っています。

　フォワード・レートに予測力がないとはいえ、実務の世界ではイールド

カーブから計算したフォワード・レートが使われる場面は少なくありません。筆者の実感では、フォワード・レートが最も使われるケースは中央銀行による利上げ（利下げ）のタイミングの推定です。利上げのタイミングに関する市場参加者の予想（いわゆる利上げ（利下げ）確率）については新聞などでみたことがある方も多いでしょう。この利上げ（利下げ）確率の算出において、金利先物を使うこともありますが、イールドカーブから算出されたフォワード・レートを用いることも少なくありません。中央銀行の利上げとは、例えば、無担保コール翌日物金利（TONA）が0.25％上昇することといえますが、前述のような形で今のイールドカーブから、1営業日のフォワード・レートを計算することで、1営業日で0.25％だけ金利が上昇するタイミングを推定することができます（Bloombergなどで算出される利上げ確率はこのような考え方に則って確率化されています）[5]。

　筆者の意見になりますが、市場参加者はフォワード・レートに予測力がないとわかっているにもかかわらず、利上げ確率を用いている理由として、その他にもっともらしい代替手段がないことに加え、短期間であれば後述するターム・プレミアムはほとんどないと想定できることなどが理由としてあげられます。利上げ確率の詳細は、筆者が執筆した「フェデラル・ファンド（FF）金利先物および利上げ（利下げ）確率入門」（服部, 2022）を参照してください。

■ 10.3　ターム・プレミアム

　ここまで期待仮説について説明してきましたが、イールドカーブが右肩上がりになっている理由として、期待仮説では将来の金利が上昇すると市場参加者が予測しているからだ、という説明になります。もっとも、そもそも読者は①2年債に投資する場合と②1年債のロールという2つの選択肢を同じ投資だと考えるでしょうか。なぜかというと、①は2年間日本政府にお金を貸出することをコミットメントしている一方で、②は1年後にその投資を再

5　Bloombergは利上げ（利下げ）確率を計算するツールを提供していますが、円金利についてはオーバーナイト・インデックス・スワップ（OIS）のスワップ・レートを用いてフォワード・レートを算出し、利上げ確率を計算しています。

検討することも可能です。あるいは、4章で、年限が長い国債のほうが金利リスクが大きい点を指摘しましたが、金利リスクという観点でも、2年債は1年債の2倍の金利リスクを有しており、リスク量が大きいならその分プレミアムが欲しいと考えるかもしれません。

　このような観点では、①2年債に投資する場合と②1年債のロールという2つの選択肢において、①に対して、投資家は追加的なプレミアムを求めると考えるのが自然に思われます。これはより長い期間、日本政府に貸出すことに伴うプレミアムであることから、「ターム・プレミアム」と呼ばれます。

　先ほど、期待仮説では、「名目長期債利回り＝予測短期金利の平均」という定義をしましたが、長期金利にはターム・プレミアムが付されるため、下記のような修正を行います。

名目長期債利回り＝予測短期金利の平均＋ターム・プレミアム

　筆者の経験では、長期金利の動きを考えるうえで、実務家は上記を用いる傾向があります。白川（2008）でも上記を金利の期間構造の理論として紹介しています。

　上記に基づき長期金利を考える難しさはターム・プレミアムをどのように推定するかです。ストレートな方法は、「予測短期金利の平均」は、市場参加者の短期金利の予測の集合体なので、その予測をアンケートなどで取得し、ターム・プレミアムを推定するというものです。もっとも、必ずしもそのようなデータを得られるとは限らないことから、経済モデルを用いた手法が開発されています。例えば、ニューヨーク連邦準備銀行は特定の金利モデルをベースに、金利のデータのみを用いてターム・プレミアムを推定しています。その他、米連邦準備制度理事会のエコノミストらは、特定の金利モデルをベースに、金利データと上述のアンケート結果を組み合わせることで、ターム・プレミアムを推計しています[6]。どちらも、ウェブサイトでターム・プレミアムの推計結果が公表されています。

6　詳細はKim and Wright（2005）やKim and Orphanides（2012）を参照してください。

▌10.4　特定期間選好仮説

　これまでイールドカーブの決定要因について議論してきましたが、実際日々の金利の動向を市場参加者が説明するうえでは、外国人投資家が売却しているとか、大手銀行が購入したなど、実際の売買に基づき、その動きを説明することが少なくありません。既に9章で説明しましたが、2013年4月以降、日銀が大規模な国債の購入を行っていることから、日銀の購入により金利の動向が説明される傾向があります。

　このように投資家の需要に焦点を当ててイールドカーブを説明する方法を特定期間選好仮説（Preferred-Habitat Theory）といいます（日本語の文献では「市場分断仮説」という表現が使われることが多い印象です）。特定期間選好仮説の世界観は、年限ごとに異なる投資家が存在しており、年限間の市場が分断していることから、投資家の需要がイールドカーブに影響を与えるというものです。6章で説明したとおり、銀行は短い国債を保有する傾向がある一方、生命保険会社は超長期国債を購入する傾向があります。この議論が特定期間選好仮説と呼ばれるのは、銀行や生命保険会社など、特定の年限を選好する投資家（Preferred-habitat）に焦点を当てるからです。

　需給に基づいてイールドカーブの変動を説明することは市場参加者の中で幅広く用いられているものの、学術研究では最近まであまり人気のなかった仮説といえます[7]。この仮説が最近まで学術研究上、人気がなかった理由として、まず、仮に市場が分断しており、特定の年限の国債を求める投資家が存在していたとしても、様々な年限に投資できる投資家が年限間で十分な裁定を行えば、特定の年限を需要する投資家の行動がイールドカーブに影響を及ぼさない可能性が考えられます。また、かつての実証研究は、この仮説に関して否定的な結果を示していたこともその理由としてあげられます。

　近年、特定期間選好仮説の議論が活発に進んだ背景として、まず、2000年以降、投資家の需要がイールドカーブに影響を与えることを示す実証研究が出てきたことがあります。例えば、米国財務省による長期国債の買入れや、

7　ここでの説明は、Gürkaynak and Wright（2012）を参照しています。

英国における超長期債の金利が低く推移する現象について、特定期間選好仮説の観点で実証が進みました。何より大きいのは、リーマン・ブラザーズの破綻を発端とした世界金融危機以降、多くの中央銀行が量的緩和政策を行ったことを契機に、大規模な国債購入がイールドカーブに影響を与えることを示す実証研究が進んだことです。筆者も日本のイールドカーブについて、日銀によるQQEを利用して特定期間選好仮説の観点から実証分析を行っています（Hattori（2020））。

　近年になり特定期間選好仮説への注目が高まった理由として実証研究だけでなく、理論研究の発展もあります。特定期間選好仮説では、政府、特定の年限を選好する投資家、アービトラージャー（裁定を行う投資家）の3タイプの主体を想定します[8]。政府は国債を発行する一方、特定の年限を選好する投資家はその名称のとおり、特定の年限の国債を需要します（例えば、銀行が短い国債を購入し、生命保険会社が長い国債を保有するということを表現していると考えてください）。さらに、すべての年限を横断的に投資するアービトラージャーが存在しており、その投資家には投資行動に一定の制約が課されていると想定します（実際に、アービトラージをしている主体はリスク管理などの観点で様々な制約が課されており、その想定は現実的といえます）。

　本章の10.1節で、10年間の投資にあたり、①10年債の投資と②1年債のロールを比較しましたが、その両者で裁定活動がなされ、そのリターンが同じになるという議論を展開しました。もっとも、銀行は短・中期債を中心に投資する一方、生命保険会社は超長期債を中心に購入するという意味で日本国債市場は分断されているとみることもできます。その中で、例えばヘッジファンドなどが一定の制約を持ちつつ、イールドカーブ全体で裁定行動を行うとすれば、アービトラージャーがイールドカーブ全体で裁定行動をとるため、短期金利と長期金利は一定の関係性を持ちます。もっとも、彼らの裁定行動に制限があることから、銀行や生命保険会社の投資行動がイールドカーブに影響を与えうる、という実際の市場参加者の直感に合うメカニズムが生まれることになります。

8　この分野で特に重要な研究はVayanos and Vila（2021）です。

〈参考文献〉

1. 白川方明（2008）『現代の金融政策—理論と実際』日本経済新聞出版社.

2. 服部孝洋（2022）「フェデラル・ファンド（FF）金利先物および利上げ（利下げ）確率入門」『ファイナンス』679, 40-50.

3. アラン・ブラインダー（2008）『中央銀行の「静かなる革命」—金融政策が直面する３つの課題』日本経済新聞出版社.

4. Refet, Gürkaynak., Jonathan, Wright（2012）"Macroeconomics and the Term Structure" *Journal of Economic Literature* 50（2）, 331-367.

5. Takahiro, Hattori（2020）"The impact of quantitative and qualitative easing on term structure: Evidence from micro-level data" *Economics Letters* 195, 109347.

6. Don, Kim., Athanasios, Orphanides（2012）"Term Structure Estimation with Survey Data on Interest Rate Forecasts" *Journal of Financial and Quantitative Analysis* 47（1）, 241-272.

7. Don, Kim., Jonathan, Wright（2005）"An Arbitrage-Free Three-Factor Term Structure Model and the Recent Behavior of Long-Term Yields and Distant-Horizon Forward Rates" FEDS Working Paper 2005-33.

8. Dimitri, Vayanos., Jean-Luc, Vila（2021）"A Preferred-Habitat Model of the Term Structure of Interest Rates" *Econometrica* 89（1）, 77-112.

第 **11** 章

金利スワップと日本国債市場

▌11.1　はじめに

　金利スワップとは、固定金利と変動金利など、異なるキャッシュ・フロー
を交換する金融契約です。世界最初のスワップ取引は、1981年に米系投資銀
行ソロモン・ブラザーズが仲介した世界銀行とIBMの通貨スワップとされて
います。その後、金利スワップの取引が開始されると、その取引規模は順調
に拡大し、現在、円金利だけでも20兆ドル[1]を超える規模となっています。
日本国債の残高がおおよそ1,000兆円程度であることを考えると、円金利ス
ワップの市場は日本国債をも凌駕する巨大な市場とみることもできます。

　本章の特徴は、金利スワップを国債との類似性から議論していくことで
す。もちろん、金利スワップには国債にない特徴があります。例えば金利ス
ワップは金融機関がリスク管理で用いるなど、その投資主体や用途が国債と
は異なります。しかし筆者は思い切って多くの点を捨象し、金利スワップと
国債が類似的な金融契約ととらえることで、金利スワップについて本質的な
理解が得られると考えています。

　金利スワップと国債の類似性を考えることの最大のメリットは、金利ス
ワップを理解するうえで、国債に関する諸概念をそのまま適用することがで
きることです。これまで議論してきたとおり、国債について学ぶ際、イール
ドカーブやデュレーションなどの概念に触れますが、これらの概念は金利ス
ワップを理解する際にも活用できます。また、円金利市場において、金利ス
ワップは国債のようにトレーディングされていることから、円金利市場の動
きを理解するうえでも有益です。事実、日本国債市場では金利スワップと国
債の裁定取引が活発に行われており、市場参加者の分析でも金利スワップと
関連づけられて議論されることが少なくありません。

　本章では、前半で金利スワップの基本について、国債との類似性を強調し
ながら、できるだけ具体例を用いて説明します。後半では、国債と金利ス
ワップの連動性を高める商品であるアセット・スワップについて説明しま
す。

1　国際決済銀行（Bank for International Settlements）のデータを参照しています。

▌11.2　金利スワップとは

固定金利と変動金利の交換

　典型的な金利スワップは、固定金利と変動金利を一定期間交換する取引です（図表11－1参照）。例えば、読者が証券会社と10年の金利スワップを結んだとしましょう。この場合、読者は事前に決められた固定金利を10年間受け取る一方、その時々の短期金利を金融機関に支払うことになります。この際、受け取る固定金利を「（金利）スワップ・レート」といいます。このケースでは固定金利を受け取っていますが、このように固定金利を受けて変動金利を支払う場合、「金利スワップを受ける（固定金利を受ける、レシーブする）」といいます（図表11－1の上図参照）。一方、固定金利を払い、変動金利を受け取ることを「金利スワップを払う（固定金利を払う、ペイする）」といいます（図表11－1の下図参照）[2]。変動金利についてはいろいろなタイプがありますが、現時点では無担保コール翌日物金利（Tokyo OverNight

図表11－1　金利スワップの基本的な仕組み

（1）　スワップを受ける（レシーブする）

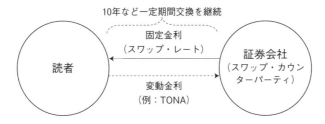

（2）　スワップを払う（ペイする）

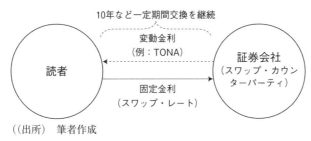

（（出所）　筆者作成

Average rate, TONA）と呼ばれる金利が最も用いられています（実務家はTONAを「トナ」と読みます）。TONAを変動金利とする金利スワップをオーバーナイト・インデックス・スワップ（Overnight Index Swap, OIS）といいます。

　図表11－2は、10年の金利スワップを受けた場合のキャッシュ・フローの動きを示しています。この図における縦軸はキャッシュ・フロー（上向きは受取り、下向きは支払い）、横軸は時間の流れを示しています。読者はこの場合、例えば1％という事前に定められた金利を10年間金融機関から受け取ることになりますが、その一方、その時々の金利（例えばTONA）を金融機関に10年間継続して支払うことになります。金利スワップを払う場合、契約時に決められた金利を一定期間継続して支払う一方、その時々の金利を受け取ることになります。

　金利スワップのその他の特徴は、国債への投資などと異なり、契約時に支払いが発生しない点です。そのため、実際に固定や変動金利の受払いをするためには、元本を想定する必要があります。これを想定元本といいます。例えば、金融機関が読者に、1億円の想定元本をベースに1％の固定金利を支払う場合、読者は金融機関に1億円の1％に相当する100万円を毎年支払う

図表11－2　金利スワップを受けた場合のキャッシュ・フロー

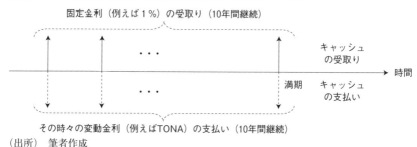

（出所）　筆者作成

2　このように金利スワップでは、固定金利を主語に、「受ける・払う」という形で固定金利と変動金利の交換を描写することが一般的ですが、スワップを受けることを、「オファーする」「ユアーズ」、スワップを払うことを「ビッドする」「マイン」ということもあります。

ことになります[3]。ちなみに、金利スワップを結ぶ際の相手方を、スワップ・カウンターパーティといいます。

金利スワップと国債の類似性

　これまで金利スワップの基本について説明してきましたが、ここからは、この交換契約がなぜ国債への投資と類似性が高いかを考えていきます。一般の個人が金融資産への投資を行う場合、貯金などの元手があることがほとんどでしょう。しかし、例えば、金融機関が国債を保有する場合、そもそも自分でその資金を調達してこなければならないことが少なくありません。

　金融機関が日本国債で運用を行う場合、国債への投資（国債のロング）に伴い、①固定金利を受け取ることができる一方、②その投資資金の調達コストを支払う必要があります。したがって、もし銀行が国債に投資するにあたり短期調達した場合、当然その時々の金利を支払うことになります。例えば、図表11－3のように10年国債に投資する場合、銀行は10年間、例えば１％などの固定金利を毎年受け取ります。一方、仮に１年という短期でその資金を調達する場合、１年ごとにその時々の金利を支払う必要があります（これを10年間繰り返します）。そのため、国債への投資も、資金調達まで考えれば、固定金利と変動金利の交換をしていると解釈することができます（事実上、図表11－2と同じキャッシュ・フローが生まれていることがわかります）。ちなみに、国債を保有する場合、国債を担保に１営業日など短期の資金調達をすることができるため、国債を担保にしたときの調達コスト（レポ・コスト）を支払うことになります（レポについては３章や５章を参照してください）。

　以上のように、「国債のロング」は、金利スワップにおいて「固定金利を受ける」ことと同じ経済性を持ちます。それでは、国債をショートした場合はどうでしょうか。国債のショートは、買い手の反対側の立場に立つことと考えれば、逆に固定金利を払い、変動金利を受け取ることを意味することがわかります。そのため、国債のショートは、金利スワップにおいては「固定金利を払う」ことと類似的な経済性を有します。これらに鑑みると、ある年

3　インデックスとする変動金利や通貨などで年間の支払回数が異なる可能性がある点に注意してください。

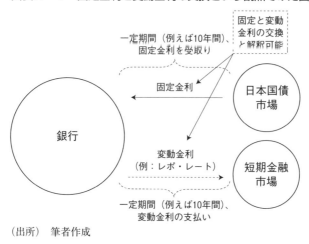

（出所）　筆者作成

限の国債や金利スワップを一般的にＴ年とすれば、下記の関係がいえます。

Ｔ年国債のロング（ショート）

≒Ｔ年金利スワップの固定受け・変動払い

（Ｔ年金利スワップの変動受け・固定払い）

　繰り返しになりますが、国債への投資（国債のロング）も、資金調達とい
う側面まで考えれば、固定金利を受け取り、変動金利を支払う経済行為と解
釈可能であり、金利スワップと類似性が高いと解釈することができるわけで
す。国債に投資する場合、その金利水準が投資家にとって魅力的であればロ
ングすればよいし、そうでない場合はショートすればよいわけですが、ス
ワップについても全く同じように取引されています。固定金利に相当する金
利スワップ・レートが魅力的であれば、投資家は金利スワップを受けます
（国債のロングに相当）し、割高だと考えれば払います（国債のショートに相
当）。実際に、円金利スワップは国債とほとんど同じように取引がなされて
おり、市場環境次第では日本国債以上に円金利スワップの流動性が高いと指
摘されることもあります。

11.3　金利スワップに用いられる変動金利：TONAとTIBOR

　前述のとおり、金利スワップは固定金利と変動金利の交換ですが、変動金利の種類に応じて様々なスワップが存在します。円金利については以前、LIBORと呼ばれる指標金利を用いていましたが、LIBOR不正問題を経て、現在はTONAと呼ばれる金利が用いられています（LIBOR不正問題は筆者が執筆した「金利指標改革入門」（服部, 2021）を参照してください）。前述のとおり、TONAを変動金利とする（インデックスとする）金利スワップをOISといい、OISは円金利市場で最も流動性が高い金利スワップといえます。円金利市場では、OISに加え、TIBOR（Tokyo InterBank Offered Rate）と呼ばれる指標金利をインデックスとする金利スワップも取引されています（実務家はTIBORを「タイボー」と読みます）。したがって、以下ではまずTONAを説明した後、TIBORの説明を行います。

金利スワップで用いられる変動金利：TONA

　TONAとは、金融機関同士が無担保で実際に取引した際のオーバーナイト（1営業日）の金利に相当し、銀行間で資金の融通をする、いわゆる「コール市場」で形成される金利です。コール市場における「コール」とは、「呼んだらすぐに来る」という意味であることから、短期の資金調達を行う市場になりますが、最も流動性がある取引はオーバーナイトの取引です[4]。TONAは金融機関の間でたった1営業日貸し出す際の金利ですから、ほとんど信用リスクがない金利と解釈できます。

　LIBORとの比較の観点でみると、TONAの最大の強みは、「実際の取引に基づいた金利」である点です（LIBORは投票ベースの金利指標であり、実取引に基づかないことが不正操作につながりました）。日銀が公表するTONAは具体的には、算出対象取引のレートを、レートごとの出来高で加重平均します。速報値は、当日の午後5時15分頃、確報値は翌営業日の午前10時頃公表され

4　コール市場では、1営業日かつ無担保という条件を満たす金利以外にも、異なる期間や有担保の貸借もなされています。詳細は東短リサーチ株式会社（2019）を参照してください。

ます[5]。

長年、政策金利として用いられてきたTONA

　TONAは、日銀がオペレーションを行う際に誘導する短期金利としても有名です。日銀によれば、金利が自由化し、1995年からは、短期市場金利を誘導するオペレーションを通じて、金融市場調節を行うようになりました[6]。特に、1998年以降の金融市場調節方針では、TONAを平均的にみて○○％前後で推移するよう促すなど、TONAに基づき誘導目標を具体的に定めるようになりました。量的緩和時やマイナス金利政策導入以降等、我が国において必ずしもTONAが政策金利として使われているとは限りませんが、TONAは金融政策と密接な短期金利ということができます。

　日本でTONAが政策金利とされた背景には、長い間、短期金利として日銀が誘導しやすい金利とされていたことがあります[7]。短期の資金需給の予測精度は、我が国では非常に高いとされており[8]、銀行間の貸借の需給であれば、日銀が当座預金による調整で操作しやすいといえます。また、レポ市場の金利に比べ、債券の需給などその他の要因は影響されにくいとされています。

OISのイメージ

　前述のとおり、TONAをインデックスとした金利スワップをOISといいますが、ここからOISのイメージを深めるため、読者が金融機関とOISの契約を結んだ例を考えてみましょう。OISとは変動金利をTONAとする金利ス

5　詳細は日銀による「『コール市場関係統計』の解説」などを参照してください。
6　この段落での記述は下記の日銀の文章を参照しています。
　　https://www.boj.or.jp/announcements/education/oshiete/seisaku/b42.htm/
7　ここでの記述は東短リサーチ株式会社（2019）などに基づいています。
8　白川（2008）では「日本のオーバーナイト金利のコントロールの正確性が高いのは、銀行券、財政資金とも予測精度が高いため、誘導目標を実現するために必要なオペ金額を比較的正確に把握しているからである（表8－8－5）。また、外生的な当座預金の予想増減額についての情報を公表することにより、民間銀行が資金繰り予想を立てやすいように努めていることも、大きな金利変動を防ぐことに寄与している」（p.172-174）としています。

ワップですから、例えば、読者が固定金利を受け取る場合（レシーブする場合）、TONAを変動金利として支払います（図表11－4参照）。この場合、固定金利がマーケットで1％である場合、読者は金融機関から年間1％を受け取る一方で、変動金利であるTONAを金融機関に支払います。

　OISは初学者にとって理解しにくいといわれますが、筆者の理解では、これは変動金利であるTONAの支払方法に起因します。先ほどの例をあげれば、読者は毎営業日定まったTONAを金融機関に支払うべきですが、毎営業日入金するのはあまりに事務負担が重すぎます。そこで、読者と金融機関で、例えば、今から1年後に、実際に実現したTONAに基づいて1年分の金利をまとめて支払ってください、という取決めをしておくわけです[9]。TONAは毎営業日変わるものですから、読者が支払うべき変動金利が確定するのはまさに1年後ということになります。このような仕組みを「後決め金利」といいます[10]。

　注意すべき点は、このスワップ契約において、読者が変動金利として支払う金利は、正確には、1年間TONAで運用した場合の「複利」になります[11]。本来、金融機関はTONAを読者から毎営業日受け取るため、金融機関

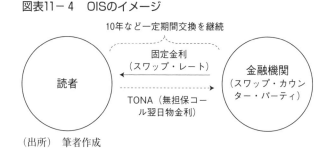

図表11－4　OISのイメージ

（出所）　筆者作成

9　満期が1年を超えるOISの利払いの市場慣行（デイカウント・コンベンション）は年一回利払いです。OISの利払いの実務面については日銀による「日本円OIS（Overnight Index Swap）―取引の概要と活用事例―」を参照してください。
10　TIBORやLIBORは前決め金利という特徴を有しています。前決め金利と後決め金利の詳細を知りたい読者は、服部（2021, 2022a）を参照してください。
11　ここでの複利は「後決め複利」であり、金利計算区間の実現複利で最終的な金利が決まります。ただし具体的な計算方法はISDAの定義に準じます。

はその受け取った金利も運用することができます。そのため、読者は1年後に金融機関にまとめて変動金利を支払う場合、読者と金融機関の間でフェアなトレードにするためには1年間のTONAの（金利の再投資収益も考えた）複利計算をして金融機関に支払うという形にする必要があるわけです。そのため、OISでは固定金利を受け取る一方で、TONAの複利を支払うという設計がなされています（OISの複利計算はBOX1を参照）。

TONA以外で用いられる変動金利：TIBOR

　円金利スワップでは、TIBORと呼ばれる指標金利を用いた金利スワップも取引されています（例えば、スワップを受ける場合、固定金利を受け取る一方、TIBORと呼ばれる短期金利を定期的に支払います）。TIBORとは円LIBORと類似した金利指標ですが、LIBOR不正問題が起こったことから、その不正を防ぐための改革がなされてきました。

　TIBOR改革の詳細は、服部（2021, 2022a）を参照してもらいたいのですが、金利指標改革により導入されたものがウォーター・フォール・アプローチです。LIBORの不正操作が可能になった背景には、実際の取引を伴わないオファー・レートに基づいていたことがありました。そこで、まずは水が落ちていくようなイメージで、実態に近い取引を採用し、それが得られないのであれば実態に近いものを順番に採用していくことで、TIBORの値を実態に近づけていくことが可能になります（TIBORにおけるウォーター・フォール・アプローチのイメージは図表11－5になります）。実取引ベースのデータが得られない場合は、実際の取引に近い値を採用し、最後は専門家による判断がなされます（ただし、実際の取引に基づく金利とは限らず、気配値が用いられることも少なくない点に注意してください[12]）。

　図表11－6がTIBOR算出のイメージです。リファレンス・バンク（パネル行）と呼ばれる大手行がウォーター・フォール構造に基づき、市場の実勢を反映したレートを提出します。そのレートを各行が全銀協TIBOR運営機関

---

[12]　実際、JBATAによりウォーター・フォールに関し一定の開示がなされていますが、実取引はごく一部といえます。詳細はJBATAによる「全銀協TIBORの頑健性等に係る現状の自己評価と今後の対応について」などを参照してください。

図表11−5　日本円TIBOR（DTIBOR）のウォーター・フォール構造

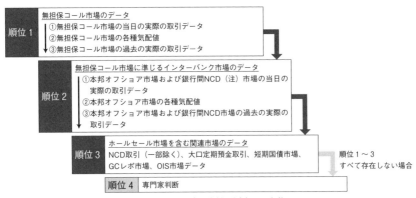

（注）　Negotiable Certificate of Deposit（譲渡性預金）の略称
（出所）　一般社団法人全銀協TIBOR運営機関資料より筆者作成

図表11−6　TIBOR算出のイメージ（TIBOR改革後）

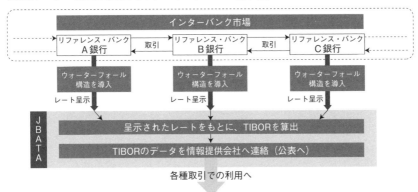

（出所）　一般社団法人全銀協TIBOR運営機関資料より筆者作成

（JBATA）へ呈示し、そこから一部をカットした平均（トリム平均）を計算することでTIBORが算出されます。TIBORについては１週間物、１カ月物、３カ月物、６カ月物、12カ月物の５つの期間（テナー）が算出されています（６カ月TIBORとは邦銀が６カ月間借入をする際の金利と解釈されます）。

　TIBORの特徴は、「日本円TIBOR」と「ユーロ円TIBOR」という２種類ある点です（実務家は前者を「DTIBOR」、後者を「ZTIBOR」と呼びます）。両

図表11－7　DTIBORとZTIBORの違い

指標	日本円TIBOR （DTIBOR）	ユーロ円TIBOR （ZTIBOR）
反映する市場	短期金融市場（インターバンク市場）	
	無担保コール市場	オフショア市場
テナー	1週間物、1カ月物、3カ月物、6カ月物、12カ月物	
公表	毎営業日	
act（金利日数）	365日ベース	360日ベース
運営主体	全銀協TIBOR運営機関	

（出所）　一般社団法人全銀協TIBOR運営機関資料より筆者作成

者の違いは図表11－7にまとめられていますが、大きな構造は同じであるものの、後者は「ユーロ円」という名称のとおり、日本国外（オフショア）で金利が定められます（金融において「ユーロ」とは欧州の通貨という意味だけでなく、「自国外（オフショア）」という意味も持っています）[13]。なお、ZTIBORは廃止される予定で、今後はDTIBORに一本化される点に注意してください（2023年10月時点）。

交換する変動金利に応じてスワップ・レートは異なる

　上記のように、交換する変動金利に応じて様々な金利スワップがあることがわかりますが、大切な点は、インデックスとする変動金利が異なることで、固定金利に相当する金利スワップ・レートも異なってくる点です。例えばTIBORをインデックスとする金利スワップの場合、TIBORが大手行による短期的な借入金利であることを踏まえれば、TIBORには銀行の信用リスクが含まれています。したがって、固定金利と変動金利が等価交換[14]であるとするならば、変動金利に信用リスクが含まれている以上、固定金利にも信

13　歴史的にはユーロ円TIBORが1980年代、金利スワップ市場が拡大する中で作られます。もっとも、かつてはユーロ円TIBORを通信社などが独自に算出しており、その値がバラバラであるなどの問題を有していました。そのため、1998年から全銀協が一本化して公表することとなりました。一方、日本円TIBORは1995年から全銀協が集計して公表しています。

用リスクが含まれていると解されます。例えば、変動金利が6カ月TIBOR
である場合、6カ月間の銀行の信用リスクを有していると考えられるため、
このスワップ・レートには6カ月間の銀行の信用リスク分のプレミアムが追
加されていると解釈することができます。

　一方、OISの場合、TONAを用いているため、金利スワップにおける変動
金利は1営業日の銀行の信用リスクが反映されていると考えられ、それと等
価交換となるスワップ・レートに反映される信用リスクは、ごく限定的であ
ると解釈できます。その意味では、信用リスクが低い分、6カ月TIBORを
インデックスとする金利スワップ・レートに比べれば、OISのスワップ・
レートは低いレートが付されていると解釈できます。日銀の資料でも、OIS
のスワップ・レートは「リスク・フリーに近い性質を有しています」と説明
されています[15]。

ベーシス・スワップ（変動金利同士の交換）

　これまでは固定と変動金利を交換するスワップを前提としてきましたが、
変動金利同士を交換する金利スワップも取引がなされています。これをベー
シス・スワップといいます。例えば、6カ月TIBORと3カ月TIBORを交換
するベーシス・スワップの場合、「3カ月TIBOR＋α」と「6カ月TIBOR」
を一定期間交換します（この場合、このαをベーシスといいます）。それ以外に
も、TONAとTIBORを交換するベーシス・スワップなど様々なバリエーショ
ンがあります。

　また、円の異なる期間の金利の交換だけでなく、異なる通貨の金利を交換
する通貨スワップ（Cross Currency Basis Swap）もベーシス・スワップと呼
ばれます。通貨スワップの場合、例えばTONAと米国のレポ金利である
SOFR（Secured Overnight Financing Rate）の交換など、異なる通貨の金利

14　理論的には、金利スワップにおいて交換する固定金利と変動金利が等価と考えなけれ
　ば取引が成立しないため、固定金利と変動金利の交換は等価交換と考えることができま
　す。その意味で、金利スワップでは取引した時点での現在価値はゼロです（実際には業
　者への手数料などがあるため、厳密にはゼロにはなりません）。
15　日本銀行「日本円OIS（Overnight Index Swap）—取引の概要と活用事例—」を参照
　しています。

を期中交換します。通貨スワップの場合、異なる通貨の元本を当初と満期に交換するのですが[16]、通貨スワップについては次章で説明します。

BOX 1 OISにおける変動金利の計算方法[17]

OISにおいて複利金利の計算が必要になる点を指摘しましたが、複利金利を算出するうえで下記の数式が用いられます。

$$\underbrace{\left\{ \prod_{i=1}^{M} (1 + O_i \delta_i) - 1 \right\}}_{M\text{日間のTONAの}\atop\text{複利計算}} \times \underbrace{\frac{365}{a}}_{\text{年率化}} \qquad \cdots (*)$$

ここでの記号を確認します[18]。Mは金利計算期間における営業日の日数、iは金利計算期間における何番目の営業日であるかを示す変数、O_iはi番目の営業日付のTONA、δ_iはO_iが適用される期間の実日数（カレンダー上の日数）/365日、aは金利計算期間の実日数になります。

一見複雑な定義にみえますが、上記がTONAを一定期間複利計算し年率化していることは実際の計算例をみれば明らかです。例えば本日のTONAを0.1％、明日を0.11％、明後日を0.12％とした場合、これらの金利がそもそも年率換算されていることに注意すれば、その複利は $(1 + 0.001/365) \times (1 + 0.0011/365) \times (1 + 0.0012/365)$ という形で計算できますが、このように掛け算を繰り返していく演算が $(*)$ における $\Pi_{i=1}^{M}(1 + O_i \delta_i)$ に相当します（上式におけるO_iがTONAですが、δ_iを掛けることで土日や祭日により日数が

---

16 通貨スワップの中に、元本の交換がないものがある点にも注意してください。

17 後決め複利の計算に際しては、多くのコンベンションが想定されています。「日本円金利指標に関する検討委員会」は、後決め複利のコンベンションに関する理解促進を目的として、TONA複利の利息計算に係るツールを公表しています。詳細は下記をご参照ください。
    https://www.boj.or.jp/paym/market/jpy_cmte/cmt210910a.htm/

18 この式は日本銀行「日本円OIS（Overnight Index Swap）―取引の概要と活用事例―」を参照しています。

ずれる処理をしています)。365/aは年率化するための調整です。

■ 11. 4　国債との類似性を考えるメリット

リスク・フリー・レートとしてみたスワップ・レート

　上記のように、国債と金利スワップは類似的な金融契約であると解釈でき
ますが、冒頭で記載したとおり、金利スワップと国債を類似の金融契約とみ
なす最大のメリットは国債で用いる諸概念を、金利スワップを理解する際に
もそのまま用いることができる点です。例えば、国債の金利は安全利子率
(リスク・フリー・レート)とされますが、前述のとおり、TONAの場合も、
1営業日の貸借の金利であり、信用リスクが極めて小さいことから、リス
ク・フリー・レートと解釈される傾向があります。同様に、TONAをイン
デックスとした金利スワップのスワップ・レートもリスク・フリー・レート
と解釈されます。

　スワップ・レートは国債金利などと同様、地方債や社債など、他の債券を
発行する際のベースとなる金利としても用いられることがあります。これ
も、金利スワップ・レートをいわばリスク・フリー・レートに類似したもの
として用いていると解釈できます。例えば、地方債や社債を起債する際、発
行条件はリスク・フリー・レートに対してどの程度金利が付されるか(スプ
レッドが付されるか)という観点で決まりますが、その基準金利として国債
金利に加え、スワップ・レートが用いられることがあります[19]。

スワップ・レートの期間構造(スワップカーブ)

　金利スワップも国債と同様、金利の期間構造を有しています。図表11-8
は、1年の金利スワップと10年の金利スワップの比較をしています。1年の
スワップの場合、1年間、固定金利と変動金利の交換をしますが、10年のス
ワップの場合、10年間、固定金利と変動金利の交換を繰り返すことになりま

19　かつての国債は、個別債券ごとの需給要因などを背景に、必ずしもイールドカーブが
　　スムーズではなかったことから、当時、比較的カーブがスムーズであったスワップ・
　　レートが発行条件に用いられたという意見もあります。

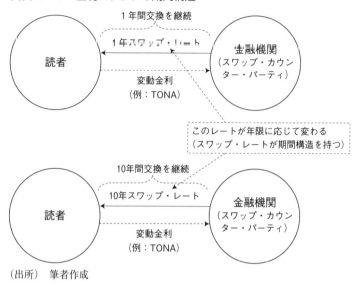

図表11－8　金利スワップの期間構造

（出所）　筆者作成

す。このケースでは、事前に決められた固定レートとして、1年のスワッ
プ・レートと10年のスワップ・レートがありますが、もちろん、それぞれ異
なるレートが付されています。このスワップ・レートは短期から40年など超
長期まで存在し、横軸に年限、縦軸にスワップ・レートをとることで、ス
ワップ・レートの期間構造（スワップカーブ）を描写することができます。

　スワップカーブについても、日本国債と同様、基本的には年限が長い契約
ほど、高いスワップ・レートが付される傾向にありますが、スワップカーブ
のメカニズムについても、国債のイールドカーブと同様に考えることができ
ます。例えば、期待仮説に基づいて10年のスワップ・レートを解釈する場
合、10年のスワップ・レートは、1年の金利スワップを受けたうえで、翌年
また1年のスワップを受けるといった形で10年間ロールしていった場合の平
均リターンと一致すると解釈することができます。図表11－9をみると、
（超長期を除き）日本国債のカーブよりスワップカーブのほうが高い金利を有
していますが、その一因はスワップ・レートには金融機関の信用リスクなど
が付されているからです。

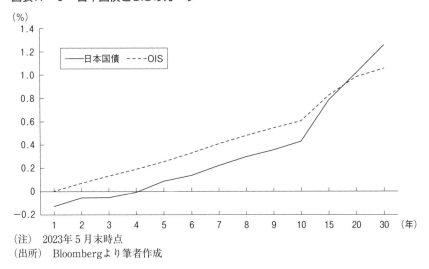

図表11-9 日本国債とOISのカーブ

(注) 2023年5月末時点
(出所) Bloombergより筆者作成

　ちなみに、10年の金利スワップを受けたとしても、そのポジションをアンワインド（キャンセル）することができます。実務的には、近い年限のスワップを払うことでそのポジションをヘッジすることもできますが、これはロングしている10年国債に近い年限の国債を売却してヘッジしているイメージです。この考え方を発展させ、例えば10年の金利スワップを受ける一方、2年の金利スワップを払うことで、10年国債をロングし、2年国債をショートすることと類似したポジションを構築することができます。これは10年と2年金利のスプレッド（10年金利－2年金利）の縮小を収益化するポジションといえます[20]（逆にこのスプレッドが上昇した場合、損失を計上する点に注意してください）。円債市場においてこのような取引は膨大になされていますが、スワップの受払いを国債のロング・ショートとして解釈することで、このような取引がイールドカーブの形状を利用したトレーディングであること

---

[20] 10年国債をロングしている場合、10年金利が低下すれば10年国債価格が上昇し、投資家は評価益を得ます。一方、2年国債をショートした場合、2年金利が上昇すれば、2年国債の価格が下がるため評価益が得られます。なお、カーブがフラットになることで、利益が上がるポジションをフラットナーといいます（逆に、カーブがスティープになることで利益を得るポジションをスティープナーといいます）。

を理解することができます。ちなみに、このような相対価格に注目した投資戦略を相対価値（レラティブ・バリュー）戦略[21]といいます（5章では国債先物と現物のベーシス取引を説明しました）。

金利スワップの金利リスク量

金利スワップが有する金利リスクについても国債と同じように考えることができます。4章で説明したとおり、デュレーションの基本的なアイデアは、国債の年限が長くなるほど、キャッシュ・フローを固定する期間が長くなるため、金利の変化に伴う価格へのインパクトが大きくなるというものです。金利スワップも同じ性質を持つがゆえ、このロジックは金利スワップにもそのまま適用できます。例えば、10年国債のデュレーションはほぼ10程度ですが、10年の金利スワップのデュレーションもおおむね10に近い値をとり、10年国債とほぼ同じ金利リスクを有します[22]。

図表11−10は銀行等が有する金利スワップの金利リスク量（金利が100bps

図表11−10　銀行が有する金利リスク量

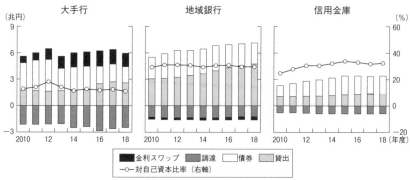

（注）　ここでは金利リスク量は銀行勘定の100bpv（100bps金利上昇した際の損失額）で算出しています。
（出所）　日本銀行「金融システムレポート」

21　実務家の資料では、Relative Valueを略してRVと記載されることも少なくありません。
22　スワップではPV01（present value of a basis point）というリスク指標が用いられることが少なくありません。PV01はスワップ・レートが1bps変化したときのスワップの価値の変化に相当します。DV01については金利リスクについて取り扱っている4章を参照してください。

上昇した際の損失額）を示しています。この図から読み取れることは、地域銀行の金利スワップの金利リスク量はマイナスの値を示しており、金利スワップは地域銀行のポートフォリオ全体の金利リスクを低下させる役割を果たしていることです。これは、地域銀行は金利スワップを払うことにより、保有している債券やローンの有する金利リスクを低下させていると解釈できます。一方、大手行の場合、金利スワップが債券と同程度の金利リスク量を有していることがわかります。これは、大手行は国債への投資と並行してスワップを受けることで金利リスク量を増やしており、国債のロングのように、金利スワップを用いていると解釈することもできます[23]。

▎11. 5　アセット・スワップとは

　これまで金利スワップの基本について説明をしましたが、本節以降では、日本国債との裁定という観点から、金利スワップについて考えていきます。これまで強調しましたが、国債への投資は、資金調達まで含めれば、固定金利と変動金利の交換と解釈できます。金利スワップと国債が類似的な取引であれば、その両者に裁定取引が働きます。実際、円債市場では、このような取引が非常に活発になされています。

　特に重要な取引は、アセット・スワップと呼ばれる取引です。アセット・スワップとは、ある年限の国債をロング（ショート）すると同時に、同年限の金利スワップを払う（受ける）というパッケージ商品です[24]。債券の購入と同年限の金利スワップを払う取引を「アセット・スワップを買う」といい、逆に、債券を売り、同年限の金利スワップを受ける取引を「アセット・スワップを売る」といいます。証券会社にはアセット・スワップのマーケット・メイクをするトレーダーが存在しており、アセット・スワップのポジ

---

[23]　銀行がローンなどの金利リスクをヘッジする場合、想定元本が期中減少していく金利スワップ（アモチ・スワップ、アモチゼーション・スワップ）を用いることがあります。

[24]　国債以外の債券（例えば住宅ローン担保証券など）と金利スワップの組合せもアセット・スワップと呼ばれますが、国債と金利スワップのパッケージ商品が最も多く取引されています。日本国債を用いたアセット・スワップをJGBアセット・スワップということも少なくありません。

ションを管理するとともにプライスを提示することでアセット・スワップ市場を形成しています。

アセット・スワップのキャッシュ・フロー

　もう少し具体的にアセット・スワップについて考えていきます[25]。例えば、ある投資家が10年国債を購入すると同時に、10年のOISを払うとしましょう。図表11−11にそのイメージが付されていますが、まず、アセット・スワップを購入する際、T年の日本国債をロングするわけですから、この投資家は日本国債の金利を毎年受け取るため、このポジションのキャッシュ・フローは下記のとおりになります。

$$国債金利 \qquad \cdots(1)$$

　一方、同年限のスワップを払うわけですから、毎年スワップ・レートを支払い、変動金利に相当するTONA（の複利）を受け取ることになります。そのため、スワップを払うことの年間のキャッシュ・フローは下記になります。

$$-スワップ・レート＋TONA \qquad \cdots(2)$$

　したがって、T年の国債のロングとT年の金利スワップを払うことから得られる年間のキャッシュ・フローは、(1)＋(2)で下記のようになります[26]。

図表11−11　アセット・スワップのイメージ

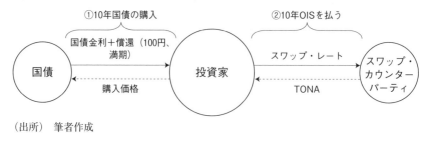

（出所）　筆者作成

---

[25]　ここでは単に国債とスワップの満期をマッチさせるマッチド・マチュリティを前提に説明をします。パー・パー（Par Par）の場合、フロントで資金のやりとりがありますが、詳細はBOX 2を参照してください。

$$\underbrace{国債金利 - スワップ・レート}_{アセット・スワップ・スプレッド} + TONA$$

このとき、「国債金利－スワップ・レート」をしばしば「アセット・スワップ・スプレッド」と記載します[27]。これは実務上、非常に重要な変数です。例えば、投資家が証券会社などにアセット・スワップのプライスを聞いた場合、アセット・スワップ・スプレッドが価格として提示されます。日本国債の場合、利回りをベースに引き合いをしますが、アセット・スワップ・スプレッドは国債における利回りのような役割を果たしています。なお、金融資産のスプレッドを定義する場合、通常、国債金利に対するスプレッドをみることから、「スワップ・レート－国債金利」という形でスワップ・スプレッドを定義します（「スワップ・スプレッド＝－アセット・スワップ・スプレッド」という関係を持ちます）。

図表11－12はアセット・スワップのキャッシュ・フローの推移を示してい

図表11－12　アセット・スワップのキャッシュ・フローの推移

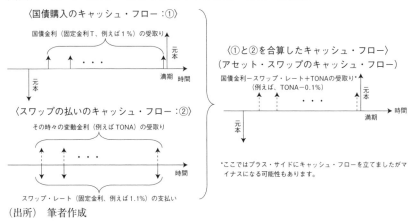

（出所）　筆者作成

26　厳密にいえば、国債を調達するときのコスト（レポ・コスト）を考える必要がありますが、ここでは実務的に頻繁に用いられるアセット・スワップ・スプレッドを導出するため、調達コストは捨象しています。

27　例えば、10年のアセット・スワップ・スプレッドは、「10年の国債金利－10年のスワップ・レート」で計算します。

ます。図表11−12の左上の①が国債をロングしたときのキャッシュ・フローで、左下の②がスワップを払ったときのキャッシュ・フローになります。アセット・スワップはこのパッケージなので、これらのキャッシュ・フローを合成した右側の①＋②のキャッシュ・フローが、アセット・スワップのキャッシュ・フローになります。例えば、10年のアセット・スワップを買った場合は、当初元本を支払い、10年間、「国債金利−スワップ・レート＋TONA」という変動金利を受け取り、最後に元本を受け取ります。

BOX 2　アセット・スワップにおけるαの計算方法

　本章ではクーポンと国債利回りが一致するケース（つまり、国債価格がパーであるケース）を想定した説明をしましたが、通常、市場で取引されている国債はパーであるとは限りません。現在の実務では、例えば、10年の国債の利回りと10年のスワップ・レートという形で年限を合わせてスワップ・スプレッドやα（アセット・スワップ・スプレッド）を計算するケースが多く、これは満期を単純に合わせることで計算していることからマッチド・マチュリティと呼ばれます。もっとも、国債がパーになるようにアップ・フロントで受払いして[28]、αを計算する方法もあり、これはパー・パー（Par Par）と呼ばれます。日本ではマッチド・マチュリティでαを計算することが通常ですが、マッチド・マチュリティとパー・パーで算出されるαの値が異なる点に注意が必要です（実務家の資料では両方の値が提示されることもあります）。

▌11. 6　日本国債と金利スワップの裁定取引

金利スワップとの裁定取引とは

　ここから具体的に、投資家がアセット・スワップを使ってどのように日本国債と金利スワップの裁定取引をしているかを考えていきます。例えば、読者が入札で10年国債へ投資するかを検討しているとしましょう。この際、読

28　パー・パー時の受渡金額は利含み単価になります。

者は現在の国債の金利水準そのものは、投資妙味に欠けると考えているとします。面白い点は国債の金利水準そのものは魅力的ではなくても、対金利スワップという観点であれば投資妙味がありうる点です。実際、国債の入札の予測や結果の解釈において、対金利スワップの観点で投資妙味や入札結果が議論されることが少なくありません。

　例えば、10年の金利スワップ・レートに対して、10年の国債金利が過度に高い状況が続いていたとします。両者の同質性が高いのであれば、10年の国債金利が10年の金利スワップ・レートと比べて高すぎる状況は、やがて解消される（スワップ・レートに対して国債金利が低下する）ことが予測されます。この裁定取引を行うには、相対的に金利が高い（価格が低い）金融商品（10年国債）を買って、相対的に金利が低い（価格が高い）金融商品（スワップ）を売ればよいので、国債を購入すると同時に、スワップを払うポジション（アセット・スワップのロングのポジション）を作れば、金利の修正を収益化することができます[29]。この観点では、国債水準そのものに魅力は感じなくても、スワップと組み合わせることで国債を購入するということがありえるわけです。

相対価値戦略：平均回帰性に注目した裁定取引

　上記が国債と金利スワップの裁定取引の一例になりますが、最大の問題はどのように国債とスワップについて割高・割安と判断するかです。現実の世界では、投資家の過去の経験則に基づくこともあれば、非常に精緻なモデルに基づくこともあります。筆者の経験上、国債の入札において、実務家が用いる典型的な分析方法は、国債の金利とスワップ・レートのスプレッド（スワップ・スプレッド）が平均回帰的な動きをすると解釈するものです。

　例えば、過去数カ月のデータをみた場合、その期間の平均的なスワップ・スプレッドに比べ、現在のスワップ・スプレッドが非常に低ければ（高けれ

---

[29] この場合、10年国債をロングしているため、金利が低下することにより、保有している国債の価格が上昇して、キャピタル・ゲインを得ます。一方、10年の金利スワップは払っており、これは国債ショートのポジションですから、スワップ・レートが上昇することでキャピタル・ゲインを得ます。

ば）、スワップに対して国債の金利が相対的に高い（低い）ため、国債の価格が割安（割高）と解釈することも可能です。この場合、アセット・スワップを買う（売る）ことでスワップ・スプレッドが平均回帰的な動きをした場合、（現在の割高・割安の水準から平均に戻っていくため）収益を上げることができます。

　このような相対価値（レラティブ・バリュー）戦略に基づく分析は実務家の分析でしばしばみられますが、その一方で、この戦略に基づいた運用を考える際、どのようなロジックに基づき割安・割高が議論されているかを見極める必要があります。例えば、金融機関などのアナリストの分析では、典型的には3カ月から半年などの期間の平均値を計算し、その平均値へ回帰することを想定することが多いですが、投資家や政策担当者は、少し引いた目線で「このような期間でスワップ・スプレッドは本当に平均回帰的な動きをするか」などを考える必要があります。特に、仮に過去のデータに基づけば平均回帰的な動きをしていたとしても、突然平均回帰的な動きから乖離することがありえる点に注意してください。

アセット・スワップの金利リスク

　アセット・スワップの特徴は、金利スワップとセットで購入することで、金利リスクを大幅に低下させることができる点です。前述のとおり、スワップを払うこととは「国債のショート」と類似した取引と解釈できます。そのため、国債をロングする一方で、スワップを払うことは、いわば「国債のロング」＋「国債のショート（スワップを払う）」のような投資行為であり、自らの持っている金利リスクを大幅に低下させることができます。「アセット・スワップを買う」とは、この取引をパッケージで行うことですから、金利リスクを下げながら、国債と金利スワップの間のミスプライスを収益化する行為と解釈することができます。アセット・スワップは金利リスクを抑えた投資が可能であるため、銀行などが余剰資金の運用先として用いることも少なくありません。

　アセット・スワップの買いは、固定債を変動債に変換して投資していると解釈することもできます。例えば、10年国債を購入すると10年間金利が固定

されますが、10年の金利スワップ（OIS）を払うことで、（図表11−12の右図のように）「TONA＋アセット・スワップ・スプレッド」を10年間受け取るキャッシュ・フローへ変換されるわけですから、これはTONAが変動金利となる変動債を購入していることと同じです。この場合、金利が固定される期間はありませんから、アセット・スワップのデュレーションはほぼゼロに近いイメージになります。

　気をつけるべき点は、アセット・スワップのデュレーションがゼロに近いからといって、金利の変化に対して損失が発生しないわけではない点です。そもそもデュレーションとはイールドカーブがパラレルかつ微小に動いたときのリスクでした。アセット・スワップにおけるデュレーションを計算する際も、イールドカーブの平行かつ微小な動きが想定されていますが、この場合、国債のカーブだけでなく、スワップカーブについても同様の想定がなされています。

　例えば、読者が10年のアセット・スワップを買った場合、これは「10年国債ロング」と「10年金利スワップを払う」ことのパッケージ商品に投資していることでした。このアセット・スワップのデュレーションはゼロに近い値ですが、このイメージは、国債とスワップのカーブが1年から10年までパラレルに1bps上昇することで、ロングの国債で発生する評価損を、同年限のスワップを払うことにより発生する評価益が相殺するため、リスクがゼロになるというものです。

　もっとも、このロジックに鑑みれば、国債およびスワップにおけるすべての年限の金利が共通して動いた場合でなければ、評価損益が発生することが容易に想像されます。例えば、仮にスワップカーブは変わらず10年国債の金利のみが1bps上昇した場合、10年国債からは評価損が計上されますが、スワップカーブに変化はないため、スワップからの評価益は生まれません。また、仮に平行移動であったとしても、国債のカーブのみ1bps上方に平行移動し、スワップカーブが動かない場合も評価損が計上されます（国債のカーブが2bpsだけ上方に平行移動する一方、スワップカーブが1bps上方に平行移動しても、やはり評価損が計上されます）。この場合、10年国債のデュレーションがおおよそ10であることを考えると、1bpsの平行移動に対して（100円に

対して）約10銭の評価損が発生することがわかります。別の表現を使えば、スワップ・スプレッドが変化した場合のリスク量は、あくまで何年のアセット・スワップを買っているか（売っているか）にての評価損益が依存するということです。

BOX 3　ボックス・トレード

　本章ではスワップ・スプレッドの割安・割高という観点でアセット・スワップの投資がなされることを議論しましたが、スワップ・スプレッドのスプレッドに着目した取引もなされます。これはスプレッドのスプレッドをとればより平均回帰的な動きをするのではないかという発想ですが、スワップ・スプレッドのレラティブ・バリューに着目した取引をボックス・トレードといい、ヘッジファンドなどが好んで行う運用手法として有名です。例えば、ヘッジファンドは10年のアセット・スワップのロングと５年のアセット・スワップのショートといった形でボックス・トレードを行います。この場合、「10年のスワップ・スプレッド − ５年のスワップ・スプレッド」という形でスプレッドのスプレッドを計算します。

▌11. 7　スワップ・スプレッドの決定要因

金融機関の信用リスク

　前述のとおり、スワップ・スプレッドの変動要因は、アセット・スワップの投資を考えるうえで非常に重要ですが、最後に、スワップ・スプレッドの変動要因について考えていきます。スワップ・スプレッドの水準を定める要因の１つは、スワップにおける変動金利が有する信用リスクです。前述のとおり、６カ月TIBORをインデックスとする金利スワップの場合、その定義上、銀行の信用リスクが含まれていると考えられます。この場合、スワップ・レートは、銀行の信用リスクを含んだ変動金利と等価な固定レートなので、一般的に、国債金利に対して、銀行の信用リスク分、スワップ・レートは高い値をとると解釈できます。

一方、OISの場合、インデックスとする変動金利はTONAですから、銀行の信用リスクは１営業日のみです。そのため、TONAはその信用リスク分、６カ月TIBORより金利が低くなることを考えれば、OISのスワップ・レートは、６カ月TIBORをインデックスとするスワップ・レートより低い値をとるはずです。スワップ・スプレッドは、「スワップ・レート−国債の金利」ですから、インデックスとしている変動金利がどの程度金融機関の信用リスクを有しているかに依存することがわかります。

カウンターパーティ・リスク

金融機関の信用リスクという観点では、スワップ・スプレッドにはカウンターパーティ・リスクが反映されている可能性もあります。カウンターパーティ・リスクとは、例えば、読者がある証券会社と金利スワップを結んだ際、その取引の途中でその証券会社がデフォルトしてしまうことにより、その取引が履行されなくなるリスクです。特に2008年の金融危機時には、リーマン・ブラザーズが破綻するなど、カウンターパーティ・リスクの問題が現実化しました。実際、筆者による実証研究では金融危機時に投資家は国債市場でカウンターパーティ・リスクを考慮したプライシングをしていることを示しました（Hattori, 2023）。その意味で、スワップ・レートにはカウンターパーティ・リスクが反映しているとみることもできます。

もっとも、近年の規制改革の中で、金利スワップについては中央清算機関においてクリアリングがなされるようになり、金利スワップの取引を行う者が適切な証拠金を積むなどの措置が普及しています[30]。その意味では、通常時、スワップ・スプレッドに含まれているカウンターパーティ・リスクは、あったとしても非常に小さいと解釈できます。ちなみに、中央清算機関やクリアリングについての知識は現在のデリバティブを理解するうえで必須の知識といえますが、この詳細を知りたい読者は筆者が執筆した「店頭（OTC）デリバティブ規制入門」（服部, 2022b）や「証拠金規制入門」（服部, 2022c）を参照してください。

---

[30] 例えば、株式会社日本証券クリアリング機構は、2012年10月から円金利スワップの清算を開始しています。

流動性プレミアム

　スワップ・スプレッドに影響を与える要因は、金融機関の信用リスク以外にもあります。例えば、流動性プレミアムがその一例です。国債金利やスワップ・レートは流動性にも依存するため、流動性の変化によってもスワップ・スプレッドは変動します。特に、国債は多くの投資家に保有されていることに加え、制度的にも流動性を高めるための措置が多数とられています[31]。

負のスワップ・スプレッド

　金融危機以降の興味深い現象は負のスワップ・スプレッドです。金利スワップがTIBORやTONAをインデックスにしている以上、金利スワップには信用リスクが含まれますし、流動性についても国債のほうが高い局面が少なくありません。そのため、理屈上はスワップ・レートのほうが日本国債の金利より高くなるはずであり、スワップ・スプレッドはプラスになるはずです。しかし、図表11−13をみると、スワップ・スプレッドが負に推移している局面があります[32]。これは、市場に十分な裁定が働いていないことから、超過収益が放置されているとみることもできますが、米国でも長期にわたりスワップ・スプレッドが負に推移していることを考えると、なぜ裁定が働かないかを積極的に説明する必要があります。経済学者の間でも、この状況は市場で裁定取引がなされていない可能性を示唆するものの、理論的に説明が困難な現象とされてきました。

　もっとも、近年の学術研究の結果や、実務家による分析では、金融危機以降の規制改革に伴い、国債の保有コストが上昇したことや、バランスシートの拡大などに規制が課されたことが要因であるとされています。為替スワッ

31　国債の金利については、金利スワップに対し、金融危機時に安全資産としての需要が増加するほか、例えば担保・決済需要等の関係で金利と関係なく国債が保有されることもあります。実務的には担保としての需要であることから担保玉などといわれます（学術研究ではコンビニエンスなどといわれることもあります）。

32　ここでは金融危機以降、負のスワップ・スプレッドが発生したことを示すため、現在では取引されていないLIBORをインデックスとするスワップ・スプレッドをみています。

図表11−13　スワップ・スプレッドの推移

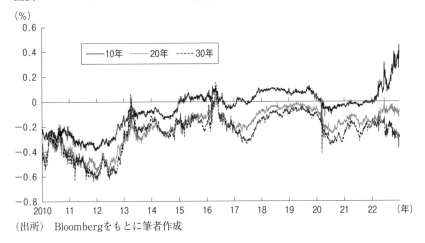

（出所）　Bloombergをもとに筆者作成

プや通貨スワップでも似た現象がみられており、金融規制の影響が指摘され
ますが、この点は12章で説明します。

〈参考文献〉
1．白川方明（2008）『現代の金融政策—理論と実際』日本経済新聞出版社.
2．東短リサーチ株式会社（2019）『東京マネー・マーケット　第8版』有斐閣.
3．服部孝洋（2021）「金利指標改革入門—店頭（OTC）市場とLIBOR不正操作問
　　題について—」『ファイナンス』672, 10-19.
4．服部孝洋（2022a）「金利先物およびTIBOR入門—ユーロ円金利先物を中心
　　に—」『ファイナンス』674, 41-51.
5．服部孝洋（2022b）「店頭（OTC）デリバティブ規制入門—清算集中義務と中
　　央清算機関（CCP）について—」『ファイナンス』680, 20-31.
6．服部孝洋（2022c）「証拠金規制入門—中央清算されない店頭（OTC）デリバ
　　ティブ規制について—」『ファイナンス』681, 12-22.
7．Takahiro, Hattori（2023）"The premium and settlement of CCPs during the
　　financial crisis: Evidence from the JGB market" *Journal of International Money
　　and Finance* 132, 102774.

第 **12** 章

ドル調達コストと
為替スワップ・通貨スワップ

12.1　はじめに

　為替スワップ（FX Swap）と通貨スワップ（Cross Currency Basis Swap）は、為替リスクをヘッジする目的や外貨調達などの手段として広く用いられています。国債先物を取り扱った5章で説明したとおり、フォワード（先渡）取引は予約取引になりますが、為替市場においてフォワードといった場合、実務的に、為替スワップを指す傾向があります[1]。図表12－1に示されているとおり、為替スワップは、多くの人にとってなじみがあるスポット取引以上に活発に取引されています。

　為替スワップや通貨スワップは、主に国際金融取引において重要性が高いとされていますが、日本国債をテーマとする本書で、為替スワップや通貨スワップを取り上げる理由は、国債市場において、為替スワップや通貨スワップを経由し、外国人投資家が日本の短期国債を購入しており、現在、外国人投資家がその主要な保有者になっているためです。図表12－2をみると、外国人投資家が短期国債の主な保有者であることがわかりますが、外国人投資

図表12－1　外国為替市場の取引形態別取引額

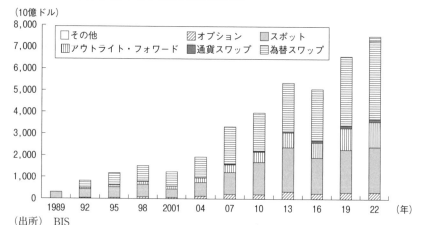

（出所）　BIS

1　例えば、東短リサーチ株式会社（2019）では「フォワード（為替スワップ）」などと記載しています。

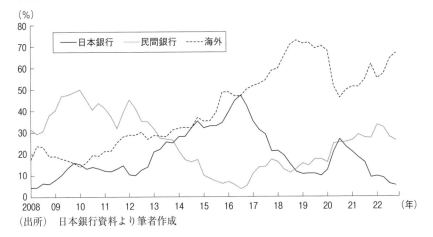

（出所）　日本銀行資料より筆者作成

家による短期国債の投資を理解するには、為替スワップや通貨スワップ、カバー付き金利平価（Covered Interest Parity, CIP）と呼ばれる国際金融の基礎概念が必要となります。

　そこで本章ではまずは為替スワップと通貨スワップの商品性とともに、CIPの説明を行います。そのうえで、近年、CIPからの乖離が外国人投資家による短期国債の購入をもたらすメカニズムについて解説します。

▌12.2　カバー付き金利平価（CIP）の考え方

為替リスクとは

　為替リスクとは、為替が変化することに伴うリスクです。例えば、米国債の金利が２％、日本国債の金利が１％であるとしましょう。読者が円を持っているとして、米国債を購入する場合、為替市場に行って円をドルに交換しなければなりません。そこで、例えば、今の為替が100円であり、円をドルに転換し、米国債を購入したとします。たしかに、米国債の金利は２％であり、１年間米国債を保有したときの金利収入は、日本国債より高いように思われます。しかし、１年後の為替が90円になったとしたら、読者は１ドルを円に戻したときに、１年前100円であったものが90円になるため、10円の損失を被ることになります。これでは高い金利を得るために米国債に投資した

のに、本末転倒といえます。

　その一方、為替が100円から110円へ、円安に進んだらどうでしょうか。この場合、現在保有している100円をドルに転換することで1年後に110円となるわけですから、米国債の金利の2％だけでなく、10円の利益も得られることになります。このように外国債に投資する場合、為替が動くことで損益が発生しますが、これが冒頭で述べた為替リスクになります。

　もちろん、為替リスクをとりながら米国債に投資するという選択肢もあります。しかし、為替は変動が大きいため、為替リスクを回避したいことも少なくありません。その際、為替リスクのヘッジ手段を提供するものが、為替スワップや通貨スワップです。

裁定取引：日本国債と為替ヘッジ付き米国債

　為替スワップや通貨スワップを用いてどのように為替リスクをヘッジするかを具体的に考えるため、読者が100円を保有しており、1年間、日本国債あるいは米国債のどちらに投資するかを検討しているとしましょう。読者は、①日本国債に投資することもできますが、②円をドルに転換し、為替リスクをヘッジしたうえで、米国債に投資することもできます。この関係を示したものが図表12－3です（ここでも日本国債の金利が1％である一方、米国債の金利は2％であるとします）。

　大切な点は、米国債と日本国債はともに安全性および流動性が高いという観点で同質性が高く、為替リスクがその主要な差といえる点です[2]。したがって、為替リスクをヘッジした場合、両資産の主な違いがなくなるわけですから、①と②のリターンが同じでなければ、裁定機会が発生してしまいます。しばしばヘッジすることを「カバーする」と表現しますが、カバー付き金利平価（CIP）のメッセージは、為替リスクをヘッジした場合、同質性が高い国内外の資産の収益率は同じになる、というものです。

　実務家は「為替ヘッジのコストは内外金利差で決まる」という結論を覚えていますが、これは、日本国債と米国債のように類似性が高い資産の間に金

2　厳密にいえば流動性や信用リスクなどの観点で違いがありえますが、ここではその点を捨象しています。

図表12-3　カバー付き金利平価のイメージ

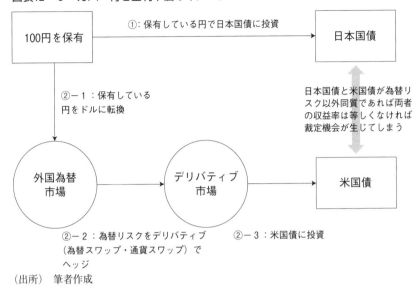

①：保有している円で日本国債に投資

100円を保有

日本国債

②-1：保有している
円をドルに転換

日本国債と米国債が為替リ
スク以外同質であれば両者
の収益率は等しくなければ
裁定機会が生じてしまう

外国為替
市場

デリバティブ
市場

米国債

②-2：為替リスクをデリバティブ　　②-3：米国債に投資
（為替スワップ・通貨スワップ）で
ヘッジ

（出所）　筆者作成

利差がある場合、為替のヘッジコストが内外金利差で決まらなければ、（為替ヘッジを付した後の）両者の収益率がずれるがゆえ、裁定機会が発生することからきています。逆にいえば、CIPが成立していなければ、ヘッジコストは内外金利差のみで決まらない点に注意してください（のちほど説明するとおり、実際、金融危機以降、ヘッジコストは内外金利差だけでは決まっていません）。

12.3　CIPと為替スワップ

　ここから、CIPを意識しながら、為替スワップの商品性を説明します。具体的には、日本円を持っている読者が、為替スワップを用いることで為替ヘッジを付しながら米国債に投資するケースを考えます。ここではわかりやすさを重視するため、再び、現在1ドル100円であるとします。米国債に投資するためには、今読者が保有している100円を用いてドルを調達する必要がありますが、為替スワップを用いることでドルの調達が可能です。

　読者が為替スワップを用いてドルを調達する場合、まず、読者は100円を

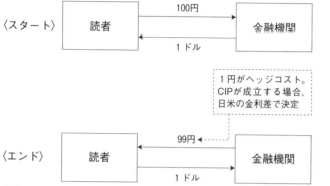

図表12−4　為替スワップのキャッシュ・フロー

〈スタート〉　読者 ───100円──▶ 金融機関
　　　　　　　　　　◀── 1ドル ──

1円がヘッジコスト。
CIPが成立する場合、
日米の金利差で決定

〈エンド〉　読者 ◀───99円──── 金融機関
　　　　　　　　── 1ドル ──▶

（注）　ここではわかりやすさを重視するため、1ドル＝100円で考えています。
（出所）　筆者作成

金融機関に支払い、1ドルを調達します（図表12−4の上図参照）。そして、1年後、当初受け取った1ドルを金融機関へ返済し、ヘッジコストを除いたX円（例えば、99円）を受け取ります[3]（図表12−4の下図参照）。これが為替スワップのキャッシュ・フローの流れです。為替スワップと呼ばれる点は、異なる為替を交換するためです。

ヘッジコストとは

　為替スワップにおいて重要な点は、ここで記載したX円は、CIPが成立している場合、内外金利差（この場合、1％）によってプライシングがなされる点です。実際の取引では、読者が金融機関に為替スワップのプライスを聞いた場合、フォワード価格とスポット価格の差、すなわち、−1円（＝99円−100円）がプライスとして提示（クオート）されます。この場合、−1円（＝99円−100円）は日本と海外の金利差に依存しますが、読者からすれば当初100円を渡して、99円で戻ってくるため、1円分の損失は為替ヘッジを行うためのコストとして認識されることから、これをヘッジコストと表現します。我が国では長年他国に比べて低金利であったことから、フォワードの価

3　為替スワップの場合、典型的には1日〜1年後ですが、ここでは1年間の投資を考えているため、1年後としています。

格は例えば99円などと、スポット価格に比べて円高の状況が続いています。

　為替スワップを用いることで、読者は、外貨調達ができているわけですが、それと同時に、為替ヘッジがなされている点に注意してください。本来ならば、1年後に為替が例えば90円といった円高や、110円といった円安になることは、為替の変動の大きさを考えればありうる話です。もっとも、為替スワップを用いることで、この場合、1年後に1ドル99円で取引することが確定されているわけですから、1年後の為替の予約をすることができています。もっといえば、ヘッジコストは内外金利差で決まるとすれば、為替スワップを用いて為替ヘッジを行う行為とは、為替リスクを内外金利差に変換しているとみることもできます。

　読者に注意を促したい点は、CIPが成立していれば、為替スワップのプライス（X円）は内外金利差により決定されるため、元手の100円を①日本国債で運用しても、②為替ヘッジをしながら米国債で運用しても、得られるリターンは同じである点です（これは前述のとおり、①と②が同質的な投資であるため、裁定が働くことから成立します）。ここでは日本国債の金利は1％、米国債の金利は2％と想定したため、米国債で運用すれば日本国債より1％高い金利で運用でき、そこから1円程度多く収益を得られるわけですが、ヘッジコストが1円かかるため（このコストは日米金利差である1％でプライシングされている点に注意）、米国債で投資しても得られるリターンは結局、（日本国債から得られる金利と同じ）1円です[4]。ヘッジコストがそもそも内外金利差で決まってしまうのですから、米国債の運用による相対的に高い金利が、ヘッジコストによって相殺されてしまい、結果的に、どちらで運用しても変わらない、という結論になります。この結論は、リスクを増やさなければ追加的なリターンを得られないという直感と整合的です。

4　内外金利差（1％）は年率で定義されているため、為替スワップの契約期間が1年であれば、1年間で発生する内外金利差のコストは1％×100円＝1円と計算され、フォワード価格はスポット価格より1円円高である99円と計算できます。しかし、例えば、3カ月の為替スワップの場合、3カ月間で発生する内外金利差のコストを計算してフォワード価格を計算する必要がある点に注意してください。

12.4 CIPと通貨スワップ

冒頭で説明したとおり、為替スワップは非常に流動性が高く、私たちにとってなじみがあるスポット取引以上に取引がなされています。為替スワップは、数営業日から1年程度まで流動性があるとされていますが、1年を超える取引においては通貨スワップが用いられる傾向にあります。

図表12-5が通貨スワップの商品性のイメージになります。先ほどと同様、今度は読者が100円持っており、日本国債、あるいは、為替ヘッジ付きの米国債への投資を検討しているとします。先ほどは為替スワップを用いて為替ヘッジする事例を説明しましたが、以下では通貨スワップを用いた事例を説明します。

まず、先ほどと同様、スタート時点で100円を金融機関に渡して、読者は1ドル受け取ります（図表12-5の上図参照）。期中では、読者はドルを受け取っているため、ドル金利（SOFR）を支払う一方、金融機関は円を受け取っているため、円金利（TONA）を支払います（図表12-5の中図参照）。最後

図表12-5　通貨スワップのキャッシュ・フロー

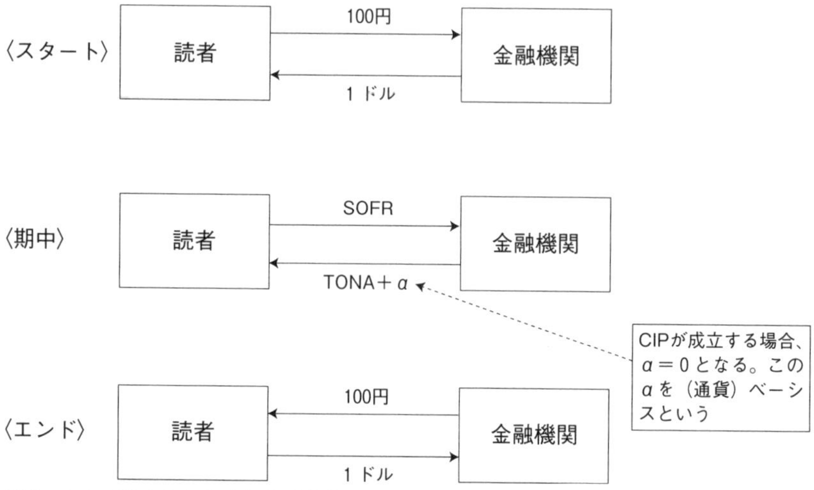

（注）　ここではわかりやすさを重視するため、1ドル＝100円で考えています
（出所）　筆者作成

に読者が100円受け取り、１ドルを金融機関に支払います（図表12－5の下図参照）。ここで、エンドにおいて受払いする為替は、為替スワップとは異なり、当初契約時の為替レート（100円）である点に注意してください。通貨スワップの場合、エンドで受け渡す為替はスポット価格（この場合、100円）と同じですが、期中に内外金利差を受払いする商品性になっています（契約時点で将来取引する為替が確定しますから、将来の為替を予約しているとみることができます）。

　通貨スワップの商慣行では、期中に支払う円金利についてはTONA、米金利についてはSOFRを金利としています（長年LIBORが用いられていましたが、金利指標改革に伴い、LIBORではなく、LIBORの代替金利であるTONAとSOFRが用いられています）。TONAについては11章で説明しましたが、SOFRとは、米国債のレポ・レートを指します（詳細を知りたい読者は筆者が執筆した「SOFR（担保付翌日物調達金利）入門」（服部, 2022a）を参照してください。TONAは無担保コールレートであり、有担保取引であるレポ・レートではない点に注意してください）。

　図表12－5をみると、読者と金融機関は、円とドルをそれぞれ貸し借りしているとも解釈できます。読者が100円持っていて、金融機関が１ドル持っているとします。最初に読者が金融機関から１ドルを借りるので、期中にドル金利（SOFR）を払って、満期に１ドルを返します。金融機関は読者から100円を借りるので期中に円金利（TONA）を支払い、満期に100円を返します。図表12－5はこのような貸借取引をしているとみることができます。

　実際のマーケットで取引されている通貨スワップでは、図表12－5と経済性が同じになるよう、定期的に時価評価し、現在価値を受け渡しています（このような通貨スワップをMark to Marketタイプといいます）[5]。というのも、通貨スワップは、中央清算機関で清算されていないことから、為替が大きく変動するなど、大きく時価が変化した場合、取引の一方に大きな勝ち分が生まれ、カウンターパーティ・リスクが看過できなくなります[6]（中央清

---

[5] 金利スワップと同様、為替スワップと通貨スワップを取引した時点では等価交換であるため現在価値はゼロです（実際には金融機関への手数料などがあるため、厳密にはゼロにはなりません）。

算機関については服部（2022b）を参照してください）。したがって、定期的に時価が変化したときの現在価値を受渡しすることで、そのリスクを排除する設計になっています。

図表12－5では、金融機関側が支払う金利にアルファ（α）が記載されています。これを「通貨ベーシス（currency basis）」と呼びます。通貨スワップでの取引では通貨ベーシス（α）がクオートされます（すなわち、読者が金融機関に通貨スワップのプライスを聞いた場合、αを用いて引き合いをします）。

通貨スワップには例えば1年や10年などの異なる年限の契約があります。その年限に対して、異なるαが付されているがゆえ、通貨ベーシスには、国債や金利スワップと同様、期間構造が存在するとみることもできます（為替スワップについてもCIPからの乖離をαとして定義すれば、1営業日後から1年など異なる期間でαを計算できます）。

読者に注意を促したい点は、為替スワップと通貨スワップは、本質的に同じ取引である点です。為替スワップは、将来の予約価格（先ほどでいえば99円）との乖離（先ほどでいえば－1円）でクオートされる商品です。一方、通貨スワップは、期中の金利の差（α）でクオートされる商品と整理できます。CIPが成立することを想定すれば、為替スワップにおけるフォワード価格が金利差で決まる一方、通貨スワップではエンドにスポット価格で交換し、期中に内外金利差を受払いする商品性になっています。

▌12.5　CIPからの乖離：通貨ベーシス

ここから通貨スワップを用いてCIPについて考えていきますが、結論を先にいえば、もしCIPが成立しているならば、αはゼロにならなければなりません。読者と筆者が通貨スワップを結んだ場合、筆者が読者からドルを借り入れてドル金利（SOFR）を支払う一方、読者は筆者から円を借りるため、円金利（TONA）を支払うことがフェアなはずであり、これはαがゼロの状

6　例えば、読者と筆者が通貨スワップを結んでおり、時価が大きく動き、読者に大きな勝ちポジションが生まれたとします。そのうえで、筆者が仮にデフォルトしたら、読者はその勝ち分が得られない可能性があります。その意味で、定期的に時価評価したうえで、その勝ち・負け分を受け渡さない場合、時価が大きく動くとカウンターパーティ・リスクが大きくなる側面を有しています。

態です。通貨スワップはお互い異なる通貨を貸し借りしていると考えれば、それぞれの金利を受け払えば十分なはずであり、金利差からの乖離である α はゼロになるはずです[7]。

CIPが成立している場合、前述のとおりヘッジコストは内外金利差で決まらなければなりませんが、仮に α がゼロから乖離すると、内外金利差以上（以下）にヘッジコストが発生していることになります。したがって、 α がゼロから乖離すると、CIPが成立していないということになります。実際、読者がSOFRでドル調達ができると想定すれば、通貨スワップを用いることで α を追加的に支払ってドル調達をするくらいならば、通貨スワップを使わずに、短期金融市場でドル調達をするはずです。

それでは実際の α の動きはどのようなものでしょうか。図表12－6は、円とユーロ（対米ドル）における1年の通貨ベーシス（ α ）の推移を示しています[8]。2000年代後半の金融危機までは基本的に α はゼロ近傍で推移しており、CIPが成立していたことが確認できます。しかし一方で、金融危機以

図表12－6　通貨スワップの α の推移（1年）

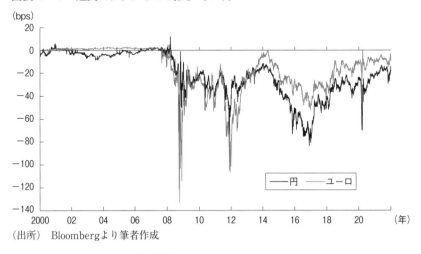

（出所）　Bloombergより筆者作成

7　ここでは説明のわかりやすさを重視し、筆者と読者を例に説明していますが、通貨スワップを結ぶ主体は主に金融機関であり、SOFRとTONAに近い金利で借入ができると想定されます。

降、αがゼロからマイナスに大きく乖離するケースが出てきており、αが-100bps（-1％）を超える時期がしばしばみられています。

図表12-6をみると、αの動きの特徴として、①ゼロ近傍で推移している期間（2007年まで）、②金融危機時（2008〜2011年）、③金融危機以降（2012年以降）の3期間に分けられます。①の期間はαがほぼゼロで推移していることからCIPが成立していることが確認されます。一方、②と③についてはαがゼロから乖離していることから、CIPから乖離していると解釈されます。

②については、2008年に発生した米国および欧州における金融危機によりCIPが成立しなかったと解釈されます。CIP成立の前提は、前述のとおり、日本国債と米国債の間で、活発に裁定行動を行う投資家が存在することです。両者の間に乖離が出た場合、裁定行動を行ってそれを解消する投資家がいるからこそ、CIPが成立するといえます。しかし、金融危機の場合、金融機関が破綻するような可能性があるため、例えば、為替スワップを結んだとしても、取引相手である金融機関が破綻して、取引が履行されない可能性があります。また、2008年の金融危機は流動性危機ともいわれていたため、裁定取引を行いにくい状況もあったと考えられます。したがって、金融危機の中、金融機関が有する信用リスクや流動性リスクが看過できなかったため、日本国債と米国債の裁定が十分にはなされず、結果、αがゼロから乖離したと解釈できます。

それでは③2012年以降はどうでしょうか。2012年以降は、金融危機が終わったと考えられますが、αがゼロから乖離しています。この乖離が生じた理由として、金融危機を経て金融機関への規制が強化されたことが主因と市場参加者は考えています（学術研究でもそのような評価がなされています[9]）。金融危機の経験を経て巨大な金融機関の破綻を防ぐため、金融機関のバランスシートの拡大などに対して多数の規制が設けられました。このことは、金融機関が裁定行動をするうえで、妨げになる要因になりました。あるいは、

8　ここでは金融危機以降、CIPからの乖離が発生したことを示すため、SOFR/TONAではなくてドルLIBOR/円LIBORを交換する通貨スワップのデータを用いている点に注意してください。

9　詳細は服部（2017）をご参照ください。

この裁定行動を行ううえで、規制に係る追加的なコストが増加し、それを加味したプライスになったともいえます。

αの動きからも規制の影響がうかがわれます。αはしばしばドル需要として説明されますが、ドル調達のニーズの増加に伴い、αが拡大します。αが大きくなると、通常は裁定が入るところ、前述のとおりバランスシートを拡大することに伴う規制の影響を受けることになります。規制の効果は年末や四半期末で大きくなることから、αは年末や四半期末に乖離が大きくなる傾向がみられています。

▌12.6　外国人投資家による短期国債の購入

ここまで為替スワップと通貨スワップについて説明しましたが、ここまではいわば補助線であり、ここから、外国人投資家によりなぜ短期国債の保有が進んだのかを議論します。前述のとおり、金融危機以降、αがゼロから乖離したと指摘しましたが、実は、この乖離こそが、外国人投資家による短期国債保有が進んだ最大の原因と考えられています。以下では、なぜαの乖離が外国人投資家の短期国債への投資につながるのか、そのメカニズムについて考えていきます。

例えば、読者が外国人投資家であり、ドルを持っており、その運用を考えているとします。この場合、先ほどと同様、①米国債の運用という選択肢がありますが、②為替ヘッジをしながら、日本国債の投資を行うこともできます。そのうえで、例えば、αがゼロであった場合、CIPが成立している状況ですから、読者が持っているドルを用いて①米国債で運用しても②為替ヘッジを付したうえで日本国債で運用しても、そのリターンは同じということになります。

しかし、αがゼロから乖離すれば、CIPが成立していないことになり、米国債も日本国債も同じリターンになるという世界からずれてくることになります。αがゼロである場合と、αが−100bps（−1％）である場合を比べてみましょう。繰り返しますが、α＝0であれば、読者がドルを保有している場合、①そのまま米国債で運用することと、②ドルから円に転換して為替ヘッジを付しながら日本国債に投資することのリターンが同じになります。

したがって、αが−100bpsであれば、②のリターンが①のリターンより100bps高いということを意味します。

これを具体的に考えるため、読者が外国人投資家としてドルの出し手になったときの、通貨スワップのキャッシュ・フローを考えます。図表12−7にあるとおり、α＝−100bpsの場合、ドルの出し手である読者は、「SOFR」を受け取って、「TONA−100bps」を支払うことになるので、α＝0に対して、その支払いが−100bps低下することになります。したがって、ドルを有する読者は、米国債で運用するより、通貨スワップを使って為替リスクをヘッジし、日本国債を購入したほうが、α＝0である場合に対して、100bpsだけ高いリターンが得られることになります。

このことは、ドル建ての日本国債に投資しているのに似た投資行為であるともいえます。読者が最初に通貨スワップを用いて1ドルを出して100円を受け取り、日本国債を購入するとした場合のキャッシュ・フローを示したものが、図表12−8です。まずスタート時点では、読者はドルを持っているので、通貨スワップを用いて円を受け取り、その円を使って日本国債を購入します（図表12−8の上図参照）。期中は、日本国債の保有により利子を受け取る一方、CIPが成立している場合に比べ、100bpsだけ低い金利を支払います（図表12−8の中図参照）。最後に、読者は100円を国債の償還により受け取るので、その100円を金融機関に渡して、1ドルを受け取ります（図表12−8の

図表12−7　ドルの出し手からみた通貨スワップ（α＝−100bpsのケース）

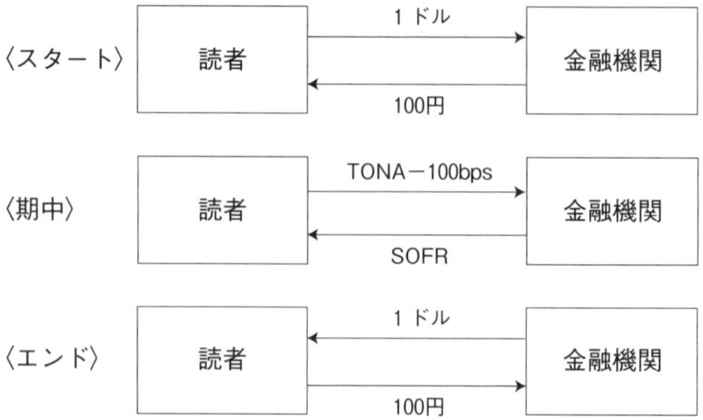

（出所）　筆者作成

図表12－8　ドルの出し手からみた通貨スワップ（日本国債に投資するケース）

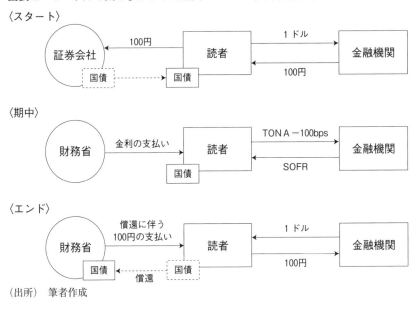

〈スタート〉

〈期中〉

〈エンド〉

（出所）　筆者作成

下図参照）。このように1ドルを使って、日本国債で運用し、エンド（満期）で1ドルが戻ってくることから、これは事実上、ドル建ての日本国債に投資している経済行為に等しいと解釈できます。

　ここでは説明のしやすさを考慮し、通貨スワップを用いた説明を行いましたが、前述のとおり、為替スワップと通貨スワップはクオートが違うだけであり、本質的に同じ取引です。為替スワップの場合、CIPが成立していたとすると、内外金利差が1％であれば、フォワード価格は（為替スワップの期間が1年の場合）99円になります。その一方、為替スワップにおいてCIPが成立しない状況とは、フォワードの価格が例えば97円などとなっており、ドルの出し手となる読者にとって最後に支払う価格が99円ではなく97円で済む、という状態です（円の出し手の立場からすれば、金利差以上にヘッジコストが発生している状況です）。したがって、ドルを有する読者は米国債で運用するより、為替スワップにより円を受け取り、日本国債で運用したほうが、CIPからの乖離分（この場合、99円と97円の差である2円分）、超過リターンが

得られると解釈できます。

外国人投資家による短期国債の保有とCIPからの乖離

このように、αがゼロから乖離してマイナスに推移していることは、日本の短期国債の保有につながっていきます。なぜなら、αがマイナスであれば、ドルを保有する外国人投資家は米国債を保有するより、為替スワップや通貨スワップを使って、ドルを円に換えて日本の短期国債に投資するメリットがあり、日本の短期国債を保有する傾向が生まれるからです。

この投資において外国人投資家は短期国債以外の円債へ投資することもできますが、典型的には短期国債（主にTビル[10]）が選ばれます。その理由は、円債市場において短期国債が最も安全であるからです。外国人投資家が通貨スワップを使ってドルを出して円を受け取り、例えば銀行預金にお金を預けるという手段もあります。もっともこの場合、外国人投資家は銀行の信用リスクをとることになります。あるいは、年限の長い国債を買うこともできますが、この場合、金利リスクをとることになります。外国人投資家はαが大きくなる場合、この取引を数百億円（あるいはそれ以上）の規模で行うため、信用リスクや金利リスクを無制限にとることはできません。したがって、これらのリスクを抑えるという観点で、主に短期国債が選択されています。この取引を行う投資家はドルを出して円を受け取ることで得られるプレミアム（α）を重視していることから、その過程で受け取った円資金を運用する先として、安全性の高い短期国債が消極的に選ばれていると解釈することもできます。ちなみに、外国人投資家は短期国債を購入することもできますが、同じく、年限の短い運用先として、日銀の当座預金に一定程度置くということも指摘されています[11]。

ちなみに、αが大幅にマイナスに推移することで、円金利のマイナス化に

10　Tビルが好まれる理由として、Tビルは割引債であることから、期中の金利の支払いはない点もメリットとされています。

11　海外の中央銀行も外貨準備を運用する目的で、通貨スワップや為替スワップを経由して円資産を保有すると指摘されており、海外の中央銀行による日銀当座預金の残高も大きく増加しています。なお、日銀は海外の中央銀行の当座預金口座に、2017年にマイナス金利を適用しています。

も寄与しました。我が国でマイナス金利政策が導入されたのは2016年1月です。しかし、円債市場におけるマイナス金利は、2014年に既に観測されていました。例えば先ほどのように、ドルを有している読者は、為替スワップや通貨スワップを経由して受け取った100円を用いて1年の日本国債を購入します。このとき、通貨スワップを用いてドルを出すことで、例えば1%などの高いプレミアム（α）が得られるなら、日本国債がマイナス金利であっても投資するメリットがあります。このようにαがマイナスに推移することで、ドルを保有する外国人投資家にとって、日本国債がマイナス金利になったとしても投資する理由となる点に注意してください。

〈参考文献〉
1．東短リサーチ株式会社（2019）『東京マネー・マーケット　第8版』有斐閣.
2．服部孝洋（2017）「ドル調達コストの高まりとカバー付き金利平価」『ファイナンス』623, 56-63.
3．服部孝洋（2022a）「SOFR（担保付翌日物調達金利）入門—米国のリスク・フリー・レートおよび米国レポ市場について—」『ファイナンス』676, 28-37.
4．服部孝洋（2022b）「店頭（OTC）デリバティブ規制入門—清算集中義務と中央清算機関（CCP）について—」『ファイナンス』680, 20-31.

事 項 索 引

■ 著者略歴

服部 孝洋（はっとり　たかひろ）

東京大学公共政策大学院 特任准教授
2008年野村證券入社、2016年財務省財務総合政策研究所を経て、
2020年東京大学公共政策大学院特任講師、2024年より現職。経済
学博士（一橋大学）。

日本国債入門

2023年12月25日　第1刷発行
2024年6月27日　第5刷発行

著　者　服　部　孝　洋
発行者　加　藤　一　浩

〒160-8519　東京都新宿区南元町19
発　行　所　一般社団法人 金融財政事情研究会
出 版 部　TEL 03(3355)2251　FAX 03(3357)7416
販売受付　TEL 03(3358)2891　FAX 03(3358)0037
URL https://www.kinzai.jp/

校正：株式会社友人社／印刷：三松堂株式会社

ISBN978-4-322-14386-7